영화야
미안해

김혜리
기자의

영화야
미안해

강

영화야 미안해

아는 사람은 압니다. 영화 주간지의 일주일은 비교적 행복한 2분의 1과 비교적 불우한 2분의 1로 이루어진다는 사실을. 수요일 밤은 『씨네21』의 일주일 중 불면과 한숨의 2분의 1이 문을 여는 순간입니다. 시작은 언제나 개봉작 리뷰 기사와 함께입니다. 관객과 상견례를 앞둔 영화를 한발 먼저 만나 품평하는 작업. 그것은 『씨네21』에 온갖 형식으로 담기는 영화 저널리즘의 기초이기도 하지만, 영화기자로서 갖는 기쁨과 곤혹의 뿌리이기도 합니다.

리뷰 기사를 위해 영화를 보고 쓰는 시간만큼은, 우리는 삶이 영화보다 몇 배 중요하고 흥미롭다는 진리를 잠시 잊습니다. 시사회에서부터 딱한 안간힘은 시작됩니다. 아름다운 배우의 눈가에 맑은 물기가 번질 때, 감동적인 음악이 스크린에 출렁일 때, 정교하게 디자인 된 시퀀스에 숨이 막힐 때에도, 영화의 타고난 본성인 미혹에 지지 않으려 자세를 추스르며 기억해야 할

4

대사와 프레임을 머릿속에 베껴냅니다. 그러나 뱃사람이라고 해서 바다의 청한 아름다움에 눈멀지 않듯이, 글쓰기가 영화보기의 매혹을 앗아간다는 불평은 엄살일 것입니다. 일을 위해 두 번, 세 번 한 영화를 관람하는 체험은 예전에 미처 몰랐던 영화의 깊숙한 품을 열어 보여주기도 했으니까요. 도무지 의중을 알 수 없는 영화에 대해 써야 할 때도 종종 있습니다. 그럴 때면 느낌 없는 상대와 억지로 데이트라도 하는 기분으로 그가 뭘 원하는지 어떤 사람인지 가늠하려 애쓰며 밤을 밝힙니다. 어떨 때는 자판을 두드리기 시작하고 나서야 내가 영화를 어떻게 이해했는지 비로소 깨닫기도 하고, 새벽녘에 이르러 오해를 발견하기도 합니다.

영화를 구석구석 낱낱이 음미하고 감독의 세계를 샅샅이 탐색하고, 하나같이 비평적 영감과 열정으로 벼려진 평만 쓸 수 있다면 그야말로 '퍼펙트 월드'겠지요. 그러나 밤 9시 시사를 보고 편집실로 돌아와 이튿날 아침까지 데스크에 기사를 올려야 하는 '사건'은 드물지 않고, 간혹은 시사회가 열리기 전에 영화를 소개해야 하는 갑갑한 '사고'도 찾아옵니다. 하긴 핑계 없는 밤샘도 없지 않습니다. 시간 관리가 허술한 탓도 있고, 카페인과 니코틴과 수면 부족에 중독된 일 습관도 치유하기 쉽지 않으니까요. 『카이에 뒤 시네마』의 비평가 세르주 다네는 비평의 창조적인 오독, 즉 문화적 '한눈팔기promiscuity'가 가져올 수 있는 우연한 발견의 가능성을 설파한 적이 있지만, 개봉 스케줄에 몸을 얽고 살아야 하는 주간지 기자로서는 시샘만 나는 이상론으로 들리기도 합니다.

이렇게 씌어지는 영화평이 충족시켜야 할 기대도 한 가지가 아닙니다. 우선, 영화 리뷰의 역할이 한 편의 영화가 7천 원의 입장료에 값하는가를 가려주는 것이라는 견해가 있습니다. 명승지만 추려 소개하는 관광 가이드를 바라는 독자가 있는가 하면, 정자에 기대어 경치를 완상하고 먼 능선을 짚어주는 글을 고대하는 목소리도 있습니다. 영화의 바름과 그름, 정과 사를 논쟁적인 글로 가려야 한다는 생각도 있습니다. 그런데 영화란 핵폐기물 처리 문제나 네오나치 문제와 달라서 찬성하고 반대하고, 죽이고 살릴 수 있는 대상이 못 되니 고민은 깊어집니다. 하이 컨셉 아래 조립된 할리우드 블록버스터의 경우에는 관객이 어디를 어떻게 보아야 할지 더욱 잘 알고 있다는 생각에 허탈해지고, "영화라는 복잡한 종합예술을 구성하는 어느 한 가지 예술도 충분히 이해하지 못하는 자들이 멋대로 리뷰를 써대는 반지성주의가 횡행하고 있다"는 미셸 시망 같은 이들의 한탄을 접하는 날이면 또 다른 자괴에 빠지기도 합니다.

비평은 저주받은 님프 에코와 비슷한 운명의 주인입니다. 아무리 별점이 은하수처럼 쏟아져도 차이밍량의 「구멍」처럼 좁고 깊은 영화에 구름 같은 관객을 동원할 수는 없는 노릇입니다. 아무리 짓궂은 독설을 늘어놓아도 「인디펜던스 데이」에 몰려드는 관객의 발목을 잡을 수 없는 것도 매한가지입니다. 제법 호되고 차가운 단어를 늘어놓으며 힘센 척할 때라도 우리는 결국 영화를 만드는 이들을 뒤쫓는 메아리로서 영화의 게임에 참여하고 있음을 잊지 않습니다. 어차피 모든 영화는 아무리 허약하다 해도 어떤 악평보다 오래 살아남을 것입니다. 제아무리 시대를 풍미한 비평가가 쓴 글이라 해도 시간이 흐르면 먼지 앉은 도서관의 마이크로필름이나 누렇게 변색된 스크랩 더미에서 찾아낼 수 있을 뿐입니다. 영화평을 쓰는 이들은 흔히 비난받듯 분수를 모르고 있거나, 지상의 우행에 교만한 번개를 내리꽂는 제우스 신의 흉내 따위를 내고 싶은 것은 아닙니다. 영화평을 쓰는 우리의 대부분은 좌절한 창작자이거나 좌절한 관객입니다. 우리의 욕심은 오만하다면 오만하고 초라하다면 초라합니다. 영화에 관한 정보와 논의, 상상력의 유통에서 보완과 매개의 역할을 다하는 것, 그뿐입니다.

우리는 우리의 책임을 알고 있습니다. 그 하나는 저널리스트의 특권을 업고 남보다 가까이 다가설 수 있는 영화 텍스트와 창작자에 대한 것이겠지요. 영화를 정직하고 정확하게 전할 것. 그것이 생산된 상황과 예술가의 의도를 존중할 것. 그러나 무엇보다 최우선의 책임은 저널리즘의 생존 기반이기도 한 독자에 대한 것일 터입니다. 역시 정직할 것. 겁내거나 사사로이 편들지 말 것. 한 영화에 대한 감상을, 일반 관객보다 넉넉히 허락받은 특권과 시간과 투자를 빌려 영화를 더 많이 보고 많이 읽은 한 사람의 전문 관객으로서 모든 영화에서 뭔가를 얻어내고 그것을 가능한 한 생생히 전할 것.

쓰지 않는다고 해서 꼭 모르고 있지는 않습니다. 가장 열심히 진심을 담아 만든 영화가 거짓말처럼 보일 수도 있음을 압니다. 좋은 영화를 만드는 것과 똑같은 노동과 공력이 '나쁜' 영화를 만드는 데에도 들어갈 수 있음을 압니다. 순진한 생기로 맥박치는 평범하기 그지없는 영화가, 시큰둥한 손길로 만들어진 지능 높은 영화보다 결국은 훌륭한 영화가 될 수 있음을 압니다. 눈을 홀리는 슬로건과 준재의 기교를 대문자로 가슴팍에 그려넣은 영화를 알아보는 것보다, 남다르지 않은 행색 속에 작지만 자기가 잘 아는 이야기를 수줍게 감춘 영화를 발견하는 일이 더딤을 압니다.

그러나 우리는 때로 우둔하고 게을렀습니다. 흥분의 신열에 시야를 흐린 적도 있을 겁니다. 마감의 속도에 쫓겨 마주앉고 싶었던 영화를 무뚝뚝하게 떠나보내기도 했고, 뒤늦게 보석을 발견하기도 했습니다. 영화의 밀도와 미덕에 합당한 대접을 하지 못하는 비례非禮를 범하기도 했습니다. 그 많은 영화들에 사과의 마음을 담아서, 그 와중에 스러져간 쓴 커피와 무수한 담배개비에 바치는 애도를 덧붙여, 어설픈 추신을 여기 뒤늦게 부칩니다.

P.S.

문득 두려워집니다. 지금도 우리의 흐린 눈이 미처 찾아내지 못하는 영화들의 웅성대는 그림자가. 여기 띄우는 글에도 어쩔 수 없이 문신처럼 새겨져 있을 우리의 어리석음과 편견이. 그러나 다행히도 우리의 오류는 활자로 남습니다. 그리고 영화의 일생은 그것이 스크린에서 걸어 내려온 뒤에도 이어집니다. 그러므로 누군가는 이 편지들을 다시 고쳐 쓰고 부치지 못한 편지를 우체통에 넣을 수 있을 것입니다. 어쩌면 그런 식으로 우리는 느릿느릿 영화의 정체에 한없이 가까이 다가갈 수 있겠지요.

OVERVIEW

방 없는 전망

PLAYERS

유혹자들

REVIEW

영화 읽는 소파

우디 앨런의 '아가씨와 건달들'

브로드웨이를 쏴라

Bullets Over Broadway
1994
감독
우디 앨런
배우
존 쿠색
제니퍼 틸리
다이앤 위스트

사이비는 목청을 높이고 천재는 신음한다. 거간꾼들은 속살거리고 평론가들은 잠꼬대한다. 1920년대 브로드웨이의 어지러운 풍경은 우디 앨런이 살아가는 영화계의 현실과 비슷했고, 그의 머릿속에서 들끓는 자기분열의 도가니와도 닮아 있었다. 게다가 그것은 코미디가 될 수 있었다! 예술지상주의자들이 토론을 벌이는 옆 골목에서 마피아가 기관총을 쏘아대고 왕년의 대스타는 갱의 정부와 공연하고 깡패가 쓴 연극이 평론가의 격찬을 받는데, 그들 모두가 지극히 진지하다면 어떻게 희극이 되지 않을 수 있겠는가.

이야기인즉슨 다음과 같다. 그리니치 빌리지의 허름한 방에서 애인과 살고 있는 극작가 데이빗 셰인은 어느 날 제작자 줄리언 막스로부터 물주가 나타났다는 소식을 듣는다. 늘 셰인의 구상 속에만 존재하는 위대한 작품을 현실로 만들어줄 물주는 갱두목 닉 발렌티. 스타가 되겠다는 허영에 들뜬 쇼걸 올리브를 위해 그를 캐스팅한다는 조건으로 제작비를 대겠다는 것이다. 평소 "예술가에게 타협 없다"를 외치던 셰인은 머리를 쥐어뜯지만 거래에 응하고 만다. 한밤중에 깨어나 갑자기 "나는 창녀야! 돈에 팔렸어!"라고 온 동네에 소리치는 객기로 자신을 위로하면서.

리허설이 시작되자 문제는 더욱 골치 아파진다. 배우들은 사사건건 충돌하지 않으면 연애에 빠지고, 대본은 표류한다. 설상가상으로 데이빗은 영락한 스타 헬렌 싱클레어의 속셈 있는 접근에 넘어가 헬렌의 마음에 들 궁리만 하게 된다. 이때 매듭을 칼로 베어버리는 사람은 놀랍게도 올리브의 보디가드로 따라다니는 깡패 치치. 그는 자기도 몰랐던 재능을 일순간에 발휘해 연극을 바로잡고 나아가 아예 전혀 다른 걸작으로 바꿔나간다.

치치가 본능적으로 믿는 예술관은 알고 보면 데이빗이 어울리는 그리니치 빌리지의 '예술가' 친구들과 동일하다. 요컨대 예술가는 창조욕이 이끄는 대로 자연스럽게 따라야 하며 그렇게 완성된 세계는 고유한 도덕적 질서를 갖고 있기 때문에 누구도 그것을 건드릴 수 없다는 것이다. 치치의 대본을 받으며 무능을 절감한 데이빗은, 점점 강해지는 치치의 예술적 집착과 애인의 배반을 겪으면서 자신이 윤리와 예술의 부대낌을 참을 수 없는 보통사람임을 자각하기 시작한다. 영화가 만들어진 1994년 당시 순이 프레빈과의 스캔들로 고통 받고 있던 우디 앨런의 상황

19

을 생각할 때 예술과 도덕의 저울질, 예술가의 허세로 삶의 초라함을 은폐하는 사람들의 이야기는 자기 처지의 반영이라고 볼 수 있다. 우디 앨런이 자의식의 피곤한 정면 노출을 비켜나서, 젊은 시절부터 애정을 품어온 전성기 브로드웨이의 추억에 편안히 안겨 스스로의 고민을 풀어본 것이라는 해석도 나올 만하다.

선작인 「맨하탄 살인 사건」에 연극 무대를 등장시켰고, 초기의 희곡 「돈 드링크 워터」를 「브로드웨이를 쏴라」를 찍던 즈음에 텔레비전판으로 개작하기도 했던 것으로 보아 그럴듯하다.

「브로드웨이를 쏴라」에서 감독은 잘 보이지 않는다. 우디 앨런이 직접 카메라 앞에 서서 특유의 현학적인 사변을 늘어놓지 않는 탓도 있지만, 스타일 면에서도 독특한 영화적 형식을 내세우기보다는 작품의 소재인 '연극' 장르의 어법을 활용하고 있기 때문이다. 이같은 인상을 무엇보다 확실히 하는 요소는 하나같이 만화 주인공처럼 과장된 성격과 역할을 지닌 쟁쟁한 배우들의 화려한 연기다. 특히 극중 배역과 마찬가지로 극작가를 겸업하는 액션 배우인 채즈 팰민테리와 「한나와 그 자매들」에서 이미 우디 앨런과 호흡을 맞췄던 중견 여배우 다이앤 위스트, 자매인 맥 틸리의 그늘에 가려 섹스 심벌로만 부각됐던 제니퍼 틸리의 연기는 '캐스팅의 예술'을 맛보게 한다. 이 가운데 「선셋 대로」의 노마 데스몬드를 연상시키는 '여왕뱀' 여배우 헬렌 싱클레어를 연기한 다이앤 위스트가 함께 노미네이트된 제니퍼 틸리를 제치고 아카데미 여우조연상을 수상했다.

두 여배우의 촬영 뒷얘기는 매우 대조적. 다이앤 위스트는 촬영 초기에 고딕풍의 캐릭터를 조율하는 데에 난항을 겪다 못해 감독에게 "나를 빼달라"고 청하기까지 했다가 마침내 '인물 만들기'에 성공한 반면, 제니퍼 틸리는 대본을 받아드는 순간 올리브가 어떻게 걷고 말하는지를 알아채고 쉽게 촬영에 임했다.

헬렌의 반복되는 대사 "말하지 마Don't speak"나 쇼걸 올리브의 야단스러운 언행은 심하게 과장되어 있으나 영화 전체를 둘러싼 연극 무대의 분위기가 그것을 도드라지지 않게 감싼다. 한편 아카데미 7개 부문 노미네이션이 말하듯이 우디 앨런과 늘 호흡을 맞춰온 스태프들은 일급의 기량을 발휘해 1920년대를 재현했다. 당시의 차림새와 실내장식을 착실히 되살린 의상과 미술의 공이다. 또 고든 윌리스, 스벤 닉크비스트를 잇는 우디 앨런의 촬영감독 카를로 디 팔마의 카메라는 명암의 대조와 따뜻한 색채를 살리는 한편, 클로즈업을 삼가고 관객의 시선을 조정하지 않는 신중함을 발휘해 한 편의 연극을 관람하는 느낌을 연출했다.

"나는 예술가야!I'm an artist"라는 고함소리로 말문을 연 영화 「브로드웨이를 쏴라」는 결국 "나는 예술가가 아니야…… 결혼해주겠어?"라는 고백으로 말줄임표를 찍는다. 하지만 이 전형적인 해피엔딩을 지켜보는 관객은 스크린 뒤에서 줄을 당겨 막을 내리고 있을 우디 앨런의 쓸쓸한 자조를 짐작하고는 그만 서글픈 기분이 되어버린다.

「브로드웨이를 쏴라」는 최초로 국내 극장 개봉에 성공한 우디 앨런의 작품답게 그의 영화로서는 이례적으로 색감이 풍부하

고 경쾌하며, 무엇보다 아주 재미있는 코미디다. 자, 누가 우디
앨런을 두려워하랴.

비엔나 거리로 나선 소요학파 커플

비포 선라이즈

Before Sunrise
1995
감독
리처드 링클레이터
배우
에단 호크
줄리 델피

해가 뜨고 이별의 때가 온다. 플랫폼의 포옹과 키스. 그리고 여자는 기차에 올라 파리로 떠난다. 남자는 그를 미국행 비행기로 데려다줄 리무진 버스의 뒷좌석에 구겨져 박힌다. 하지만 홀로 남은 감독은 카메라를 쉽게 돌려세우지 못한다. 그래서 아무것도 모르는 아침 햇살 아래 겸연쩍게 드러난 도시의 구석구석을 찬찬히 되밟아 망막에 새긴다. 어제 두 젊은이가 거닐고 걸터앉았던 그 공간들은 이제 『어린 왕자』에 나오는 밀밭이 그랬듯이 일종의 '불멸성'을 얻었다.

미국 독립영화의 젊은 주자인 리처드 링클레이터 감독에게 1995년 베를린 영화제 은곰상(감독상)을 안겨준 영화 「비포 선라이즈」는 부다페스트발 유럽 열차의 객실에서 시작한다. 권태기 부부의 시끄러운 언쟁 때문에 자리를 피하다가 우연히 나란히 앉은 프랑스 아가씨 셀린느와 미국 청년 제시는, 그들이 즐겁고도 진지하게 대화할 수 있다는 '놀라운' 사실을 발견하고 비엔나에서 내려 단 하루만 함께 보내기로 의기투합한다. 비엔나 역에 내려서야 통성명을 한 두 사람. 셀린느와 제시는 이 낯선 도시의 공원, 공동묘지, 전차, 노천카페, 중고 레코드 가게, 교회, 다뉴브 강변을 천천히 돌아다니며 지칠 줄 모르는 이야기로 서로의 기억과 비밀을 조금씩 열어 보인다.

깊이 남아 있는 각자의 추억과 현재의 불안, 연애, 부모들 세대, 세계가 돌아가는 원리 등등. 인생을 다 산 듯한 기분을 종종 느끼는 셀린느와 늘 어른이 되기만 기다리고 있는 열세 살 소년 같은 제시가 나누는 대화의 주제는 끝 간 데를 모른다. 짧기에 완전할 수 있는 관계를 권태로 마모시키지 말자는 최초의 약속에도 불구하고, 자유로운 커뮤니케이션으로 충만한 이 행복한 동행을 연장하고픈 둘의 소망은 점점 커진다. 모든 지속적인 관계에 대한 두 사람의 불신도 흔들린다. "사랑은 상대가 머리를 어떻게 빗는지, 주어진 상황에서 어떻게 반응할지 알 수 있을 만큼 익숙해지는 게 아닐까"라며.

낙오자 취급을 받는 젊은이들의 모습을 기록한 데뷔작 「슬래커」(1991년)로 미국 X세대의 지지를 획득하고, 1993년의 후속타 「데이즈드 앤 컨퓨즈드」로 명성을 단단히 굳힌 링클레이터 감독이 세번째 영화 「비포 선라이즈」를 구상한 것은 1989년. 우연히 장난감 가게에서 만난 생면부지의 여성과 밤늦도록 필라델

피아의 한 도시를 배회하며 유쾌한 대화를 나눈 그날부터 링클레이터는 머릿속에서 새 영화를 찍기 시작했다. 밑그림이 서서히 꼴을 갖추어갔다. 「슬래커」 「데이즈드 앤 컨퓨즈드」와 마찬가지로 스물네 시간 이내에 스토리를 완결시킬 것. 여행의 모티브를 포함시킬 것. 단 등장인물은 둘로 압축할 것.

과거 어떤 부류의 영화에 출현했는지를 캐스팅에서 거의 고려하지 않는 링클레이터 감독은 아는 배우가 참여한 연극을 보러 갔다가 무대에 선 에단 호크를 보고 그를 선택했다. 「죽은 시인의 사회」나 「청춘 스케치」 같은 작품의 경력은 그다지 큰 변수가 아니었다. 여주인공 줄리 델피도 직접 만나서 느낀 퍼스낼리티와 분위기에 근거해 배역을 결정했다.

자칫 '허황하다'고 외면당하기 십상인 「비포 선라이즈」의 줄거리를 최상급의 사랑 이야기, 멋진 영화로 끌어올린 힘은 대사와 세부적인 상황에 스며 있는 섬세한 리얼리티다. 셀린느와 제시는 거푸집으로 찍어낸 것처럼 뻔한 표정과 적당한 고뇌를 달고 다니는 미디어 속의 'X세대 마네킹'들이 아니다. 그들은 진짜 감정과 구체적인 고민을 내보일 줄 아는 살아 있는 인간들이다. 특히 줄리 델피가 연기하는 셀린느는 매력과 사실성을 겸비한 반짝이는 여성 캐릭터다. 이 부분에는 시나리오를 함께 쓴 여성 작가 킴 크리잔의 공로가 컸다. 각 인물의 진실함 이상으로 중요한 것은 두 주인공의 상호작용이었다.

"신이 있다면 너와 내 안에 있는 것이 아니라 우리 사이의 공간에 있을 거야"라는 셀린느의 대사를 빌려온다면, 「비포 선라

이즈」의 요체는 두 주인공 사이의 엇갈리는 눈길과 오가는 말의 리듬, 비엔나의 독특한 공기 속에 있다. 예컨대 전차의 뒷좌석에서 나누는 대화와 레코드 가게의 청취실 장면에서 대표적으로 드러나는 미세한 시선 처리와 머뭇거리는 동작, 일상에서 갓 건져올린 생생한 대사는, 관객으로 하여금 이 예쁜 동화가 곧 나의 일이 될 수도 있을 거라는 꿈을 꾸게 한다. 반드시 올라야 할 클라이맥스가 없기에 왈츠를 추듯 한가로이 비엔나 시내를 소요하는 전체 내러티브도 관객을 선선히 동참하게 한다. 결국, 「비포 선라이즈」는 스토리가 빈곤하다는 험담에 맞서 젊은 관객들로부터 "70년대 이후 처음으로 사이비 감정과 줄거리 조작이 없는 멜로드라마가 나왔다"는 찬사를 받아냈다.

젊은이들의 지루한 현실과 그들이 꿈꾸는 해방을 동시에 담아내는 링클레이터의 솜씨는 할리우드 스타일과 크게 다르다. 「비포 선라이즈」를 구성하는 중요한 에피소드의 대부분은 할리우드영화라면 무시했을 만한 '작은 이야기'다. 하지만 동시에 링클레이터의 영화는 유럽영화의 묵직하고 모호한 여운과도 거리를 둔다. 그의 화법은 훨씬 낙천적이고 솔직하고 담백하다. 그는 셀린느와 제시가 6개월 뒤 재회할 거라고 믿지만, 그렇지 못한다 해도 심각하지 않다. 그는 극중에서 셀린느가 맘에 들어한 쇠라의 그림처럼, 셀린느를 눈으로 사진 찍겠다는 제시처럼, 순간의 고착되지 않은 아름다움을 찬미하고 그 아름다움을 볼 수 있는 젊은 정신을 찬미한다. 그것은 또한 해뜨기 직전 수평선에 '녹색 광선'이 퍼지는 찰나, 타인을 진정으로 이해할 수 있는 짧

은 시간이 존재한다는 에릭 로메르의 아이디어와 통하는 지점이
기도 하다.

영화가 끝난 뒤, 느낌이 새어나갈세라 무의식중에 어깨를 움
츠리고 극장문을 나서본 경험이 누구나 있으리라. 「비포 선라이
즈」도 그런 영화다. 객석의 불이 켜져도 셀린느와 제시가 엿듣던
하프시코드의 청명한 코다가 오래도록 귓전에 맴돌고, 주인공들
이 총총히 떠나간 스크린 속으로 가만히 들어가고 싶은 부질없
는 바람이 가시지 않아 그만 쓸쓸해져버리는 것이다.

조지 루카스가 만들어낸 창세기

스타워즈 에피소드 1 : 보이지 않는 위험

Star Wars : Episode I
The Phantom Menace
1999
감독
조지 루카스
배우
리암 니슨
이완 맥그리거
나탈리 포트만

컴퓨터를 켜고 두 개의 윈도를 나란히 열어 「스타워즈 에피소드 1 : 보이지 않는 위험」의 미덕과 결함을 적어본다. 두 목록은 비슷한 길이로 늘어간다. 아니, 어쩌면 아쉽고 아깝고 짜증나는 항목수가 좀더 많은 것 같기도 하다. 4편까지 남은 30년 남짓한 시간을 세 편의 에피소드로 쪼개느라 성격을 발전시킬 반경마저 비좁아진 인물들, 클라이맥스를 흩뜨려놓은 어눌한 편집, 무엇보다 거슬리는 인종적 편견이 스민 외계생물들의 스케치 등등.

그럼에도 불구하고, 나는 이 도도하고 위풍당당한 영화를 감히 변명(?)하고 싶다는 가당치 않은 생각에 혹하고 만다.

은하계 먼 곳에서 해방감을 만끽한다

팬을 참칭하기엔 한참 모자란 내게 「스타워즈」의 으뜸가는 매력은 우선 범용한 경지를 우습게 뛰어넘는 상상력의 규모와 밀도, 그리고 그것이 낳는 해방감이다. 「스타워즈」는 스스로 봉인된 세계나. '옛날 옛적 은하계 먼 곳'은 「혹성탈출」류 SF영화와 달리 인류가 사는 지구나 태양계 역사와 어떤 수직 수평적 관계도 맺지 않는다. 그곳에서 인간과 외계생물, 안드로이드 들은 상이한 언어를 쓰면서도 자연스레 소통한다. 로봇은 분명 이등시민이지만 그렇다고 생물 캐릭터보다 결코 관객에게 정을 덜 받지 않는다. 조지 루카스는 이 세계의 지도와 족보를 그리고 종족부터 그릇 모양까지 일일이 창조한 '조물주'다. 「스타워즈 에피소드 1 : 보이지 않는 위험」은 일단 그 창세기로서 큰 손색이 없다. 티내지 않게 깔린 복선망과 군국주의 제국 수립 이전 장인들의 시대에 걸맞은 미려한 디자인들은 감탄스럽다. 1977년 불쑥 나타나 천하를 평정한 「새로운 희망」(4편)과 달리 「보이지 않는 위험」은 하늘을 찌르는 기대의 누각에서 떨어지는 일만 남은 영화다. B급 영상물들의 미학을 새 지평에 펼친 「새로운 희망」의 눈이 열리는 신선함이나, 5편 「제국의 역습」(1980년)의 솔깃한 이야기 솜씨는 여기에 없다. 그러나 1편이 지난 3부작에 턱없이 못 미치는 졸작이라는 평들은 좀 의아스럽다.

이 십자포화의 중앙에는 '보잘것없는 내러티브'와 '지루한 화술'이라는 논거가 놓여 있다. 그러나 상기하자면 「스타워즈」

는 예전부터 꽤나 느리고 방만한 영화였다. 스필버그와 루카스는 옛 할리우드식 이야기와 구로사와 아키라 등 예술영화 감독들의 양식을 본받은 영화로 블록버스터 시대를 열었다. 「스타워즈」의 고전주의적 내러티브와 전설적 영웅의 면면과 스펙터클을 두루 보여주는 루카스의 스타일은 1990년대 블록버스터들과는 사뭇 다르다. 기물이 속속 파괴되고, 피사체가 카메라와 가파르게 교차하며 관객에게 다가들고, 초고속 플롯 진행에 죽자사자 매달리는 요즘 여름영화들의 짜릿함은 「스타워즈」 시리즈에 속하지 않는다. 「타이타닉」의 로맨스, 「맨 인 블랙」의 유머, 「아마겟돈」의 스피드가 「보이지 않는 위험」에 없다고 실망하는 일은, 네모에게 '너는 왜 동그라미가 아니냐'고 다그치는 격이 아닐까. 무미건조하고 설교투인 루카스식 대사는 확실히 한심하지만, 이것도 새로운 결점은 아니다. 「스타워즈」의 대사는 처음부터 웃음거리였다. 당시 풋내기였던 해리슨 포드조차 "조지, 이런 쓰레기를 타이핑할 수는 있겠지만 차마 입으로 할 순 없죠"라고 불평했을 정도다.

캐릭터들의 인과관계, 흥미진진한 크로스퍼즐 풀기

주지하듯이 「보이지 않는 위험」은 본디 9부로 구상되고 6부로 제작될 대하드라마의 서두에 불과하다. 물론 한 편의 독립된 영화로 시장에 나왔으니 홀로 상품성을 검증받는다. 하지만 스타워즈 연작은 「배트맨」이나 「람보」 시리즈와는 다르다. 「보이지 않는 위험」은 모티브와 주제를 제시하는 교향곡의 첫번째 악장에 해당되며 따라서 후속 악장과의 대화 속에서 평가받아야 하는 것이다. 1편인 「보이지 않는 위험」이 제시한 '고귀한 혈통의 여성을 중심으로 악의 세력을 무찌른다'는 제1주제는 4편에서 재현된다.

「보이지 않는 위험」은 정말 둔감한 드라마다. 미래의 어둠을 예감하기 힘든 소년 아나킨을 포함해, 배우들은 감정을 분출할 순간을 결코 허락받지 못한다. 연작을 통해 개성과 인간미를 완성한 오리지널 3부작 주인공들에 비해, 캐릭터들은 종잇장처럼 얇고 파리하다. 루카스는 정서적 감동이라는 대목에 이르면 이미 여러 차례 전편들을 감상한 관객들에게 전적으로—지나치게 자신만만하게—의존한다. 「보이지 않는 위험」이 정서적 울림을 획득하는 장소는 스크린 위가 아니라 스타워즈 세상의 연대기와 평면도가 들어 있는 팬들의 머릿속이다. 매우 독특한 수용 양식이다. 이 영화에서 관객들의 감정은 '아직 도래하지 않은 사건'들에 의해 발생한다. 이미 아는 캐릭터의 과거사를 만나는 정겨움과 예정된 운명을 알기에 마음을 조여오는 서스펜스와 안쓰러움. 아나킨이 엄마에게 "꼭 다시 만나게 될 거예요"라고 말할 때, 오비완이 임무에 불안을 느낄 때, 아나킨을 포섭할 미래의 황제 팰퍼틴의 옆모습이 의미심장하게 카메라에 잡힐 때, 감정의 파장은 커진다. 마니아들은 더 많은 암시를 찾기 위해 몇 번이고 극장으로 향하고 루카스는 그들을 위해 다층적 힌트를 심어놓는다. 캐릭터들이 해설된 책이나 "하나의 진실, 하나의 미움"이라는 포스터의 카피 문구도 영화 텍스트의 외연을 비밀스럽게 확장한다. 포스의 균형은 과연 어떤 식으로 바로잡힐까. 이 맑고 순진한 소년이 어떻게 악의 심연으로 추락할까. 가려진 휘장 자락 사이로 언뜻언뜻 보이는 운명의 모서리들로 관객의 감성과 상상력은 활성화한다.

「스타워즈」이데올로기, 그 은밀한 전복적 코드

「스타워즈」시리즈가 「인디아나 존스」와 더불어 미국과 외부 세계의 관계에 대한 은유라는 해석은 널리 제기돼왔다. 우주 진출을 꿈꾸던 케네디의 목소리나 레이건의 패권주의, 가부장제 이데올로기를 이 스페이스 오페라에서 탐지하는 입장이다. 하지만 백인 남성들이 제국과 전투에서 최고 수훈을 세운다는 줄거리 궤적을 이데올로기적 포석 내지 '음모'로 직역하는 일은 위험하거나, 별 의미가 없어 보인다. 아직은 백인 남성 위주로 사건이 풀리지 않는 할리우드영화를 세는 편이 더 빠르기 때문이다. 백인 남성 조지 루카스가 창작한 미국산 오락영화인 「스타워즈」 연작은 '당연하게도' 미국 백인 남성의 판타지다(아니라면 이상하다). 「스타워즈」가 미국적 판타지임은 확실하지만, 잠복한 욕망과 죄의식, 보상심리들이 영화의 몸체에 굴절, 반사되는 양상이 단순하란 법은 없다. 루크와 한 솔로, 레이아는 다양한 마이너리티 집단과 연대해, 그야말로 전원 백인으로 보이는 우수한 무기로 무장한 제국군과 게릴라식으로 싸운다(1편에서는 하수인 격 무역연합이 적군이지만 아군의 인종적 다양성은 여전하다). 오히려 미국인들은 제3세계 레지스탕스 멤버로 정체성을 갈아입고 힘센 제국주의자들과 싸우는 자기들 모습을 은밀히 꿈꾸는 것처럼 보인다. 제국의 이미지는 미국과 소련, 동유럽 국가의 합체에 가깝다. 혹자는 여기서 베트콩과 위치를 바꿔 베트남전을 다시 치르고 싶어하는 미국인의 잠재의식을 보기도 한다.

미국영화는 어디까지나 미국 국적을 지닌 일국의 영화일 뿐이다. 가끔은 그들에게 전인류를 만족시키는 정치적 공정성을 왜 갖지 못하느냐고 따지는 일이 도리어 그들한테 없는 과대한 권위를 인정해주는 노릇이 아닌가 하는 의문을 품을 때가 있다. 미국 국내영화제인 아카데미의 취향에 대해 밖에서 '성토하기' 가 조금 열없듯이.

소망하던 기술력을 손에 넣은 「보이지 않는 위험」은 프롤로그답게 시리즈 전체 바탕그림이 되는 나부, 타투인, 코루스칸트 행성의 공간을 관객의 뇌리에 선연하게 구축한다. 포드레이스와 광선검 결투 장면은 「스타워즈」 특유의 유년기적 환상과 희열의 최고점을 이룬다. 특히 정련된 제다이 검법을 과시하며 다스 몰, 제다이 기사들의 성격과 운명을 교묘히 암시한 결투신은 오래도록 기억될 명장면. '철이 덜 난 어른을 위한 영화'라고들 말하지만 우리 안의 어린이들은 생각보다 오랫동안 나이 먹지 않는다. 루카스나 스필버그의 성공도 관객 정신연령을 낮추어 잡는 전략에 기인한다. 「보이지 않는 위험」은 여러 레벨로 프로그램되어 있다. 초보자도 나름의 재미를 느끼게 하고 관록 있는 팬들은 캐낼 보람이 있는 코드와 후속편에 대한 실마리들을 심어놓아 사로잡는다. 앞서 살폈듯이 1편에서 교차한 씨실과 날실이 어떤 멋진, 혹은 시시한 문양을 짜고 있었는지는 에피소드 2, 3에 가서야 제대로 품평받게 될 것이다.

블록버스터들은 수직통합된 스튜디오 시스템이 해체된 후 더 적은 영화에 더 큰 자본이 몰리는 뉴할리우드 생산 양식을 버티는 중추다. 토머스 샤츠가 지적했듯, 싫든 좋든 현대 미국영화를 이해하려면 블록버스터를 뜯어보지 않을 수 없다. 종종 그들은 비평적으로 중요한 영화보다 영화사의 운명에 더 결정적인 힘을 행사한다. 블록버스터들을 오직 돈 먹는 괴물이나 초강대국에서 온 오만한 사신쯤으로 정해두고 돌아보지 않는다면, 그것은 그들을 소비하는 수많은 관객에 대한 결례이며 결국 영화사의 많은 흥미로운 광경들을 놓치는 결과가 될지도 모른다.

영화에 은닉된 '보이지 않는 위험'에 대한 신랄한 경고는 늘 귀중한 목소리다. '보이는 것'들에 대한 겸손하고 착실한 탐색의 시선 또한 행복한 영화 체험을 균형 있게 부축하는 긴요한 힘이 되지 않을까.

소녀가 소녀를 만난 첫사랑의 비극적 기록

여고괴담 두번째 이야기

1999
감독
김태용, 민규동
배우
김민선
박예진
이영진
공효진

그런 날들이 있었다. "네가 없었다면 벌써 자살했을 거야"라는 말을 서슴없이 던지던 때가. 자라서는 연인에게조차 입 밖에 못 낼 대담한 고백을 수백 번 속삭이고도 성에 차지 않아 온종일 붙어 다닌 단짝에게 다시 편지를 쓰던 시절이.

「여고괴담 두번째 이야기」는 소녀가 소녀를 만난 첫사랑의 비극적 기록이다. 난청으로 소리가 잘 들리지 않는 육상부원 시은과 가끔 이상한 소리를 듣는 중창반 반주자 효신. 또래들의 명랑한 공기를 함께 호흡하지 못하는 그들은 둘만의 방을 짓고 빗장을 지른다. 하지만 서로의 다리를 묶고 고요한 물속에 잠겨 있던 두 소녀 중 하나가 짝을 뿌리치고 수면으로 떠오르는 영화 도입부대로, 언약은 깨어진다. 효신의 지독한 애정으로 봉인된

'밀실'에서 견디지 못하고 뛰쳐나온 시은은 "뭇사람 앞에서 연인에게 등 돌리지 말라"는 사랑의 첫번째 계율을 어긴다.

우리 스크린에서 소외되어온 십대 소녀들의 공간을 매혹적인 영화 소재로 발견한 전편에 이어, 속편은 괴담보다 일기에 가까운 문체로 여고생들의 하위문화에 관한 보고서를 쓴다. 감독과 연출부가 6mm 카메라를 들고 채록했다는 십대 소녀들의 일상이 녹아든 디테일에서는 과연 진짜배기 냄새가 난다. 예컨대 "세상에서 새가 제일 싫어!" 같은 단순한 대사, "우리 사이가 이것밖에 안 되니?" 하며 투닥거리는 조연들의 연기는 여성 관객의 무릎을 치게 한다. 대체 어디에 쓰일까 궁금하게 만들던 문구점의 수많은 필기구와 예쁜 스티커들도 소녀들의 소통 채널인 교환일기장 속에서 참된 쓰임새를 드러낸다. 잘 모르는 친구의 자살에 너도나도 통곡하고는 금세 속살대며 간식을 먹는 아이들의 모습도 얄밉거나 슬프기 이전에 그저 생생하다.

한편 여인 같은 소녀 효신과 소년 같은 소녀 시은의 캐릭터는 사회가 십대 여자애들에게 주는 스트레스의 표현이기도 하다. 하나를 지키려면 다른 하나를 위반하기 십상인 청소년의 규범과 여성적 규범 틈새에 끼어 있는 십대 소녀들은, 흔히 서둘러 성숙한 여자가 되거나 남자를 닮는 방식으로 숨통을 트려 하기 때문이다. 이처럼 「여고괴담 두번째 이야기」는 '여고'를 전편보다 훨씬 중요한 키워드로 구사하면서 색다른 여성영화로도 발돋움한다.

「서울 예수」(선우완, 장선우)를 제외하면 국내 장편영화의 첫

공동연출 사례인 김태용, 민규동 두 신인 감독의 협업은 기대 이상이다. 종종 톤을 뒤집는 촬영 기법, 환각과 상상과 현실을 넘나드는 시점, 웃음, 공포, 비애가 어우러진 정조는 관객의 관람 체험에 균열을 내지만 그 틈에서 묘한 영화적 추진력을 길어올린다. 이 영화에는 삐걱대는 마룻장도 교실 벽을 타고 흐르는 피의 커튼도 없다. 「캐리」의 무도회 장면을 연상시키는 클라이맥스에서도 정작 의도된 것은 공포나 쇼크 효과가 아닌 것처럼 보인다. 선생들은 속되고 아이들은 유치할지언정 학교는 여전히 사람이 사는 공간이다. 효신의 자살을 둘러싼 소문의 주인공인 선생마저도 자기 짐에 짓눌린 가엾은 남자일 뿐 악인은 아니다. 결국 「여고괴담 두번째 이야기」는 교육제도를 '적'으로 선명히 지목한 전편과 달리, 삶의 모든 시기가 그렇듯 십대 시절의 괴로움도 하나의 절대악에서 오는 것은 아니라는 점을 속 깊게 짚어내면서 청춘영화의 경계를 넘어선다.

모든 맹세가 그러하듯 사춘기의 '반쪽'을 향해 피어올랐던 불꽃도 촛농만 남기고 사그라진다. 대부분의 아이들은 한번쯤 치르는 열정의 기억을 개켜 보관하고, 인생의 다음 모퉁이로 종종걸음친다. 그러나 사랑에 안녕을 고하는 법을 모르는 어떤 아이들은 삶이 안겨준 첫 실연의 아찔한 심연 속으로 투신한다. 태양을 보고 나서 눈이 멀듯이, 순정을 맛본 뒤 거짓이 즐비한 현실로 돌아올 수 없었던 아이들. 「여고괴담 두번째 이야기」의 진혼곡 속에서 우리는 그 아이들의 울음소리를 듣는다.

노동계급 젊은이들의 청춘영화

소년은 울지 않는다

Boys Don't Cry
1999
감독
킴벌리 피어스
배우
힐러리 스웽크
클로에 세비니

1993년 미국 네브래스카 주 링컨. 트레일러에서 사는 스물한 살의 티나 브랜든은 머리와 옷차림을 남자처럼 바꾸고 소녀들과 어울리면서 해방감을 느낀다. 술집에서 곤경에 처한 캔디스를 도운 인연으로 폴즈시티라는 소읍으로 옮겨간 그는 낯선 곳에서 남자 모습으로 새 생활을 시작하고, 이내 기분 좋은 친구이자 다정한 연인으로서 남녀 모두에게 환영받는 구성원이 된다. 캔디스의 친구 라나와 진지한 사랑에 빠진 브랜든은 그녀와의 행복한 미래를 꿈꾸지만, 링컨에 두고 온 과거의 전과기록에 덜미를 잡혀 여자라는 비밀이 폭로된다. 라나의 애정은 브랜든의 성별에 흔들리지 않지만, 여자에게 애인을 빼앗겼음을 깨달은 독점욕 강한 라나의 옛 남자친구 존은 들끓는 질투와 복수심을 가장 잔혹한 방법으로 발산한다.

"나는 다른 누군가로 변하고 싶다. 그래서 인생의 신성한 마지막 순간 이렇게 말하리라. 그것은 복수였다고." 남자로 변장하고 북아프리카에서 이슬람으로 개종한 다음, 혼돈스러운 격정으로 출렁대는 삶을 살다 요절한 이자벨 에버하트는 그렇게 썼다. 하지만 「소년은 울지 않는다」의 티나 브랜든에게 남장은 앙갚음도 시위도, 울혈진 그 무엇도 아니다. 브랜든이 남자로 행세하는 동기는 투명하고 천연스럽다. 좋아서, 편안해서, 즐거워서, 사내의 차림새로 거울을 볼 때 자신이 덜 낯설어 보여서다. 그래서 애인 라나에게 '양성'임을 고백하는 순간 브랜든은 변명한다. "사실보다 훨씬 복잡하게 들릴 거야."

그러나 누구도 해칠 의사가 없는 정직한 몸짓이 경천동지할 위협으로 둔갑하는 부조리한 세계에서 브랜든은 기어코 박멸돼야 할 역병이 되어 가혹한 징벌을 받는다. 백인 여성을 향해 휘파람을 불었다는 이유로 40년 전 피살된 흑인 소년 에메트 틸처럼. 그러나 다큐멘터리로도 만들어진 1993년 실화를 극영화로 만든 초년병 감독 킴벌리 피어스는 슬기롭게도 사건의 센세이션과 주제의 공격성에 얼굴을 파묻지 않는다. 그는 남장여자쯤 되는 특이한 캐릭터에 성격이 뭐 더 필요하냐고 게으름을 피우는 대신, 티나 브랜든이라는 유일무이한 개인의 체취를 관객의 코끝에 되살려낸다.

가슴을 붕대로 처매고 보슬보슬 깎은 머리에 카우보이 모자를 걸친 브랜든은 生의 의지로 매순간 약동하며 우리를 매료한다. 그는 결코 영악한 편이 못 되나, 어떤 궁지에서도 징징대지 않는 단단하고 '쿨'한 젊은이다. 바라보기 몹시 고역스러운 강간 장면에서조차 브랜든은 누구의 동정도 구하지 않고 찢기고 멍든 가녀린 육신을 묵묵히 추스른다. 다 네가 자초한 일이라는 가해자들의 궤변에 소녀는 바삭거리는 목소리로 대꾸한다. "알아, 다 내 잘못이야." 세상과 자신 사이에 어떤 이물질도 끼어들지 못하게 하는 이 단도직입적인 영혼을 표현한 힐러리 스웽크의 연기는 너무 자연스러워 거의 연기 같지도 않다.

타인의 마음을 살피고 배려하는 동시에 필요하면 용기를 발휘하는 브랜든은, 무식하거나 폭력적이거나 운 나쁘면 둘 다인 이 영화 속의 '진짜' 남자들에 비해 꿈의 연인이다. 한편 브랜든과 라나의 섹스 장면은 여성의 감관에 촉감된 관능미, 옷을 벗기는 행위보다 입혀주는 행위에 깃들어 있는 따스한 에로티시즘을 보여준다. 이쯤 되면 남자친구가 여자임을 알고도 애정을 거두지 않는 라나의 태도가 그리 이상하지 않다. 감옥에 갇힌 브랜든이 성별의 비밀을 털어놓자 "그건 네가 알아서 할 문제야. 네가 뭐든 여기서 널 꺼낼 거야"라고 라나가 잘라 말하는 대목은, 어느 멜로드라마 못지않게 로맨틱하다. 그들은 집안끼리 원수라서, 나이 차가 많아서 맺어지지 못하는 연인들과 크게 다를 바 없는 비련의 커플이다. 규칙 따위 아랑곳없이 원하는 제 몫의 삶을 요구하는 두 여자의 존재는, 자기 세계가 너무 박약해 그 한 귀퉁이의 흔들림도 견디지 못하는 남자들을 겁주어 폭력으로 몰아간다.

「소년은 울지 않는다」는 노동계급 젊은이들의 청춘영화이기도 하다. 미대륙의 황량한 심장부를 배경으로 한 테렌스 맬릭의 「황무지」가 그랬듯 「소년은 울지 않는다」는 가없이 펼쳐진 미국 중부의 풍광과 포박 감금된 인간의 정신을 포개놓는다. 아버지는 멤피스에 어머니는 할리우드에 있다고 거짓말하는 브랜든은, 탈주를 꿈꾸는 동시에 어디선가 상냥히 맞아들여지기를 갈망한다. 흙먼지 이는 도로를 내처 달리는 「황무지」의 연쇄살인범 커플과 달리, 정체성과 가족, 사랑을 찾는 브랜든의 여정은 내면을 맴돈다.

이름이 맘에 안 들어 바꾸고 싶다는 친구 캔디스에게 브랜든은 "그것도 좋은 방법이지"라고 답한다. 「소년은 울지 않는다」가 이야기하는 아이덴티티 문제는 성적 취향의 영역을 넘어선다. 엄밀히 말해 브랜든은 레즈비언으로서가 아니라 '남자'로서 라나를 사랑했고 라나도 여자로서 남자인 브랜든에게 매혹된다. 감독은 레즈비언이나 '성 정체성'이란 말을 내세우지 않으며 드라마를 몰아간다. 후반부 취조실 장면에 이르러서야 '성 정체성 위기'라는 단어가 아주 어색하게 브랜든의 입 밖에 나오지만 그것은 선언이 아니라, 자신의 고달픈 혼돈에 무엇이 됐건 이름을 지어 받고 싶은 피로의 표현에 가깝다. 「소년은 울지 않는다」가 '아무도 미워하지 않는 자의 죽음'을 통해 전하는 메시지가 있다면, 우리 모두의 인간성은 미스터리이며 우리에겐 그 미로를 탐사할 기회와 자유가 필요하다는 것이다. 내가 누구인지 무엇인지 묻지 않는 만연된 나태 앞에 「소년은 울지 않는다」는 새파란 불꽃을 피워 올린다. 빛과 열기를 사방에 흩뿌리던 젊음과 그것의 처참한 파괴를 한달음에 뒤쫓는 이 영화는 한바탕 격렬한 드라이브와 같다. 눈부신 빛이 사그라들다 마침내 무심한 바람결에 꺼지는 광경은 언제나 슬프다. 그러나 어떤 빛은 너무 찬란해 오랜 잔상을 어둠 위에 새긴다.

불가능한 사랑에 대한 페티시즘

화양연화

花樣年華
2000
감독
왕가위
배우
양조위
장만옥

두 쌍의 부부가 이사 오던 날. 비좁은 복도에서는 가구가 바뀌고 구두가 뒤섞인다. 그리고 네 남녀의 사랑마저 뒤따라 엉킨다. 남편에게 기만당한 아내 리첸과 아내에게 기만당한 남편 차우. 하지만 두 사람이 '버림받음'을 확인하기 전부터 이미 관계의 종말은 완연하다. 거짓된 미소, 침묵, 거짓된 핑계, 침묵, 다시 기나긴 침묵. 혼자만의 저녁거리를 사들고 리첸이 휘적휘적 그림자를 떨구고 간 바로 그 자리를 퇴근하는 차우의 허랑한 발걸음이 지나간다. 말하지 못한 두 슬픔의 궤적이 침침한 골목길에서, 좁다란 계단에서 무수히 포개지는 광경을 지켜보며, 관객은 리첸과 차우의 조우가 필연임을 천천히 납득하게 된다. 왕가위는 이 고요한 감정의 소용돌이를, 개인의 사생활에 대한 공동

체의 간섭 가운데 만사가 좀더 은근한 방식으로 이루어지던 1960년대 홍콩 사회의 공기 속에 그려낸다. 기름을 발라 한 올 흐트러짐 없이 빗어 넘긴 차우의 머리와, 목까지 감싼 차이니스 드레스로 성장한 리첸의 60년대풍 차림새는 무너지는 마음을 묶어세우려는 안간힘처럼 비춰진다. 벽 하나 너머 이웃 침실에서 숨죽인 정사를 나누는 남편을 상상하며 직장에서는 상사의 외도를 뒤치다꺼리해야 하는 리첸은, 복사뼈까지 차오른 흙탕물을 외면하겠다는 듯, 항상 허리를 곧추세우고 하이힐 소리를 또박또박 내며 걷는다.

「화양연화」의 아이러니는 사랑에 환멸을 느끼는 순간 더욱 절박해지는 사랑에 대한 타는 목마름이다. '그들은 어떻게 서로를 탐하게 된 걸까'라는 가련한 호기심에서 만남을 시작한 리첸과 차우는 몸소 사랑에 감염됨으로써 어느새 서글픈 '리허설'과 현실을 가려낼 수 없게 된다. 왕가위는 부정을 저지른 한 커플과, '그들처럼 되지는 않겠다'는 다짐으로 유혹에 헛되이 저항하는 커플의 초상을 그렇게 한 프레임 안에 간단히 중첩시켜버린다. 그래서 리첸과 차우의 배우자들은 한번도 화면에 보이지 않는다. 욕탕의 뿌연 증기 속에서 울먹이는 여인의 어깨를 보여주고 남자의 음성을 들려줄 뿐이다. 이는 그들의 얼굴이 리첸과 차우의 모습 그대로이기 때문인지도 모른다.

정숙하고 단아한 스타일의 「화양연화」는 「중경삼림」 이전의 왕가위 영화를 기억나게 한다. 이번에도 크리스토퍼 도일의 카메라는 정해진 몇몇 공간을 맴돌며 실연을 훔쳐보지만, 시야를 휘젓는 카메라나 편집의 눈부신 독주는 없다. 살금살금 에로틱하게 움직이는 카메라는 보통보다 한 발짝 더 공간 속에 다가섬으로써, 배경을 어슷하게 잘라내고 인물에 집중한다. 왕가위를 고다르와 타란티노의 이름을 빌려 이해했던 서구 관객이라면 더글라스 서크의 이름을 새로 떠올릴지도 모를 만큼 세트와 의상은 많은 이야기를 들려주는 반면, 말수 적은 주인공들은 한 번의 포옹과 오열로 관객의 손수건을 적신다. 그러나 「화양연화」의 꽃은 여백에서 핀다. 리첸과 차우의 사랑은 밀회의 순간보다 두 남녀가 일상 속에서 문득 망연자실하는 1인 장면에서 더 실감나고, 마이클 칼라소의 연주곡과 냇 킹 콜이 이국 언어로 부르는 연가가 슬로모션 촬영과 결합한 '간주' 대목은 극중 인물과 관객을 명상하게 한다. "당장은 내가 좋지만 평생 그럴 수는 없을 거야"라며 다가오는 장만옥을 내쳤던 「아비정전」의 장국영처럼, 리첸과 차우는 운명이 부를 때 용기를 내지 못한 죄로 그 뒤로 오랫동안 서로를 덧없이 찾아 헤맨다. 그리고 4년 뒤 캄보디아를 방문한 차우는 앙코르와트 사원 석벽에 입 맞추듯 그들의 사랑을 고해하고 봉인한다. 왕가위 감독은 이루어지지 못했기에 완전해진 사랑의 미를 팔백 년 유적지의 장중한 미장센을 빌려 예찬한다. 그에게 모든 사랑은 신화이며, 그를 매혹하는 페티시즘의 대상은 사랑의 불가능성 자체인지도 모른다.

세련된 멜로드라마의 명인 왕가위의 휘파람 소리는 이번에도 귀에 익은 멜로디를 들려주지만 역시 오랜 이명耳鳴을 남긴다. 그것은 아마 우리 중 대부분이 실패한 연인이기 때문 아닐까. 온전히 내 것이 될 불변의 사랑을 꿈꿨으나, 번번이 그 여린 빛이 내민 손 한치 앞에서 사그라드는 것을 지켜보아야 했던.

초라한 골목길 위의 판타지

빌리 엘리어트

Billy Elliot
2000
감독
스티븐 달드리
배우
제이미 벨
줄리 월터스
게리 루이스

장밋빛 환희로 양 볼을 물들인 사내아이가 공중으로 솟구친다. 천국에라도 닿을 듯이, 두 번 세 번, 높게 더 높게. 하지만 황홀한 비상의 순간이 끝나면 우리는 소년의 머리 위에 드리운 지저분한 천장과 발밑에 깔린 낡은 침대 매트리스를 본다. '분홍신'의 포로가 된 광산촌 소년의 동화 「빌리 엘리어트」는 그렇게, 팍팍해서 목이 메는 현실에 대해서는 너그럽고 꿈과 환상에 대해서는 침착함을 잃지 않는 의젓한 영화다. 주인공의 이름이 제목인 영화가 흔히 그렇듯 「빌리 엘리어트」를 짊어지는 것은 열한 실 빌리의 채 여물지 않은 어깨다. 남루한 현실과 예술의 회열을 깨지지 않게 한 바구니에 담고자 한 스티븐 달드리 감독처럼, 빌리는 뮤즈의 속삭임과 가난에 지친 가족의 요구를 화해시키려고 애쓴다. 불우한 천재 예술가의 출세기라는 별수 없이 진부한 드라마에 대한 구원 역시 빌리의 입체적 캐릭터에서 나온다. 엄마를 잃고 무력한 아버지, 무뚝뚝한 형, 치매를 앓는 할머니를 부축하며 살아가야 하는 빌리는 결코 변명하거나 울지 않는 조그만 현실주의자다. 한밤중에 우유를 병째 들이켜다가 죽은 엄마의 잔소리가 귓전에 들려올 때도 소년은 울지 않는다. 가느다란 한숨이 전부다. "엄마가 참 특별한 분이셨던 모양이구나"라는 선생님의 말에도 소년은 눈물을 떨구지 않는다. 그저 공중을 바라보며 "아뇨. 그냥 평범한 엄마셨어요"라고 가만히 도리질을 칠 뿐이다.

여섯 살 때 토슈즈를 신었다는 신인 배우 제이미 벨은 빌리가 춤에 홀리는 장면마다 「풋루스」의 앳된 케빈 베이컨을 무색하게 하는 카리스마를 과시한다. 그러나 아역 배우의 깜찍한 춤솜씨보다 강한 힘으로 관객을 잡아끄는 것은 예술의 품에 처음 안긴 어린 영혼의 멈칫거림. 아직 그의 피를 요동치게 하는 기운이 무엇인지 이해하지 못하는 빌리의 가슴은 리듬이 그를 들어올릴 때마다 성취나 정복의 쾌감이 아닌 자아 소멸의 해방감에 수줍게 떨린다. 그리고 관객은 최초의 피루엣을 성공한 빌리의 입가에 번지는 하늘보다 맑은 미소에 그만 가슴이 설렌다. 이같은 심리적 동화를 부추기는 장치는 마치 빌리의 머릿속에 있는 턴테이블에서 흘러나오는 듯한 음악. 티렉스의 「겟 잇 온Get it on」 등 1970년대 록 넘버와 차이코프스키의 발레음악 그리고 피아노 연주곡을 엮은 음악은, 갑자기 폭발하는가 하면 누군가 턴테이블에서 바늘을 거둔 듯 중단되면서 소년의 혼란과 격앙을 듣는 이의 심장에 곧바로 옮겨놓는다. 안무가 피터 달링과 제이미 벨이 하루 여덟 시간씩 석 달간 매달렸다는 안무도 동작 하나하나가 명사가 되고 동사가 되어 대사를 대신한다.

"켄 로치가 만든 「웨스트사이드 스토리」 같은"이라는 한 평론가의 표현처럼 「빌리 엘리어트」는 일종의 뮤지컬영화이면서도 환상을 위해 무지갯빛 세상으로 날아가지 않는다. 대신 「빌리 엘리어트」의 판타지는 현실의 갈피에 슬쩍 섞여들며 초라한 골목길 위로 살그머니 내려앉는다. 빌리가 허름한 담벼락을 따라 달리고 도약하는 장면에서 시간을 단숨에 압축하며 조용히 내리는 눈처럼, 동네 언덕길 너머 바다에 아련히 떠 있는 흰 돛배처럼. 대니 보일이 추천했다는 「쉘로우 그레이브」 「트레인스포팅」의 촬영감독 브라이언 투파노의 카메라는 진중함을 견지하면서도, 중요한 순간들은 더없이 적절한 거리에서 정확히 포착한다. 특히 아들을 알지 못하는 세계로 막 떠나보내는 아버지가 소년을 번쩍 들어올려 터질 듯 끌어안는 한 컷의 그림은 백마디 대사보다 마음을 휘젓는다. 「빌리 엘리어트」에서 연기와 더불어 가장 빛나는 요소는 절묘한 편집. 빌리가 엄마의 환각을 본 직후 엄마의 '대리역' 같은 윌킨슨 부인과 빌리의 레슨으로 넘어가는 편집이나 빌리와 가족의 이별 뒤에 탄광 리프트를 타고 지하로 가라앉는 형과 아빠의 검은 얼굴을 이어붙인 대목은 객석의 감정선을 파악하는 감독의 예민한 촉각을 실감케 한다.

아직도 많은 영국인에게 죄책감의 기억으로 남아 있는 대처 시대의 탄광 투쟁을 다시 한번 스크린에 불러낸 「빌리 엘리어트」는 마이크 리와 켄 로치를 거쳐 「브래스드 오프」와 「풀 몬티」, 최근 린 램지의 「쥐잡이」까지 이어지는 '키친 싱크 리얼리즘영화', 즉 영국 노동계급 현실을 그린 영화 전통의 끝자락에서 있다. 할아버지로부터 물려받은 권투 글러브를 밀어두고 발레 수업에 몰두하는 빌리의 모습과 시위 장면을 교차 편집한 시퀀스는 분명, 산업사회가 노동계급에 요구해온 전통적 남성상의 붕괴를 말하고 있는 것처럼 보인다. 심지어 『사이트 앤 사운드』의 클레어 몽크는 「빌리 엘리어트」가 "예술, 문화산업을 통해 후기 산업사회의 절망과 남성성의 위기를 돌파하려는 토니 블레어적 해결책"을 따랐다는 '깔끔한' 해석을 내놓기도 했다. 하지만 스티븐 달드리 감독은 파업의 기억이 시종 스크린 언저리를 맴돌되 어린 빌리의 눈높이와 시야 안에 머물게 한다. 시위 진압 경찰의 방패 대열에 막대기를 긁으며 어린이들이 등교하는 장면은 한 예. 이따금 부담 없이 코미디에 영화의 전경을 양보하는가 하면 영화만의 특권적 미감을 살리는 데에도 공을 들이는 「빌리 엘리어트」의 태도는 켄 로치의 바삭바삭한 리얼리즘과도, 「풀 몬티」의 텔레비전적인 스타일과도 사뭇 다르다. "영화 만들기란 믿음이 가는 연기, 감정적 잠재력을 지닌 이미지를 창조하는 일이다. 연극과 달리 많은 위대한 영화들은 잠재의식의 차원에서 작동한다. 영화의 방언은 꿈의 언어다"라는 감독의 말은 「빌리 엘리어트」의 좌표를 짐작하게 한다. 15년의 세월을 별안간 뛰어넘는 「빌리 엘리어트」의 후주後奏는 신인의 영화답게 미숙하고 가파르다. 그러나 「빌리 엘리어트」는 서툰 피날레뿐 아니라 작은 시대착오들을, 신파조의 눈물을, 또 그 밖의 많은 흠을 용서하게 만드는 영화다. 영화의 종착점에 함께 다다른 관객은 스크린 위의 청년 댄서를 향해 흐뭇하게 중얼거린다. "빌리, 많이 컸구나." 우리를 그토록 관대하게 만드는 것은 아마 담담하지만 끈질기게 자기 삶에 대한 마지막 존중을 포기하지 않는 빌리와 그의 가족, 친구들의 가쁜 숨결일 것이다.

누구도 그녀에게 전화하지 않는다

성냥공장 소녀

Tulitikkutehtaan Tyttö
1989
감독
아키 카우리스마키
배우
카티 오우티넨
베사 비에리코

아무도 그녀에게 전화하지 않는다. 아무도 그녀에게 춤을 청하지 않는다. 아무도 그녀의 입술을 꿈꾸지 않는다. 공장 거리 44번지에 사는 소녀 이리스에게는 심신을 녹여줄 성냥 한 개비도 없다. 누구도 눈여겨보지 않는 벽지 무늬처럼, 그녀는 있으나마나 한 존재다. 관객이 처음 만나는 것은 이리스의 얼굴이 아니라 손이다. 컨베이어벨트 위를 무감동하게 왕복하는 거칠고 불그죽죽한 손. 통나무를 자르고 썰고 황을 묻혀 상자 속에 넣는 기계장치의 운동을 낱낱이 보여주며 마치 '성냥은 어떻게 만들어지는가'를 설명하는 다큐멘터리라도 되는 양 시작한 영화 「성냥공장 소녀」는, 성냥갑에 상표를 붙이는 소녀의 까칠한 손에 얽힌 사연으로 넘어가면서 '사람은 어떻게 파괴되는가'에 관한

'다큐멘터리'로 천천히 변해간다.

검게 팬 눈그늘, 푸석한 구릿빛 머리카락. 말만 소녀일 뿐 이리스의 얼굴에는 중년에나 마땅할 피로가 아로새겨져 있다. 식탁에 올릴 빵값을 버는 노동도, 그 빵을 접시에 차려내는 노동도 몽땅 이리스의 몫이다. 담배만 피워대는 엄마와 반주검 상태인 아버지는 한 쌍의 거머리처럼 말없이 딸의 피를 빨아댄다. 따귀 한 대를 곁들인 "창녀 같으니라구!"가 그들이 딸에게 던지는 영화 속 첫마디다.

사랑이 혹시나 그녀를 구원할 수 있을까. 이리스는 퇴근길 버스 속에서 허황한 로맨스 소설을 읽고, 밤이면 댄스홀에 나가 손 내밀어줄 남자를 기다리지만, 주변의 여자들이 다 플로어로 이끌려 나가도록 성냥공장 소녀의 발치에는 빈 소다수 병만 하나둘 늘어간다. 아키 카우리스마키 감독은 온 세상으로부터 거절당한 소녀가 귀가해 소리가 날세라 외투를 걸고 흐릿한 형광등을 끄고 모포를 어깨 위로 끌어당기는 동작을, 입을 굳게 다문 채 낱낱이 주시한다. 기 드 모파상의 단편소설처럼, 「성냥공장 소녀」는 더없이 가혹한 스토리를 더 이상 살점을 발라낼 수 없는 깡마른 문체로 적어내려간다.

드라마는 이리스가 제가 번 돈을 자신을 위해 쓰기로 결심하는 '반역'의 순간에 시작된다. 그녀가 산 빨간 드레스는 한 남자의 욕망을 불러일으켜 이리스를 낮선 침실로 이끌지만 남자는 그녀를 매춘부라고 믿는다. 베갯머리에 남겨진 지폐의 의미를 알지 못하는 어리석은 이리스는 남자의 차를 쓰다듬고 창 밑을 서성인다. 단 한 번 찾아온 여린 햇살은 익숙했던 겨울을 더 춥게 만드는 법. 외로운 생일을 맞은 소녀는 홀로 맥주를 마시고 막스 형제의 코미디영화를 보러 가지만 제일 웃기는 장면에서 그만 야윈 뺨을 눈물로 적시고 만다.

「성냥공장 소녀」는, 짐 자무시를 닮았지만 그보다 정치적이고 페드로 알모도바르와 비교되지만 그보다 무뚝뚝한 핀란드 감독 아키 카우리스마키가 만든 '프롤레타리아 3부작'(「천국의 그림자」「아리엘」)의 세번째 영화다. 스스로의 노동으로부터 완벽하게 소외당하고 행복을 추구할 가능성을 철저히 부정당한 노동자의 비극을 담았지만,「성냥공장 소녀」는 모순 극복의 요령을 제안하는 대신 모순 안쪽으로 들어가 그 마디마디를 한뼘 한뼘 해부학자의 손길로 감촉한다. 감독은 특히 말을 불신한다. 몽땅 받아 적어도 공책 두 장이 될까 말까 한 대사 가운데 20분이 지나서야 나오는 첫 대사는 고작 "맥주 하나!"이고, 데이트의 첫 대화는 "내 앞에서 꺼져!"다. "어차피 기껏 써봤자 여섯 장 중 다섯 장은 편집에서 잘려나가더라. 한 편 걸러 한 편은 아예 각본도 안 쓰고, 촬영기사가 조명을 설치하는 동안 끼적거린다"는 것이 카우리스마키의 설명이다.

그러나 무성영화가 꼭 지루하지는 않은 것과 똑같은 이유에서 「성냥공장 소녀」는 한시도 관객의 시선을 놓지 않는다. 말을 아낀다 해서 카메라가 설치는 것도 아니다. 대신 카우리스마키는 브레송이 그랬듯 딸 접시의 고기를 서슴없이 찍어 먹는 엄마의 손놀림, 책이나 빈 병의 인서트 숏, 알 듯 모를 듯 지나가는 의미심장한 편집을 통해 알아야 할 모든 것을 알려준다. "로베르 브레송을 액션영화 감독처럼 보이게 할 영화"를 찍으려 했다는 카우리스마키의 말처럼 「성냥공장 소녀」는 내핍의 미학으로 완결돼 있다. 이따금 주크박스, 카페 스피커, 바에서 화면 안 음악인 척 시침떼고 울려퍼지는 신파조 유행가의 가사가 허랑하게 내레이션을 대신할 따름이다. "모든 것을 주고 실망할 땐 더욱 힘든 일이지. 이제 더 이상 사랑의 꽃을 비추지 마. 너의 차가운 시선과 얼음 같은 웃음이 그걸 죽여버렸으니까. 어떻게 네가 그럴 수 있니?"

관객을 못 믿어 주제를 두 번 세 번 '낭송'하거나, 갈 길 뻔한 주변인물과 서브 플롯으로 내러티브의 풍성함을 가장하는 영화들이 넘치는 시대에, 도무지 교태를 모르고 '누구의 관심도 억지로 끌고 싶지 않다'는 시니컬한 표정의 「성냥공장 소녀」는 대단히 매력적이다. 마지막 문이 그녀 앞에서 닫혔을 때, 이리스는 삶이 그녀를 대우한 방식 그대로 세상에 응수한다. 절망을 납득하기란 어렵다. 그것도 무익한 파괴로 치달은 절망을 납득하기란 더 어렵다. 그러나 이리스가 쥐약병에 담아 세상에 던진 '어떻게 네가 그럴 수 있니?'라는 질문을, 우리는 그녀에게 도저히 되돌려줄 수가 없다. 카우리스마키 감독은 하소연이나 연민보다 때로는 절망의 풍경화 자체가 절망을 설복하는 가장 유창한 언어임을 알고 있었다.

존재의 시원을 찾아가는
연약한 로봇의 오딧세이 A.I.

Artificial Intelligence : A. I.
2001
감독
스티븐 스필버그
배우
할리 조엘 오스먼트
주드 로

오너라, 인간의 아이야.

물을 지나 황야를 건너,

요정의 손을 잡고,

세상은 네가 이해하는 것보다 더 많은 울음으로 가득하니.

　　　　—윌리엄 버틀러 예이츠

　죽은 거장 스탠리 큐브릭과 살아 있는 천재 스티븐 스필버그
의 도킹이라는 외면하기 힘든 유혹으로 오랜 기다림을 도도히
강요해온 「A.I.」는 창백한 포말을 토하는 바다 위를 흐르는 내레
이션으로 막을 연다. 미래의 세계는 멸망은 면했으나 피폐했고,
오르가(생명체)와 메카(로봇)의 두 '종족'이 공존하고 있다. 디스

58

토피아를 다룬 흔한 블록버스터 같은 서문을 낭독한 영화는, 그러나 파도를 헤치고 지구를 구하러 나서는 대신, 그 광포한 대양에 가장 슬픈 소리를 내며 흘러든 작은 시냇물을 따라간다. 그래서 세상에서 제일 연약한 '심장'을 갖고 태어난 한 아이에게 영화를 송두리째 바친다. 이는 스티븐 스필버그 감독이 태양계에서 가장 잘할 수 있는 일인 동시에, 우주의 무게를 짊어진 무거운 주제를 풀어가는 슬기로운 해법처럼 보인다.

초간편 사용 매뉴얼이 딸린 데이빗은 미래 중산층의 가전제품이자 고급 장난감이며 한번 입력된 대상을 육신이 폐기되는 날까지 사랑하도록 프로그램된 인공지능 로봇이다. "그의 사랑은 진짜, 그러나 그는 가짜였다"는 카피는 영화의 저변을 복잡하게 흐르는 패러독스들 중 제1항. 모니카와 헨리 부부의 현관에 나타난 데이빗의 희끄무레한 실루엣은, 스필버그 감독이 「미지와의 조우」와 「E.T.」의 외계인을 처음 우리에게 소개한 순간처럼 아련하고도 사랑스럽다. 판유리문 뒤에 숨어 백일몽같이 집 안 곳곳에 어른거리던 데이빗이 마침내 모니카로부터 코드를 입력받던 날, 백열 후광으로 눈부시게 밝혀진 배경은 E.T.와 엘리엇의 '교령'을 추억하게 한다.

영화가 들려주는 이야기는 신전의 석벽에 조각된 설화만큼 낡고 또 낡은 베드타임 스토리다. 「A.I.」의 이야기 회로는 「피노키오」와 「밤비」 「오즈의 마법사」가 스케치하고 스필버그가 「슈가랜드 특급」부터 「후크」 「라이언 일병 구하기」에 이르기까지 집요하게 재현해온, 요람 잃은 어린이의 오디세이다. 그런가 하면 인간의 형상을 하고도 인간이 이름을 불러주기만 기다려야 하는 피조물의 고통은 「프랑켄슈타인」「블레이드 러너」「토이 스토리」「바이센테니얼 맨」 등에서 이미 충실히 연구된 테마다. 그러나 예상 못할 전개도 놀라운 에피소드도 애당초 있을 수 없 는 실내 시퀀스들로 구성된 「A.I.」의 초반 한 시간은, 특별한 부 류의 재능만이 구현할 수 있는 경지의 정묘精妙한 영화적 매혹 을 보여준다. 드라마는 데이빗의 탄생, 입양, 최초의 거부반응, 우연한 식탁의 웃음이 가져다준 관계의 해빙을 좇아 평범하게 흘러가면서도, 영화가 계산한 감정의 벡터 속으로 완벽하게 관 객을 포섭해낸다. 능숙하다 못해 보이지도 않는 손길로 감정의 경혈經穴을 짚어내는 촬영과 편집, 지극히 자연스러운 미래 의상 과 프로덕션 디자인, 위풍당당한 평소 취향을 걷고 영화의 은근 한 긴장과 품격을 유지한 존 윌리엄스의 음악. 이 모든 요소를 유선형으로 모아 은어처럼 매끄럽고 우아하게 헤엄쳐 나아가는 「A.I.」의 제1장에는 꼼꼼한 스토리보드를 옆구리에 낀 스탠리 큐 브릭의 유령이 출몰한다. 하긴 이 유려함은 최고의 스필버그 영 화로부터도 그다지 멀지 않다.

「A.I.」의 페이지를 들추며 두 감독의 지문을 감식하려는 시도 는 부질없지만, 가장 감성적인 큐브릭 영화이자 가장 지적인 스 필버그 영화라는 총평에는 이의가 없을 성싶다. 어느 때보다 냉 철한 「A.I.」의 스필버그는 도입부의 강연 장면에서 선명한 화두 를 던진다. 사랑할 줄 아는 로봇을 만들었을 때 인간은 그 사랑 에 어떤 책임을 질 것인가. 사고하고 감각하는 존재에 대한 착취와 모독은 종의 차별과 무관한가. 스필버그는 이 물음들을 데이빗과 지골로 조의 모험이 휘황한 스펙터클 속으로 나아가는 중반 이후에도 부단히 상기시키며 영화의 키를 단단히 움켜잡는다. 하지만 이 항해에서 중도 하선하지 못하도록 관객의 소매를 붙드는 것은 역시 아이의 눈물. 데이빗을 바라보는 관객이 느끼는 아픔의 큰 부분은 그 애가 눈을 깜박일 수 없다는 사실에서 온다. 엄마의 일거수일투족, 엄마가 좋아하는 모든 것을 뚫어져라 응시하는 데이빗의 유리알 같은 동공은 진짜 아들 마틴에 지지 않으려고 먹지 못하는 음식을 씹다 얼굴이 허물어질 때도, 수영장 밑바닥에 홀로 버려졌을 때도 동그랗게 열려 있다. 스필버그는 혹시 '인공 감성'이 만들어진다면 이 사람이야말로 발명자가 아닐까 싶을 만큼 정밀하게 감정의 수로를 설계한다. 그리고 할리 조엘 오스먼트의 조숙한 재능에 완공을 맡긴다. "전 음식을 못 먹지만 식탁에 앉는 일이 좋아요" 같은 대사, "엄마와 헨리를 사랑해요. 햇살이 빛나요. 나랑 마틴은 엄마의 진짜 아들이고 테디(곰인형)는 아니에요"라는 색색 크레용으로 쓴 편지에 시큰했던 관객은 "엄마, 진짜가 아니라서 미안해요. 버리지 마세요"라는 울부짖음에 이르면 마음이 저려 귀를 틀어막고 싶어진다. 어린아이나 동물의 상처를 카메라 앞에 벌리는 것은 영화가 섣불리 범하는 착취다. 그러나 데이빗은 마냥 귀엽게 울고 웃는 아이가 아니라 빈민하고 씨우고 깨닫는 캐릭터이며, 극단적 사랑에 휘말린 불안한 영웅이다.

　스필버그는 선악의 판가름에도 몹시 신중을 기한다. 마틴이

다칠까봐 데이빗을 버리는 부모의 행동이나, 로봇을 혐오하고 인간성을 예찬하는 사람들이 벌이는 폐기물 축제는 잔혹하지만 이해할 수밖에 없는 '인간사'로 그려진다. 한편, 뛰어난 영화가 흔히 그러하듯 「A.I.」는 영화의 운명에 대한 코멘트로도 읽힌다. 현대인의 대표적 가상현실이자 감정의 거울인 영화의 모험은 어디서 끝날 것인가. 삶에서 실재와 환상의 힘을 어떻게 저울질할 것인가. 영화의 구경꾼인 우리는 무엇에서 위안을 구하는 것일까. 현대 대중영화의 토대를 흔들어놓고 비난과 예찬을 한 몸에 받아온 장본인 스필버그는 아마도 「A.I.」의 관객이 그 정도의 은유를 짐작해도 개의치 않으리라.

'관객 고문'의 귀재인 스탠리 큐브릭의 센스와 '관객 접대'의 달인 스티븐 스필버그의 센서빌리티가 잉태한 시험관 아기인 셈인 「A.I.」는 일단 큐브릭의 컨셉 위에 스필버그 영화의 잠재력을 꽃피운 성공적인 합 명제로 보인다. 다만 스필버그는 끝내 인간성을 로봇이 희구할 만한 '무엇'으로 고집하고 등장인물의 입을 빌려 "인간은 존재의 비밀을 쥐고 있다"는 신념을 설파한다. 모르긴 해도 그것은 큐브릭이라면 무릅쓰지 않았을 수고 아닐까. 「A.I.」는 스케일 큰 플래시 포워드로 마지막 장을 넘긴다. 「와호장룡」의 용을 닮은 처연한 눈빛으로 심연에 자기를 던진 데이빗은 빙하기가 지난 2천 년 뒤 얼어붙었던 기원과 함께 깨어난다. 그리고 영원 같은 단 하루를 같이 보낸 엄마 곁에 누워 두 눈을 감고 달콤하게 '소멸'한다. 꿈을 꾸는 안드로이드. 이것은 서로를 잃어버리고 서로를 구원한 가족이 오래오래 함께했다는 전형적인 스필버그식 해피엔딩일까. 아니면 그저 차디찬 한 쌍의 죽음일까. 잠든 데이빗을 토닥이는 우리가 애착하는 것은 그의 인간다움일까, 아니면 인간에게 결핍된 맹목적이고 순정한 감정일까. 큐브릭을 만난 스필버그는 망설임과 물음표로 풍부해졌다. 우리가 알고 있는 아름다운 거짓말의 최고수가 시를 쓰기 시작했다.

현대 전투의 해부

블랙 호크 다운

Black Hawk Down
2002
감독
리들리 스콧
배우
조시 하트넷
이완 맥그리거
톰 시즈모어

1993년 10월 3일. 내전과 기아에 허덕이는 소말리아에 파병된 미군 특공대와 델타포스는 난민을 위해 지원된 식량을 무기로 삼아 전쟁을 지속하는 군벌 모하메드 파라 아이디드의 각료를 납치해 날개를 꺾겠다는 작전에 착수한다. 그러나 민병대의 로켓추진유탄(RPG) 공격으로 블랙 호크 헬리콥터 두 대가 20분 간격으로 격추되는 사태가 발생하면서 한 시간 내에 완료될 예정이던 작전은 18시간의 악몽으로 변질된다. "변화를 만들고 싶다"는 이상을 품고 소말리아에 온 에버스만 하사의 제4분대를 비롯해 작전에 가담한 특공대원과 델타팀은, 비록 주검 조각일지라도 전우를 뒤에 남기지 않는다는 신념에 기대어 긴 밤을 버티고 새벽을 맞는다.

거대한 산일수록 빛의 각도에 따라 많은 얼굴을 드러낸다. 전쟁은 부피와 무게의 육중함만큼이나 공략하는 전술과 진법도 여럿인 소재다. 일단 액션영화로 관객에게 육박해 들어가는 전쟁영화는 예외 없이 극한 상황에 몰린 군상의 앙상블 드라마이며 시대극의 면모를 갖는가 하면 종종 멜로드라마의 무늬를 떠올리기도 한다. 베트남 전쟁 이후 미군 사상 최대인 19명의 전사자를 낸 소말리아 모가디슈 작전을 그린 「블랙 호크 다운」에도 몇 가지 길이 있었다. 하지만 한 이상주의자의 강렬한 각성이나 제3세계에 개입한 워싱턴의 딜레마를 파고들 수도 있었던 「블랙 호크 다운」은 가장 단순명쾌한 카드, '현대 전투의 해부'를 미션으로 골라잡았다.

함락이나 탈환이 아닌 납치를 목적으로 한 모가디슈 작전은 듣기에도 간단하다. 40명의 델타포스가 모가디슈 시내의 건물에 진입해 표적을 체포하는 동안 헬기로 투입된 특공대원 75명이 주변을 경계하면 퇴로조가 포로와 부상자를 험비(총좌가 부착된 수송차량)에 태워 부대로 귀환할 것. 예상 소요시간 60분 미만. 그러나 블랙 호크 헬기 2대가 소말리아 민병대의 소형 미사일에 잇따라 격추되면서 그날 미군의 운세도 곤두박질친다. 위풍당당하게 출격한 「블랙 호크 다운」은 이때부터 '퇴각에 관한 긴 필름'으로 둔갑하고 특수부대원들은 마치 심야의 우범지대에서 길을 잃은 대도시의 틴에이저들처럼 공황 상태에 빠진다. 적절히 안배된 기승전결이 아닌 분망한 발단과 긴 내리막길. 결코 매끈한 스토리텔링의 맵시는 아니다. 그러나 상관없다. 「블랙 호크

다운」에서 최대 드라마는 연쇄되는 교전 상황을 재연한 스토리 보드 위에 있기 때문이다. 손댈 수 없이 꼬여버린 시가전에서 달리고 쏘고 엄호하고 지휘관과 커뮤니케이션하며 상황을 돌파하는 싸움의 양상 자체가 어느 순간 영화의 몸뚱이가 되는 「블랙 호크 다운」은, 내러티브 영화가 갖는 스펙트럼의 한 극단을 보여준다.

저널리스트 마크 보든의 책을 「블랙 호크 다운」의 텍스트로 선택함으로써 정형화된 캐릭터 및 감상주의와 어느 정도 결별한 제작자 제리 브룩하이머의 '보급력'과 리들리 스콧의 연출은 기대할 수 있는 최상의 결과물을 냈다. 미 국방부가 제공한 4대의 블랙 호크를 부리고 군 전문가에게 화면의 블로킹을 조언받으며 일급 파일럿과 특공대원을 스턴트로 기용하는 최상의 제작 환경을 만난 리들리 스콧 감독은 '편집하듯' 일사천리로 모로코 로케이션 촬영을 진행했다. 그리고 성가신 듯 영웅과 역사, 프로파간다를 전장에서 내쫓아버렸다. 한편 폭파와 총격이 영웅의 어깨 너머로 펼쳐지는 병풍이 아니라 주역이자 전경으로 쓰인 「블랙 호크 다운」의 혼돈에는 줄거리와 지도가 있다. 리들리 스콧은 영화적 스펙터클이 우리의 감각에 대한 마구잡이 폭음과 화염의 테러만 뜻하는 게 아니라 이해와 판독의 재미도 줄 수 있음을 보여줌으로써 숱한 액션 블록버스터영화를 제압한다.

반면 이처럼 특정한 시점에 입각해 표면적 상황을 재현하는 「블랙 호크 다운」의 노선은 불가피하게 영화적 시선의 '사각지대'를 낳았다. 뜻 모를 고성을 지르며 격추된 미 파일럿에게 무리지어 달려드는 모가디슈 시민들은 얼굴 없는 검은 파도처럼 보이며, 그들이 미군에 품은 강렬한 분노의 근원도 해명되지 않는다. 영화 말미의 자막 "소말리아인 사망자 1천여 명"의 큰 부분을 차지할 소말리아 민간인들의 희생 규모도 제대로 드러나지 않는다. 리들리 스콧의 오래된 테마인 명예 그리고 고통의 극복은, 극적 연출을 최대한 억누른 「블랙 호크 다운」에도 여전히 잠복해 있다. 그러나 이 영화에서 강한 메시지를 타전하는 것은 전우애를 동어반복적으로 강조하는 비장한 대사들이 아니라 전투의 전체적 흐름과 형식의 생생함이다. 2시간 20분 동안 중계된 전황은 결과적으로 미군의 '강함'과 프로페셔널리즘을 은연중에 웅변하고, 상황실 모니터와 헬기, 지상군의 시점을 교차하며 재현된 전투의 난맥상은 한 지역에 기반을 구축한 정치 세력에 대한 무력 개입이 얼마나 감당 못할 흉물스러운 결과를 빚는지 절감케 한다.

리들리 스콧이 한 인터뷰에서 말했듯, 할리우드가 멀지 않은 과거의 전투로 발길을 돌림에 따라 전쟁영화는 점점 더 테크니컬한 측면의 탐구로 기울고 있는 것처럼 보인다. 스티븐 스필버그의 「라이언 일병 구하기」가 희곡이고 테렌스 맬릭의 「씬 레드 라인」이 시라면 스콧의 「블랙 호크 다운」은 한 편의 가차없는 보고서다. 차갑지만 통렬하고, 단조롭지만 도리없이 매혹적인.

자유로운 영혼의 보헤미안

아이리스

Iris
2001
감독
리처드 에어
배우
케이트 윈슬렛
주디 덴치
휴 본빌
짐 브로드벤트

　작가 아이리스 머독(케이트 윈슬렛, 주디 덴치)과 영문학 강사 존 베일리(휴 본빌, 짐 브로드벤트)는 1950년대 초 옥스퍼드 대학에서 처음 만난다. 존은 빛나는 재능을 가진 아이리스를 사랑하고 숭배하지만 아이리스의 자유분방한 양성애적 사생활은 그를 번민에 빠뜨린다. 결혼 뒤 40년간 더없이 친밀한 동반관계를 지속하는 아이리스와 존. 그러나 노년의 어느 날 아이리스를 습격한 알츠하이머병은 그녀의 명철한 정신을 무너뜨리고, 존은 갓난아기처럼 변한 아내를 헌신적으로 보살핀다. 간간이 되살아오는 젊은 날의 질투와 아이리스에 대한 원망으로 괴로워하면서.

　아이리스는 존을 사랑한다. 그러나 그녀의 시선은 자주 먼 곳을 헤맨다. 존은 아이리스를 사랑한다. 그의 눈은 평생 아이리스를 '엿본다.' 영화 「아이리스」의 한 장면은 다른 남자와 열렬한 정사를 나누는 아이리스를 훔쳐보는 청년 존 베일리를 보여준다. 영화가 부부의 노년을 비출 때 우리는 비스듬히 열린 서재의 문 사이로 책상에 앉은 아내를 살피는 늙은 존을 본다. 하지만 이 기울어진 관계는 결코 짝사랑이 아니다. 아이리스에게 존은 유일하게 정박할 수 있는 항구이며, 우주 바깥에 존재하는 우주의 중심이기 때문이다.

"그건 마치 동화 속에서 사는 것 같았다. 나는 신비로운 미지의 세계로 가끔 홀연히 사라지는, 하지만 언제나 내게 돌아오는 아름다운 아가씨와 사랑에 빠진 젊은이였다." 재능과 영감으로 충만한 여성 아이리스 머독과 함께한 시간에 대해 존 베일리는 회상록에서 그렇게 썼다. 그러나 어느 날 갑자기 그의 '아름다운 아가씨'는 나쁜 마법에 걸려 다른 세계로부터 돌아올 줄 모른다. 그녀를 유괴한 것은 알츠하이머의 병마다. 남편과 농담을 주고받으며 장을 보고 동네 술집에 들렀던 평화로운 어느 오후. 아이리스의 정신과 언어는 고장난 턴테이블처럼 헛되이 맴돌고, 허공에서 뜯겨나간 채 너덜거린다.

연극계 출신 리처드 에어 감독의 연출은 침착하다. 그러나 「아이리스」는 어쩔 수 없이 잔인한 영화다. 언어를 잃어버린 작가의 초상, 더구나 영화 도입부에서 언어의 힘을 그토록 예찬하던 작가가 침묵의 아가리에 산 채로 천천히 먹혀 들어가는 광경은 손가락이 부러진 피아니스트나 아킬레스건이 끊어진 발레리나만큼이나 지켜보기에 참혹하다. 그런데 「아이리스」는 존과 아이리스가 처음 만난 젊은 시절과 현재를 오가는 교차 편집을 통해 더욱 잔인해진다. 문을 열고도 어디로 갈지 몰라 망연히 서 있는 늙은 아이리스의 어깨 너머에서, 젊은 날의 아이리스는 "당신은 그냥 내 뒤를 따라오기만 하면 돼요!"라고 눈부신 웃음을 뿌리고, 존의 넋을 앗아간 아이리스의 청아한 옛 노래는, 우물 같은 치매의 어둠 속에서 기억의 멜로디를 더듬는 아이리스의 흥얼거림으로 옮아간다. 케이트 윈슬렛의 약동하는 생명력은 주디 덴치가 드리운 그림자 속에서 처연함을 발하고 주디 덴치의 텅 빈 눈동자는 케이트 윈슬렛이 던진 빛 속에서 많은 사연을 드러낸다. 때없이 시간을 오르내리는 「아이리스」의 구조는 그래서 '회상'이라기보다 과거와 현재의 대화에 가깝고, 주디 덴치와 케이트 윈슬렛은 진정 한 몸을 이룬다. 「아이리스」의 네 주연은 전기영화가 미더운 배우를 얻는 것이 얼마나 중요한지 웅변한다. 특히 주디 덴치와 짐 브로드벤트의 연기는 카메라 앞의 배우가 눈빛 하나만으로 산을 옮길 수 있음을 보여주는 증거다.

알츠하이머병의 가장 깊은 슬픔은, 오랫동안 알고 사랑해온 사람이 곁에 분명히 존재하면서도 조금씩 조금씩 '사라져간다'는 사실에 있다. 그 슬픔은 망각의 강을 건너는 자가 아니라 이편 기슭에 남는 사람의 몫이다. 「아이리스」가 아이리스 머독에 대해 이야기하면 할수록 우리에게 가까이 다가오는 것도 존의 내면이다. 서툴고 수줍은 청년 존이 아이리스의 키스에 "고마워요"라고 답할 때, 정신을 잃고 가출했다가 나타난 아이리스 앞에서 존이 다친 동물의 신음 같은 괴성을 지를 때, "예전에는 당신과 둘이 있는 게 겁났는데 이제는 당신 없이 못 살겠어"라며 울 때, 우리는 같이 울고 만다. 감독은 평생 누적된 존의 질투와 분노를 굳이 감추지 않는다. 절망한 존은 한밤중에 깨어나 의식 없이 잠든 아내를 때리며 울먹인다. "이 나쁜 년! 지금은 또 누구랑 같이 있는 거야!"

「아이리스」는 치매에 걸린 작가의 이야기지만, 엄밀히 말해 예술가의 전기영화도 병리현상에 관한 영화도 아니다. 이를테면 「아이리스」는 아이리스 머독의 문학세계에 대해 별로 가르쳐주지 않는다. 대신 남는 것은 사랑에 대한 질문이다. 처음 우리를 사랑에 빠지게 한 본질을 잃은 사람을 우리는 줄곧 사랑할 수 있을까? 그렇다면 우리가 사랑하는 이른바 '영혼'은 한 인간의 어디에 깃들어 있을까? 「아이리스」는 '위대한 연애'의 처음과 끝만 보여주고 존과 아이리스가 통과해온 40년을 생략한다. 그것은 맑은 물방울이 땅에 떨어져 더럽혀지고 강과 바다를 지나 다시 하늘로 올라가 맑은 빗방울로 내리기에 충분히 긴 시간이다. 「아이리스」는 그런 식으로, 사랑은 오래 지속된다고 말한다.

알트먼이 차려놓은 경멸과 협박,
연애와 착취의 식탁 고스포드 파크

Gosford Park
2001
감독
로버트 알트먼
배우
크리스틴 스콧 토머스
켈리 맥도널드
매기 스미스
마이클 갬본

1932년 11월 잉글랜드. 산업자본가로 성공해 부를 축적하고 결혼으로 작위를 얻은 백만장자 윌리엄 매코들 경과 냉담한 그의 부인 실비아는 전원 저택 고스포드 파크에서 주말사냥 파티를 열고 친지들과 다음 영화 리서치를 위해 영국에 온 할리우드 제작자와 스타 배우 아이보 노벨로를 초대한다. 트랜섬 백작부인과 앳된 시중꾼 메리를 필두로 당도한 손님과 그 하인들은 집사 제닝스와 가정부 윌슨 부인이 이끄는 하인들의 마중을 받는다. 위층 손님들이 이익을 교환하고 부정을 저지르고 경멸과 허세를 교환하는 동안 아래층의 하인들은 주인들의 복잡하게 얽힌 진실을 속닥거린다. 그러나 고스포드장의 파티는 사냥이 끝난 둘째 날 밤 매코들 경이 살해됨으로써 새로운 국면에 접어든다.

혼란 속에서 메리는 진실의 윤곽을 더듬어나가기 시작한다.

　가능하다면 이런 파티에는 초대받고 싶지 않다, 고 누구나 생각할 것이다. 파티의 주최자는 시야에 들어오는 젊은 여자마다 집적대고 안주인 또한 비슷한 행실로 응수한다. 어떤 남편은 돈에 혹해 결혼했다가 돈이 바닥나자 아내를 냉대하고, 어떤 친척은 집주인이 용돈과 투자를 끊어버릴까봐 전전긍긍한다. 반짝이는 은식기에 담긴 정찬과 더불어 고스포드 저택의 식탁 그득 서빙되는 '요리'는, 경멸과 면박과 아부와 협박, 그리고 연애인지 착취인지 아리송한 성적인 접촉들이다. 게다가 집 안 곳곳에는 독약 든 병들이 마치 식초라도 되는 양 태연자약하게 널려 있다. 증오와 살인 동기는 모두에게 있고 무대 장치는 완벽하다. 저택 어딘가의 서재에서 "복수는 그들의 것"이라고 애거사 크리스티 여사가 펜을 놀리고 있다 해도 이상할 게 없다.

　이 거북한 잔치의 숨은 호스트는 로버트 알트먼 감독. 몇 해 전 마틴 스코시즈가 「순수의 시대」에서 머천트 아이보리표 시대극 세트를 깜짝 방문하더니, 이번에는 알트먼 차례다. 그러나 「순수의 시대」가 장미와 레이스로 위장한 감정의 갱스터였듯, 로버트 알트먼도 1930년대 잉글랜드의 장원에서 세상 누구보다 그가 규칙에 밝은 게임을 벌인다. 보통 영화 예닐곱 편은 너끈히 찍을 만한 머릿수의 인물, 많은 서브플롯을 거느리고 굴러가면서 눈덩이처럼 불어나는 스토리, 그리고 극중 인물에게 도통 다정한 시선을 주지 않는 감독의 냉랭한 매너까지 「고스포드 파크」는 「플레이어」「패션쇼」「숏 컷」의 도도한 영국계 사촌이다.

미스터리 구조는, 자칫 방만해지기 쉬운 앙상블 드라마의 줄거리에 리듬을 불어넣기 위해 알트먼이 즐겨 사용해온 도구다. 추리물이자 코스튬드라마이고 매너코미디이자 풍자드라마인 「고스포드 파크」에서 알트먼은 한 채의 저택으로 극적 공간을 고립시킴으로써 이야기와 스타일의 매무새를 한결 단정하게 가다듬있다. 귀족 주인을 위층에, 그들을 시중하는 하인을 아래층에 분리 수용한 고스포드 저택의 실내공간은 20세기 초 영국 계급 시스템의 다이어그램이다. 자기들의 비밀스러운 회동을 하인이 목격해도 "아무도 아니야It's Nobody"라며 안심하는 귀족들은 하인을 귀가 없는 가구나 비품처럼 취급하고, 하녀들의 우두머리 윌슨 부인은 "난 완벽한 하인이야. 그러니까 내 삶은 없어"라고 말한다. 그러나 알고 보면 「고스포드 파크」를 건사하는 것은 아래층 사람들이다. 관객은 위층에서 벌어지는 귀족들의 허세 부리는 '가면무도'를 통해 인물들의 관계와 감춰진 사연의 초기 단서를 잡은 다음, 아래층의 현명한 하인들의 대화를 듣고서야 비로소 결론을 얻는다. 안락한 자리의 임자는 귀족들이지만 알트먼 감독은 하인 중 누군가가 곁에 있지 않는 한 그들에게 카메라를 비추거나 귀를 기울이지 않는다. 더 많이 아는 자가 미스터리의 권력자라면 「고스포드 파크」의 실세는 단연, 항상 고개를 정중히 숙인 채 만사를 보는 아래층 사람들이다.

그러나 「고스포드 파크」의 시나리오 작가 줄리언 펠로스와 알트먼 감독은 지배층과 피지배층을 악한 속물과 선한 현자로 나누기에는 좀더 노련하다. 이 영화에서 계급은 경제적인 지위

일 뿐 아니라 삶의 조건과 태도의 집합이며, 계급 갈등은 억압과 희생보다 훨씬 복합적인 알력이다. 영화에서 가장 명석하고 넓은 시야를 가진 하녀 엘시는 멸시와 연민이 뒤섞인 태도로 주인 가족을 바라보고, 오만한 트랜섬 백작부인은 하인들의 가십에 귀를 세운다. 불안한 것은 위층 사람들이다. 그들의 세계는 바야흐로 흔들리고 있고 미국에서 온 할리우드 제작자와 배우는 곧 도래할 시대의 위협을 대변한다. 영화배우가 노래할 때 귀족들은 무관심을 가장하지만 하인들은 문간에서 그 황홀함을 즐긴다. 한 발짝 떨어져서 구경하는 계급과 문화의 섬세한 마찰은 「고스포드 파크」가 주는 부정할 수 없는 재미다. 닫힌 공간에 모인 다수의 인물이 모두 용의선상에 오르는 설정부터, 숨겨진 과거사와 혈연이 단서로 동원된다는 다소 맥빠지는 추리 과정까지 「고스포드 파크」는 『열 개의 인디언 인형』을 비롯한 애거사 크리스티 작품을 직접 연상시킨다. 그러나 80분이나 지나서야 시체가 나오는 이 영화에서 진정 흥미로운 것은 진범의 정체와 반전의 충격, 명탐정의 묘기가 아니라 불발로 그친 수많은 혐의의 넝쿨에 끌려나온 인간들의 드라마다. 그런 면에서 「고스포드 파크」는, 사냥 파티에 모인 표리부동한 인물들의 회동을 그린 장 르누아르 감독의 「게임의 규칙」에 다가선다. 어슬렁거리며 인물과 환경을 유려하고도 역동적으로 맺어주는 알트먼 특유의 카메라가 시대극의 풍성한 미장센과 결합해 낳는 그림도 바로 「게임의 규칙」의 그것이다.

알트먼 감독과 제작자 겸 배우인 밥 발라반의 아이디어를 영국 상류층 문화에 정통한 줄리언 펠로스가 매만진 각본은 "그게 어떤 목적에 봉사할 수 있지?"라고 되묻는 윌슨 부인의 대사처럼 한줌의 낭비도 없다. 「셰익스피어 인 러브」가 돈 몇 실링의 행방까지 정산하는 꼼꼼함으로 감탄을 샀다면 「고스포드 파크」는 주인 잃은 강아지의 운명까지 챙긴다. 치밀한 각본과 정밀한 연기로 무장한 영화가 흔히 그렇듯 두번째 감상이 두 배 이상 만족스러운 「고스포드 파크」는 「플레이어」 「숏 컷」과 더불어 알트먼의 후기 걸작으로 손색이 없다. 촬영 당시 일흔여섯이었던 알트먼 감독은 보험사의 요구에 따라 유사시 스티븐 프리어즈 감독이 메가폰을 이어받는다는 약속 아래 일했다지만, 그가 지닌 오케스트라 지휘자의 손과 인류학자의 눈은 여전히 강건하다. '히치코키안'이라는 단어를 만든 앨프리드 히치콕 경처럼 둘 다 가질 수는 없다 해도, 로버트 알트먼은 작위 대신 이름을 딴 형용사 하나쯤 수여받아 마땅하다.

죽음을 지키는 삶

줄리엣을 위하여

Haut Les Cœurs!
1999
감독
솔베이 앙스파흐
배우
카랭 비아
로랑 뤼카스

　박사 논문을 준비하는 시몽과 콘트라베이스 연주자 엠마는 함께 산다. 시몽과 달리 아기를 원한 엠마는 임신 5개월 판정에 행복해하지만, 기쁨이 식기도 전에 유방의 악성종양을 발견하고 유산을 권고받는다. 포기하지 않고 다른 병원을 찾은 엠마와 시몽은 약물 치료를 계속하며 뱃속의 아기를 키워 제왕절개로 분만한 다음 본격적인 치료를 시작하는 방법을 택한다. 딸 줄리엣이 태어나는 날 유방절제 수술을 받은 엠마. 새로운 치료법을 시도하기 위해 무균실에 격리된 엠마의 귀에는 시몽이 불러주던 노래가 맴돈다.

　「줄리엣을 위하여」에는 이런 장면이 있다. 새벽녘 눈을 뜬 엠마는 베개 위에 빠져 흩어진 머리칼을 발견하고 경악한다. 암 치료약의 부작용이다. 마침 같이 사는 애인 시몽의 잠을 여자 동료의 전화가 깨운다. 머리를 수건으로 감싼 엠마는 소리지른다. "그 여자, 머리숱도 많고 가슴도 크겠지?" 바로 미용사를 찾아간 엠마는 아예 머리를 밀어버린다.

「줄리엣을 위하여」에는 이런 장면도 있다. 클럽에 놀러 간 엠마는 자기도 모르게 처음 보는 남자와 키스한다. 그리고 시몽이 사라진 걸 깨닫는다. 집에 돌아온 여자는 등 돌린 채 누워 있는 연인에게 말한다. "내가 왜 그랬나 모르겠어. 내 모습이 흉한 것 같아서…… 우리가 더 이상 섹스하지 않을까봐 당신이 날 떠날까봐 무서웠어." 남자는 병든 애인의 멱살을 잡는다. "겁먹은 게 너뿐인 줄 아니? 아프다고 네 멋대로 해도 되는 줄 알아?" 다시 얼굴이 보이지 않게 돌아누운 시몽은 가만히 팔을 뒤로 뻗어 엠마를 붙든다.

죽음에 이르는 중병이나 모성애는 인생에서 더 이상 절박할 수 없는 문제임에도 불구하고 영화나 드라마에서는 질문을 허용하지 않는 절대적인 명제로 취급됨으로써 오히려 판타지에 가까워지는 일이 흔하다. 하지만 임신 5개월에 악성종양을 발견한 여성의 이야기 「줄리엣을 위하여」는 비탄에 빠지거나 고통에 탈진하는 일 없이 마른 눈과 맨 정신으로 병상을 지킨다. 그것은 이 영화가 불행에 대한 하나의 가설이 아니라 솔베이 앙스파흐 감독이 몸소 겪은 체험인 때문이기도 하다.

1988년부터 다큐멘터리 작가로 활동한 앙스파흐 감독은 애초 병상일기를 초안으로 한 기록영화를 구상했으나 더 많은 사람과 교감하기 위해 극영화 「줄리엣을 위하여」를 만들었다. 그러나 이 영화에서 치료 과정과 감정의 추이, 대화와 침묵을 기록하고 재현하는 눈과 귀는 여전히 다큐멘터리의 그것이다. 「줄리엣을 위하여」에서 엠마의 암은 하늘에서 떨어진 재난이 아니라 끊임없이 관객의 주의를 사로잡는 현실이다. 앙스파흐 감독은 임신 6개월이 될 때까지 항암 치료를 하고 아기를 조기 분만해 인큐베이터에서 키우는 계획, 골수세포를 냉동한 다음 무균실에서 치료하는 시도, 인공유방에 의료보험이 적용되지 않는 현실 등을 시간을 들여 관객에게 설명한다. 실제로 병을 앓았던 감독 자신에게 중대했고 엠마와 시몽에게 중대한 문제이므로.

한글 번역 제목은 낙태를 거부한 엠마의 모성애에 초점을 두지만 「줄리엣을 위하여」는 무엇보다 생의 한가운데에서 수렁을 만난 여성의 육체와 정신이 경험하는 시련과 사랑의 수기다. 감독은 질병과 죽음의 그림자가 사랑하는 사람들 사이에 비집고 들어오는 광경을 관찰한다. 두 연인은 출산을 놓고 갈등하고 병원 대기실에서 농담과 침묵을 나누고 상대가 자기 손을 놓으려 한다는 의심으로 원망하고 유방 재건 수술을 상의한다. 한편 시몽의 고백은 「줄리엣을 위하여」를 범상치 않은 멜로드라마로 기억하게 한다. "엠마가 아픈 편이 내게 맞는지도 몰라. 예전엔 그녀의 에너지가 숨막히곤 했거든. 우리는 지금 더 가까워. 이게 사랑인지, 누군가에게 필요한 존재가 되는 건지는 모르겠지만." 감독은 주연 카랭 비야와 로랑 뤼카스를 즐겨 클로즈업하고 그 노력은 헛되지 않다. 「줄리엣을 위하여」로 세자르 여우주연상을 수상한 카랭 비야는 연약함이 아니라, 병마가 건드릴 수 없는 종류의 '건강함'으로 엠마의 본성을 포착하고, 속 깊은 애인 시몽으로 분한 로랑 뤼카스의 부은 눈과 헝클어진 머리는 입가의 미소를 부정하며 긴 사연을 전한다. 앙스파흐 감독은 관객의 눈물을 거부하지 않지만, 그것이 동정에서 비롯되지 않도록 신중을 기한다. 좋은 사람들로 가득한 엠마의 인생은 부러우리만큼 살만한 것이다. 그녀에게는 최악의 상황에서도 환자에게 정직하고 충실한 의료진이 있고, 누나의 불행을 감당 못해 외국에 취직했다는 거짓말까지 하며 칩거하는 착한 동생이 있고, 조용한 관심으로 담장 너머를 주시하는 다정한 이웃들이 있다.

「줄리엣을 위하여」는 치명적 질병을, 슬픔을 극대화시키는 충격요법이 아니라 삶의 시간과 공간, 인간관계를 천천히 물들이는 밀물처럼 그린다. 치료 장면을 진료실에 한정하지 않고 병원을 오가는 길의 풍경과 소음까지 주인공의 시점으로 고스란히 살린 연출도 그것이 투병하는 환자와 그 연인의 마음속에 크게 자리한 시간과 이미지이기 때문이다. 초음파에 잡힌 태아의 심장박동으로 시작한 「줄리엣을 위하여」는 아기 줄리엣과 헤어져 무균실의 새하얀 정적 속에 하염없이 누워 있는 엠마의 모습을 마지막 시퀀스로 삼는다. "잘 자, 내일 또 걸게." 엠마가 소독된 수화기를 내려놓으면 어디선가 시몽의 노랫소리가 환청처럼 들려온다. 노래의 여린 끝자락은 시몽과 엠마의 허밍과 새의 퍼덕이는 날갯짓 소리, 노는 어린이들의 소리와 어우러지고 이내 하나로 뭉뚱그려져 잦아들어간다. 「줄리엣을 위하여」는 그렇게 생

의 영역에 포함된 죽음을 보여주는 드라마다. 죽음과 생명을 한
꺼번에 잉태한 엠마의 육체처럼.

죄없는 소녀들의 탈출기

막달레나 시스터즈

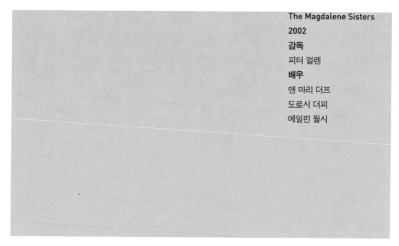

The Magdalene Sisters
2002
감독
피터 멀랜
배우
앤 마리 더프
도로시 더피
에일린 월시

사람들은 모두 괴담을 하나쯤 간직하고 있다. 제도화된 사디 즘의 포로가 되어 한번쯤 고생한 기억이 있다. 그 악몽은 많은 경우 학교나 군대와 관계되고, 더러는 가족과 관련되기도 한다. 선택할 수도 도망칠 수도 없는 상황이었다는 점에서 이 피학의 경험들은 각별히 끔찍하다. 많은 시간이 흐른 뒤에도, 헨젤과 그 레텔이 마녀집이 있는 숲을 되돌아보는 듯한 말투로 진저리치게 만든다.

피터 멀랜 감독의 「막달레나 시스터즈」는 그처럼 널리 퍼져 있는 악몽의 선정적인 원형을 관객의 면전에 똑바로 내던진다. 「막달레나 시스터즈」가 고발하는 '감옥'은 가톨릭교회다. 그래 서 2002년 가톨릭 국가 이탈리아에서 열리는 베니스 영화제에서 황금사자상을 받았다는 사실이 화제와 후유증을 낳았다. 1960년대 아일랜드에는 '막달레나 세탁소'라고 불리는, 교회가 후원하는 수용시설이 있었다. 모든 죄지은 여성의 어머니인 막달라 마리아의 이름을 딴 이 기관은 타락했거나 타락할 소지가 있다고 판단되는 여자들을 임의로 감금하고 일 년 삼백육십오 일 안식일도 없이 세탁공장 노동자로 혹사했다. 군대나 학교에 있는 시한도 이곳에는 없었다.

영화의 주인공은 같은 날 막달레나에 입소한 세 명의 십대 소녀. 마가렛은 가족의 결혼식 날 사촌에게 강간당한 사실을 발설했다. 로즈는 결혼하지 않은 채 아기를 낳았다. 고아원에서 자란 버나뎃은 남다른 미모가 동네 남자애들의 눈길을 끌었다. 그녀들의 '유괴'와 '납치'는 아버지의 묵인과 교구 신부들의 주도 아래 매우 조용히 실행된다. 작은 몸피에 맹금류의 눈을 가진 원장수녀는 신입생들에게 갈파한다. 세탁은 지상의 방식으로 이루어지는 영혼의 세척이다. 음식과 잠을 포함한 육신의 쾌락은 배제한다. 불복종은 불관용의 대상이다. 처음 얼마간 마가렛은 착오라고 믿고 버나뎃은 현실을 파악하지 못하고 로즈는 슬픔에 말을 잃는다. 그러나 탈출한 동료가 친아버지의 손에 개처럼 도로 끌려온 날 밤, 절망은 단단해진다. 모든 인간과 사물이 직각으로 배치된 하얀 '감옥'에서 어린 세탁부들은 낡은 시트처럼 닳아간다. 타락한 성직자들의 돈 버는 노예로 착취당하고 성욕의 하수구가 된다.

가공스러운 것은 폭력의 강도가 아니다. 그것의 천연스러움,

신앙과 폭력의 감쪽같은 공존이다. 「뻐꾸기 둥지로 날아간 새」의 수간호사 루이스 플래처의 닮은꼴인 원장수녀는 살을 에는 회초리질 도중에 태연히 신의 자비를 입에 올린다. 다른 수녀들은 심심풀이로 소녀들을 벗기고 누구의 젖가슴이 제일 크고 누구의 음모가 제일 무성한지 즐거이 품평한다. 저들이 무슨 일을 하고 있는지 저들은 알지 못한다. 영화의 고발은 현재진행형이다. 최후의 막달레나 세탁소는 1996년에야 문을 닫았다. 그리고 지금도 세상에는 강압과 폭력이 '사람 만든다'고 믿는 생각들이 존재한다.

「막달레나 시스터즈」는 가난하고 투박한 분노가 만든 영화다. 피터 멀랜 감독에게는 더 세게 보이려는, 혹은 더 세련된 사색의 결과로 보이려는 메이크업도 전략도 없다. 악역인 수녀들의 인간적 면모를 살피는 배려도 배우의 눈빛에만 맡기고 돌아보지 않았다. 마치 완곡어법 따위는 지옥에나 가버리라고 말하듯. 그래서 이 영화는 벌거벗겨진 소녀들의 상처 난 몸처럼 미숙하지만 오래도록 잊기 힘들다. 함께 화가 치밀어 영화를 보는 동안은 피가 식고 오금이 저리고 차가운 물에 잠긴 빨래의 시큼한 비린내가 코끝에 감돈다. 마침내 버나뎃과 로즈가 수녀들을 공격하는 마지막 어설픈 액션은, 슈퍼히어로영화의 피날레처럼 원초적 카타르시스를 자극한다. 소녀들이 문을 부술 때 베니스 영화제에서는 관객의 환호가 극장 바깥까지 흘러넘쳤다.

좀 병적인 연상이지만, 「막달레나 시스터즈」가 들려주는 '분노의 음향'은―그리고 수용소를 둘러싼 거짓말같이 아름다운 잔

디 언덕도—줄리 앤드루스가 마리아 수녀로 나오는 「사운드 오
브 뮤직」을 생각나게 한다(「사운드 오브 뮤직」은 1963년에 개봉됐
고, 극중에서 로즈, 버나뎃, 마가렛이 막달레나 세탁소로 끌려간 것은
1964년이다). 환상과 선동, 감정을 '조작'하는, 영화의 위대한 술
책 두 가지가 난처한 지점에서 등을 맞대고 있다.

디스토피아에서 꿈꾸는 휴머니티

마이너리티 리포트

Minority Report
2002
감독
스티븐 스필버그
배우
톰 크루즈
콜린 패럴
사만다 모튼

한 사나이가 재채기를 하며 의학의 더딘 진보를 한탄한다.
2054년의 워싱턴시 「마이너리티 리포트」의 세계는 감기 치료
약도 아직 발명되지 않은 그리 멀지 않은 미래다. 그러나 적어도
이곳에서 범죄는 완벽하게 예방된다. 세 명의 돌연변이 예지자
에 의존해 치안 시스템을 구축한 특수경찰국 프리크라임pre-crime
의 활약 때문이다. 프리크라임을 지휘하는 존 앤더튼 반장에게
일은 마약이자 종교다. 어린 아들을 유괴당한 충격으로 폐인이
된 그는 오직 '범죄와의 전쟁'을 통해 생을 지탱한다. 프리크라
임의 전국 확대를 결정할 국민투표를 앞두고 연방수사관이 시스
템을 내사하러 방문한 어느 불쾌한 날, 앤더튼은 살인자를 지목
하는 예지자의 붉은 공에 또렷이 새겨진 자신의 이름을 읽는다.

불가능한 미션의 시작. 이제 그는 스스로 설계한 미로를 탈출하고 자기가 딛고 선 발판을 때려부숴야 한다.

딜레마로 얼룩진 이 어두운 이야기가, 「A.I.」의 고개 숙인 흥행으로 "대중의 판타지를 포착하는 천부적 재능이 녹슨 것 아니냐"는 말까지 들었던 스티븐 스필버그가 내놓은—그리고 박스오피스의 황태자 톰 크루즈를 끌어들인—신작 여름 블록버스터의 골자다. 아무리 「도망자」식 영웅 모험담으로 변형됐다 해도 플롯은 여전히 복잡하고 화면은 어두우며 러닝타임은 길다(144분). 스필버그의 예고대로 우리에게 제출된 「마이너리티 리포트」는 '미션 임파서블 3'라는 별명으로 일축하기 어려운 모습이다. 현재를 연장한 미래영화, 첨단의 누아르라는 맞추기 어려워 보이는 타깃을 겨냥했던 「마이너리티 리포트」는 적어도 스스로 재현하는 세계에 대해 일관된 비전을 지니고 있음을 입증한다. 스펙터클과 액션이 고조될 때면 종종 스크린이 아니라 거대 용량 컴퓨터의 거대 모니터를 보는 듯한 착각을 하게 하는 경쟁작 「스파이더맨」「스타워즈 에피소드 2 : 클론의 습격」「맨 인 블랙 2」에 비해 「마이너리티 리포트」는 대단히 고전적이다. 「A.I.」에 이어서 「마이너리티 리포트」에서도 스필버그는 관객의 집중력 주기를 자꾸 단축시키고 '하이 컨셉'을 실상 '로 컨셉low concept'의 동의어로 만든 주류 블록버스터의 대세를 거스른다. 1975년 「죠스」로 블록버스터를 창시했던 스필버그는, 마치 모두가 아니라고 할 때 "예"라고 대답하더니 모두가 예라고 할 때 "아니"라고 말하려는 것처럼 보인다. 「마이너리티 리포트」는 액션 블록버스터의 속도로 질주하지만 간간이 등장인물과 관객의 동공에 스캐너를 들이대고 "당신은 누구인가?"라고 묻는 시간을 아까 위하지 않는다.

물론, 스필버그는 이번에도 근심하기를 그만두고 미래를 사랑하고자 한다. 「A.I.」의 사랑밖에 모르는 아이 대신 인간을 불신하는 남자가 거리를 헤매고, 「A.I.」의 노랑과 네온빛 대신 블루와 실버로 채색된 「마이너리티 리포트」는 얼핏 필름누아르의 차갑고 푸른 피를 이어받은 듯하지만, 영화가 끝나기 전에 더 행복한 세상에 대한 전망을 제시해야 직성이 풀리는 스필버그의 뿌리 깊은 모범시민 기질을 떨치진 못한다. 「마이너리티 리포트」는 필립 K.딕의 원작 단편이 싸늘하고 명철하게 제기했던 생존 본능과 명분, 자유와 치안, 프리크라임의 패러독스를 제대로 파고들 야심이 없다. 예지의 분열을 상징하는 '마이너리티 리포트'의 존재도 영화에서는 스토리나 테마의 몸체와 무관한 사소한 수수께끼로 전락한다. 다만 "아직 기회가 있어요. 당신은 미래를 알았으니 바꿀 수 있어요"라는 반복되는 호소가 인간 의지의 위대함을 강조할 뿐이다. '마이너리티 리포트'의 존재를 몰랐던 것으로 설정이 바뀐 존 앤더튼을 비롯한 영화 속 인물들은, 양가감정과 복잡한 동기로 움직이던 원작의 캐릭터들과 달리 오로지 생존 욕구와 감정에 의해 움직이는 인간으로 평면화됐으며 플롯은 결말의 행복한 가족사진을 위해 막판에 핸들을 꺾는다. 「A.I.」 역시 많은 평자로부터 유사한 비판을 들었으나 「A.I.」의 후렴에는 해석의 자유를 여는 시적 여운이 있었다. 하지만 「마이너리티 리포트」는 훨씬 산문적이다. 여기서 스필버그는 인과관계를 복습시키는 수다스러운 설명으로 뉘앙스를 증발시켜버린다. 「마이너리티 리포트」는 「A.I.」를 넘어서는 수작이라기보다 「A.I.」의 일부를 잘라낸 각론에 가까워 보인다.

「마이너리티 리포트」가 필립 K.딕 원작이 통찰한 미래사회의 노이로제를 꿰뚫는 것은 소설이 가질 수 없는 이미지를 통해서다. 미래학자들의 리서치에 기초해 디자인됐다는 개인 통신장비, 운송수단 등의 소도구는 양적으로 질적으로 너무 풍성한 나머지 천연덕스럽게 하나의 세계를 구성하면서 관객의 자연스러운 몰입을 유도하는 고급한 경지를 보여준다. 지하철 망막 스캐너 섬광의 섬뜩함과 천장을 뚫고 뛰어드는 액션신의 파괴력, 방문 밑으로 스멀스멀 기어드는 거미 로봇을 롱테이크로 잡은 장면의 미끄러움은 어떤 대사보다 소비와 치안 행위를 통해 드러난 미래사회의 사생활 파괴를 극명하게 웅변한다. 이에 비하면 「시계태엽장치 오렌지」 「THX-1138」 「블레이드 러너」의 이미지 인용은 경의의 표식을 넘지 않는다. 사실 영화 「마이너리티 리포트」에 걸맞은 애칭은 '미션 임파서블 3'보다 '아이즈 와이드 오픈' 같기도 하다. 톰 크루즈가 구르는 눈알을 잡으러 허둥지둥 달리는 악취미의 조크를 포함해, '시각'에 대한 「마이너리티 리포트」의 편집증은 두드러진다. 필립 K.딕의 단편에서 말로 기록되던 예지자의 비전은 홀로그램 영상으로 스크린에 투사되고 영화 내내 화면 곳곳에서는 광고판, 모니터, 홀로스피어(홀로그램이 영사되는 평면) 등의 형태로 유무형의 윈도가 겹겹이 펼쳐진다.

설령 미래 유행의 번쩍이는 액세서리를 다 떼낸다고 해도 「마이너리티 리포트」는 화려하고 장대한 볼거리다. 이 영화의 몇몇 정밀한 시퀀스 설계와 공간을 상하좌우로 절묘하게 확장하는 역동적 촬영은, 가공할 만한 영화적 '완력'을 자랑한다. 세상에는 좋은 스토리를 가진 감독도 테크닉이 빼어난 감독도 많지만, 그것을 대중이 원하는 자극과 드라마의 밀도를 높이는 데 남김없이 쏟아넣는 집중력과 효율성에서 스필버그는 여전히 추월당하지 않은 챔피언이다. 그리고 그렇게 빚어진 스필버그의 용의주도한 영화는 언제나 희미하게 위협적이다. 어찌 보면, 과거와 미래를 담은 '영화'를 봄으로써, 단서를 숨긴 '영화'를 편집함으로써, 예언자의 머릿속 '영화'를 다운로드함으로써 고비마다 이야기를 전진시키는 「마이너리티 리포트」의 세계에서 최고 권력자는 바로 (다른 꼴로 변장한) 영화들인지도 모른다. 프리크라임 수사본부에서 미완성 교향곡에 맞춰 오케스트라 지휘자의 능란한 손짓으로 예지자의 뇌파가 산출한 이미지를 봉합해가는 톰 크루즈의 모습은 거의 스필버그 감독의 유령처럼 보인다. 도대체 스티븐 스필버그의 무의식은 어떤 대담한 꿈을 꾸고 있는 것일까?

미지로의 귀의, 혹은 신과의 조우

싸인

Signs
2002
감독
M. 나이트 샤말란
배우
멜 깁슨
호아킨 피닉스

당신은 M.나이트 샤말란의 서명이 든 영화에서 무엇을 기대하는가? 반전? 초능력? 병든 아이의 예언? 길 잃은 중년 남자의 각성? 극진히 사랑한 부부에게 닥친 부당한 불행? 따지고 보면 샤말란의 새 영화 「싸인」은 그 모든 것을 포함하고 있다. 하지만 「싸인」은 뱀 같은 영화다. 파충류처럼 땅에 배를 깔고 지독하게 조용히, 아주 느리게 전진한다. 가끔씩 쉭쉭거리는 소리를 내며 독니를 드러내 관객의 심장을 펄쩍 튀어오르게 만들면서.

그의 짜릿한 스릴러를 오랫동안 기다려온 관객의 척추에 최초의 냉기를 흘려보내는 데 샤말란은 그렇게 많은 대사를 소모할 필요를 느끼지 않는다. 바람이 흔드는 옥수수 밭과 풍경이 내는 소리만 들리는 적막한 아침. 차갑고 끈적이는 악몽의 여운을 털어내며 집 안에서 보이지 않는 아이들을 찾아 들판으로 뛰쳐나간 아버지에게 어린 딸이 천천히 묻는다. "아빠도 내 꿈 안에 들어온 거야?" 아들이 턱을 돌려주는 방향으로 시선을 옮긴 남자의 눈에 널찍한 공터가 들어온다. 카메라가 공중으로 뒷걸음질치면서 공터는 둥그런 테두리를 드러내고 잠시 뒤에는 그것이 더 큰 문양의 한 고리임이 천천히 눈에 들어온다. 「싸인」은 그처럼 고요하지만 무작스럽게 거대한 '부자연스러움'으로 기선을 제압한다. 「싸인」은 그러나 미스터리 서클의 비의秘意를 캐고 외계인들의 침략을 분쇄하는 영화가 아니다. 여기서 미스터리 서클이나 외계인은 사실상 맥거핀에 가깝다. 「싸인」에서 서스펜스의 원천은, 신의 정의를 조롱하는 듯한 끔찍한 사고로 아내를 잃으면서 신앙을 포함한 삶의 믿음을 깡그리 잃은 남자 그래험과, 덩달아 그의 정서적인 진공 속에 함께 방치된 헤스 가족의 불안한 정신 상태에 있다.

당장 첫 장면부터 제목을 해명하며 시작한 「싸인」은 그 뒤로도 알게 모르게 제목에 충실하다. 트럭에 하반신이 잘려 죽어간 아내의 마지막 말, 마시다 만 물컵을 잔뜩 늘어놓는 보의 버릇, 천식을 앓는 모건, 장기라고는 강한 스윙밖에 없던 메릴의 실패한 선수 경력, 배달 착오로 읍내 서점에 한 권 남아 있던 외계인에 관한 책 등등. 「싸인」의 실체는 영화가 궁극적으로 당도할 지점의 좌표를 알리는 수많은 '신호'들의 집합이라 해도 과언이 아니다. 막판에 'MIB' 요원이 찾아와 "사실은 당신들이 외계인이었다"라고 통고하는 해프닝은 「싸인」에서 일어나지 않는다. 샤말란 영화를 단순히 기발한 '반전'으로 기억하는 관객에게 「싸인」은 이 감독을 유명하게 만든 영화들이 기실 역전 펀치 한 방으로 승부하는 깜짝쇼가 아니라, 후반의 '폭로'가 만들어내는 앵글의 돌연한 이동에 따라 앞장면의 의미들이 일제히 뒤틀리는 잘 조립된 구조물임을 강조한다. 마지막 한 조각의 퍼즐이 끼워지는 순간 오리인 줄 알았던 도안이 토끼였던 것으로 판명되는 그림처럼.

M.나이트 샤말란은 「싸인」에서 자만에 가까운 자신감이 배어나는 스타일을 구사한다. 긴장이 고조된 예민한 순간에도 끼어드는, 전작보다 훨씬 늘어난 유머가 그 증거다. 삼촌과 조카들이 외계인의 독심술을 막기 위해 쿠킹호일로 만든 모자를 쓰고 엄숙히 앉아 있는 장면은 대표적 예. 또한 샤말란은 외딴 농가에서 텔레비전을 통해서만 바깥세상의 소식을 듣는 고립된 가족의 공포에 집중하고, 외계인과의 근접 조우를 가능한 한 유예함으로써 아주 적은 돈으로 은하계 전쟁을 연출해야 했던 과거 B급 SF영화의 초라하면서도 농밀한 분위기를 빌려온다. 「싸인」에서 액션의 무기는 고작 야구방망이이고 스펙터클은 옥수수밭—정확히는 옥수수가 쓰러진 빈자리—이다. 알프레드 히치콕의 '영화음악가' 버나드 허먼이 다시 살아온 듯한 음악과 이름 모를 새의 우짖음과 풍경 소리, 전화벨이 어울리는 사운드도 고전적인 기법으로 시종일관 긴장을 흘린다. 그래서 「싸인」의 선조는 「인디펜던스 데이」가 아니라 「우주전쟁」「새」「살아 있는 시체들의 밤」이며, 불 꺼진 지하실 클라이맥스에 이르면 「블레어 윗치」의

무서운 기시감이 희미하게 포개진다.

그럼에도 「싸인」은 강렬하고 무섭다. 슬프고 교훈적이다. 첨단 특수효과로 테두리를 친 액션을 기대한 관객은 이 SF미스터리의 망토를 쓴 애절한 가족드라마에 실망할 테지만 그것은 애초에 샤말란 영화에 대한 오해에서 비롯된 기대이니 위로까지 필요치는 않을 것이다. 불편한 것은 「싸인」의 상징과 은유가 그것이 표상하는 내용과 너무 밀접하게 묶여 있다는 점이다. 모든 괴담, 초인, 외계 존재에 관한 이야기에 내재된 인간과 신의 얽힌 운명에 대한 질문을 지나치게 노골적으로, 순진하게 던지는 「싸인」은 「식스 센스」나 「언브레이커블」보다 먼저 나오는 편이 더 합당해 보이는 영화다. 그러나 「싸인」은 분명 기성품 장르영화의 조미료에 미각을 상한 우리가 잊고 살았던 영화의 미묘한 쾌락을 상기시켜준다. 무엇인가를 돌아보게 하는 것, 그건 확실히 샤말란의 장기다.

거짓말과 다큐 사이의 타협

8마일

8 Mile
2003
감독
커티스 핸슨
배우
에미넴
킴 베이싱어

　제목을 어떻게 읽을까부터 고민스러웠던 「8마일」에 대해 애초 나는 약 8마일가량의 거리감을 갖고 있었다. 경험적인 편견에 따르면 스타 에미넴이 주연하는 힙합영화라는 명함은 범용함을 예고했다. 빌보드에서 박스오피스 순위로 수평이동을 기도하는—혹은 두 예술의 정복을 꿈꾸는—팝스타들의 영화는 할리우드의 잘 알려진 사고 빈발 지역이다. 최근의 증거 사례는 브리트니 스피어스, 머라이어 캐리, 마돈나가 제공한 바 있다. 게다가 에미넴은 남을 규정하길 좋아하는 조지 부시가 "소아마비 이래 미국 어린이들에 대한 최대의 위협"이라고 명명한, 세상에서 제일 유명한 래퍼다. 사람들은 에미넴에게 느낌 이전에 모종의 견해를 갖는다. 논쟁적인 팝스타 비히클(흥행성이 높은 스타를 내세위 기획된 영화)에 천재소년의 입지전에 음악영화라. 너무 많은 각운이 미리 정해져 있는 「8마일」은 도대체 옴짝달싹하기 힘든 영화로 보였다.

「8마일」은 「트레인스포팅」에 나오는 스코틀랜드 최악의 변소에 버금가는 더러운 화장실에서 시작한다. 지미(에미넴)는 문을 걸어 잠그고 링에 오르는 권투선수처럼 흐린 거울을 향해 섀도복싱을 한다. 그의 귀에만 들리는 심장박동 같은 음악에 맞춰 발은 땅을 차고 손은 비트에 따라 공중을 가른다. 때묻은 거울에 비친 파란 눈은 공포를 인정하지 않지만, 지미는 끝내 옷과 변기에 두려움 섞인 위액을 토한다. 클럽 문지기는 그를 비웃고 친구들은 격려한다. 토사물 묻은 셔츠를 갈아입기 위해 지미가 뒤지는 쓰레기봉투는 여자친구와 헤어져 오늘부터 트레일러 파크에 사는 엄마한테 잠자리를 청해야 할 그의 이삿짐이다. 마침내 무대에 오른 지미는 마이크를 잡지만 목소리는 나오지 않는다. 그는 모욕당한다. 「토요일 밤의 열기」를 열어젖히는 청년 존 트래볼타의 활보가 그러했듯이, 「8마일」의 도입부는 우리가 알아야 할 거의 모든 것을 최소한의 몸짓으로 오리엔테이션한다. 디트로이트의 공기, 친구들과의 연대, 지미가 처한 곤경을 소개하고, 이 영화가 도취와 극복의 스토리이되 그 경로는 탄탄대로를 조금씩 비껴갈 것을 암시한다. 우리는 지미에게 힙합은 유희가 아니라 구토와 질식을 유발하는 숨구멍이라는 사실을 납득함과 동시에 스타 에미넴에게 이 영화가 여가 선용 이상이라는 사실까지 감을 잡는다. 커티스 핸슨 감독은 낭비를 모른다.

원더 보이를 다루는 법

「8마일」 제작 소식을 듣고 러셀 크로는 커티스 핸슨에게 메시지를 보냈다고 한다. "좋은 아이디어입니다. 하지만 에미넴 역은 누가 한다죠?" 첫번째 걱정, 앞쪽에 방점이 찍힌 '에미넴 영화'의 위험성부터 짚자. 분명히 「8마일」은 에미넴의 반半전기적인 영화다. 영화의 한 장면에는 더글라스 서크의 「슬픔은 그대 가슴에」에서 피부색이 흰 딸이 흑인 어머니를 부정하는 신이 지나간다. 「8마일」이 불우한 소년 에미넴이 살아온 삶의 모방이며, 어머니를 부정하고 랩의 검은 세상에서 끊임없이 피부색을 상기하며 버틴 래퍼의 초상임을 확인하는 인용이다. 강력한 스타 이미지는 과연 「8마일」을 위태롭게 흔든다. 에미넴의 명성은 「8마일」의 극적 긴장과 서스펜스를 어쩔 수 없이 반감시킨다. 지미의 초라한 헤드폰에서 에미넴의 강렬하고 오만한 노래가 새어나올 때마다 관객은 이것이 세계에서 가장 잘 팔리는 백만장자 래퍼의 활극이며, 어떤 방식으로든 에미넴한테 승리가 주어질 거라는 전제를 깨닫고 몰입에서 깨어난다.

그러나 에미넴이라는 부담스러운 거물은 '전문가'의 손에 맡겨졌다. 캐스팅은 커티스 핸슨 감독이 이전부터 독창적인 혜안을 발휘한 종목이다. 그는 브랫팩(1980년대 할리우드 청춘스타군을 이르는 애칭) 스타 로브 로를 사이코 여피로(「배드 인플루언스」), 할리우드의 '미네르바' 메릴 스트립을 근육질 스포츠맨으로(「리버 와일드」), 탕아 마이클 더글러스를 위기의 작가로(「원더 보이즈」) 미덥게 둔갑시켰고, 킴 베이싱어를 미키 루크의 냉장고에서 마침내 구출했으며(「LA 컨피덴셜」), 무명의 토비 맥과이어, 러셀 크로, 가이 피어스의 잠재력을 해방시켰다. 핸슨은 그러나 「8마일」에서 배우를 염두에 두지 않고 연기자로부터 캐릭터를 끌어내는 통상의 작업을 바랄 수 없다는 것을 알고 있었다. 여기 필요한 것은 '거짓말'과 다큐멘터리 사이로 귀착되는 타협이다. 스타 에미넴의 이미지와 카리스마를 내버려두되, 우리가 알지 못하는 에미넴의 얼굴을 커다랗게 클로즈업하는 것이다.

"연기의 어떤 부분은 감독의 소관 밖이다. 내가 할 수 있는 것은 영화가 요구하는 배우의 자질이 피어날 프레임을 부여하는 것뿐이다." 커티스 핸슨의 말대로 아슬아슬한 「8마일」의 프레임을 성공적으로 채운 것은 '배우 에미넴'의 예기치 못한 재능이다. 그는 이렇다 할 연기를 하지 않지만 자기가 표현하고 있는 감정의 정체를 안다. 에미넴은 훈련된 배우가 아니지만 어찌 된 노릇인지 바라보는 것만으로 희로애락을 전염시키는 은막스타들의 희귀한 천품을 나눠 갖고 있다. 에미넴의 눈동자는 강철처럼 서슬 퍼렇지만 그것을 에워싸고 이따금 깜박이는 속눈썹은 나비 날개처럼 예민하고 그의 얼굴은 시종 분노로 긴장해 있지만, 우리는 그가 분노하는 대상이 눈앞의 무엇이 아니라 훨씬 복잡하고 거대한 존재라는 사실을 쉽게 알아챌 수 있다.

어차피 관객이 에미넴을 잊을 수 없다면 영화 속 지미도 에미넴과 헤어질 수 없다. 이를 지나치게 인정한 나머지 「8마일」은 노골적으로 뮤지션 에미넴을 변명하기까지 한다. 여성혐오와 호

모포비아를 난사하는 가사로 비난받아온 에미넴은, 「8마일」에서
엄마를 보호하고 어린 여동생에게 눈물나게 아름다운 자장가를
불러주고 놀림 받는 게이 동료를 감싸며 총을 휘두른 친구를 타
이른다. 요컨대 이것은 바람직한 협상이다. 커티스 핸슨과 에미
넴은 영화의 주제에 기본적으로 합의했고 고전적인 스토리텔링
으로 주류에 호소하는 서브컬처에 관한 성실한 영화를 만들었
다. 서른이 된 '앵그리 영맨' 에미넴은 화해를 수용했고 커티스
핸슨은 에미넴에게 과도한 노력을 주문하지 않은 채 든든한 조
연진으로 그를 보호했다. 「8마일」에 대한 가장 큰 걱정은 그렇게
무마된다.

경계의 게임

'8마일'은 디트로이트의 빈민들이 사는 퇴락한 다운타운과
좀더 유복한 교외 주거지를 가르는 경계를 지칭한다. 이 지리적,
심리적 선은 영화에서 부단히 등장인물들의 입에 오르내리며 지
미의 상황을 가리키는 좌표 역할을 한다. 영화 「8마일」 역시 주
류 드라마 공식의 경계를 시종일관 염두에 두고 치밀한 게임을
운영한다. 영웅담을 보러 가는 관객은 주인공을 가로막을 일정
한 장애와 대결, 로맨스를 점친다. 한편 슬럼가를 무대로 한 랩/
힙합영화를 보러 가는 관객은 특정한 갈등과 클라이맥스, 후렴
을 예상한다. 「8마일」은 영웅담/성장영화의 궤도를 회전하면서

도 훈련된 관객이 품는 모든 기대의 충족을 교묘하게 유예하고 교란시킨다.

「8마일」은 몇 번씩이나 방아쇠에 손가락을 올리지만 당기지 않는다. 감독은 언제나 마지막 순간 덫에서 발목을 뺀다. 게토영화에 흔히 나오는 밤 드라이브 장면에서 지미 패거리는 페인트 총탄으로 위험한 장난을 치지만 소극으로 끝난다. 여자친구와 헤어진 지미는 첫눈에 통하는 모델 지망생 알렉스를 만나지만 미래의 약속 따위는 없다. 엄마의 난폭한 애인과 지미의 먹살잡이가 벌어질 때 관객은 파국을—여동생이나 엄마가 다치는—조마조마하게 기다리지만 일상은 멍이 든 채로 계속된다. 꼭 집어 말해서, 「8마일」은 주인공이 사랑하는 사람을 죽게 만들고 그로 인해 선량한 주인공이 일생을 망치는 미친 짓을 하게 몰아세우는 흔한 전략을 쓰지 않는다. 지미는 「보이즈 앤 후드」의 아이스 큐브와는 다른 길을 밟는다. 지미의 패거리 '313'과 라이벌 '프리월드'의 대결 도중 발생한 총격도 우정이 심화되는 계기로 기능할 뿐이다. 길거리영화다운 폭력은 모두 안전장치가 잠겨 있다. 섹스는 건조하고 폭력은 희석됐고 랩 가사조차 온건하다. "「8마일」은 랩영화가 아니다. 힙합영화는 총과 마약이 잔뜩 등장하는 랩 가사의 일러스트레이션이 되기 쉽다. 하지만 「8마일」은 힙합 가사 그대로 인생을 살지는 않지만 가사에 스민 정서에 공감하는 사람들에 대한 영화다"라고 커티스 핸슨은 그가 신중하게 설정한 「8마일」의 입지를 설명했다.

폭발과 반전이 빠진 공백을 채우는 것은, 지미가 무엇을 소중히 여기고 무엇을 갈망하고 어떤 환경에 처해 있는지 드러내는 일화의 차근한 집적이다. 「8마일」의 중요 갈등인 지미의 무대 공포증은 별다른 치유의 계기 없이 클라이맥스에 이르러 저절로 해소된다. 하지만 관객은 의아해하지 않는다. 그제껏 「8마일」이 관찰한 지미의 재능, 엄마를 향한 애증, 누이에 대한 책임감, 생존 의지, 의리가 그려 보이는 캐릭터는 어떤 특별한 쇼크보다 설득력 있게 지미의 자정과 치유를 설명하기 때문이다. 「8마일」의 시나리오는 마지막 절정에 흥미로운 한 쌍의 선택을 한다. 안면을 통해 음반 취입을 성사시키려던 지미의 꿈은 무산되고, 파산한 엄마는 빙고게임에서 느닷없이 3천2백 달러를 따온다. 한층 터무니없는, 그러므로 영화의 전체 톤에는 영향을 끼치지 못하는 우연을 끌어들임으로써 「8마일」은 가난한 천재가 메인스트림의 스타로 등극하는 뮤지컬의 관습이 빙고 당첨보다 훨씬 황당한 설정이라고 넌지시 강조한다. 그처럼 「8마일」은 구제 브랜드 청바지처럼 대중성이 검증된 장르를 고수하면서도 이곳저곳을 찢고 탈색시켜 개성을 주장한다.

멜로디 없는 뮤지컬

　스타 비히클, 내러티브 공식 다음으로 「8마일」이 건너야 할 함정은 뮤지컬 장르와의 승부다. 대개의 뮤지컬영화와 스포츠영화는 클라이맥스에 화려한 쇼타임을 벌이고 승천한다. 격투기의 링과 유사한 무대에서 두 랩퍼가 벌이는 '배틀'로 절정을 장식하는 「8마일」도 「록키」나 「플래시댄스」식의 짜릿한 카타르시스를 복제할 수 있었을 것이다. 그러나 커티스 핸슨은 「8마일」을 스스로 선택한 랩이라는 장르의 특성, 즉 멜로디를 거부하고 자연적 발화에 근접하는 랩의 속성을 구체적으로 반영한 뮤지컬로 만들었다. 「8마일」은 뮤지컬 시퀀스의 판타지를 위해 드라마를 멈출 필요가 없다. 급식 트럭 앞에서, 주차장에서 할 말 있는 사람들이 둥글게 웅성대면 그것이 곧장 무대의 경계가 되고 프로시니엄 아치가 된다. 랩 배틀이란 결국, 서로의 자존을 걸고 적과 독대한 상황에서 순발력 있게 힘있는 나만의 언어를 찾아내고 조합해 자기를 방어하는 싸움이다. 그것은 살아남고자 하는 모든 인간의 기본적인 투쟁이기도 하다. 그래서 지미가 가진 랩의 재능은 음악적 천재성이라기보다 삶을 돌파하는 능력의 메타포로 읽힌다. 노련한 커티스 핸슨은 랩 무비의 관습적인 설교를 드라마 속에 용해시키고 힙합 음악을 드라마에 종속시킴으로써 거꾸로 힙합이 대중적으로 발휘하는 파워의 핵심을 건드린다.

배틀 챔피언에 오른 지미에게는 부와 명예가 기다렸다는 듯 달려들지 않는다. 그는 록키처럼 영광의 피멍이 얼룩진 얼굴로 연인의 이름을 목놓아 부르지도 않는다(대신 지미와 알렉스는 가운데 손가락을 서로에게 다정하게 세워 보인다). 지미는 지난주의 모욕을 설욕했을 뿐이고 다음 주에 닥칠 또 다른 모욕에 조금 의연해졌을 뿐이다. 그가 '프리월드'의 챔피언 파파독에게 승리한 비결이 상대가 가진 것을 나열하고 자신의 결핍을 독하게 까발리는 전략이었다는 점은 기억할 만하다. 나는 내가 쓰레기인 이유를 누구보다 잘 알고 있다. 그러므로 누군가 나를 어설프게 쓰레기라고 말하는 것을 더욱 용납할 수 없다. 너희가 에미넴을 알아? 너희가 힙합을 알아? 너 자신만 안다면 그런 것쯤 몰라도 돼! 그렇게 외치는 「8마일」은 무대의 스포트라이트가 아니라 조명이 꺼진 다음 철강공장으로 돌아가는 지미의 모습으로 끝난다. 그리고 우리는 지미에게도 우리 모두에게도 마쳐야 할 잔업이 있음을 깨닫는다.

브라이드와 타란티노의 칼, 깊은 곳을 찌르다 킬 빌 VOL. 2

Kill Bill: Vol. 2
2004
감독
쿠엔틴 타란티노
배우
우마 서먼
대릴 한나

거의 잊고 있었다. 보는 사람 눈에 핏물이 고일 때까지 죽이고 또 죽이는 「킬 빌 Vol. 1」(이하 「Vol. 1」) 의 엄청난 살육이 애초에 무엇을 위해서였는지. 불꽃놀이라는 것이 대개 그렇다. 명멸하는 불꽃의 장관에 취해 있자면, 원래 뭘 기념하자고 벌인 일인지 잘 생각이 나지 않는 것이다. 「Vol. 1」은 그처럼 목표는 어찌 됐건 상관없다는 인상의 영화였다. 타란티노는 「Vol. 1」에서 인물의 동기와 이야기의 목적을 숨기지 않았지만, 그렇다고 전면에 부각시키지도 않았다. 그리고 이제 타란티노는 "우리, 못다한 비즈니스가 있었지, 아마?"라고 그의 킬러들처럼 속삭이며 2막을 연다. 「킬 빌 Vol. 2」(이하 「Vol. 2」)에서 브라이드의 임무는 세상이 다 아는 대로다. 4년 전 결혼식을 피바다로 만들고 뱃속

의 아기를 앗아간 옛 동료 '독사 암살단'의 생존자 버드, 엘르, 그리고 빌을 제거할 것. 감독 타란티노도 브라이드 못지않게 과제가 많다. 브라이드의 진짜 이름은 무엇인가? 빌의 얼굴은? 빌은 왜 브라이드를 죽이려 했고 다시 살려두었는가? 그리고 타란티노는 「킬 빌」을 통해 무엇을 구하고 있는가?

결론부터 말하자면 「Vol. 2」는 「Vol. 1」과 매우 다를 뿐 아니라 매우 뛰어난 완결편이다. 1편과 같이 다섯 개의 장으로 구성된 2편은 전편에 비해 현저히 출혈이 적고 대사가 많다. 브라이드가 원수의 주검을 하나씩 늘려가는 줄거리 패턴은 1편의 연속이지만 2편은 캐릭터의 깊이와 그들을 움직이는 정서를 해명하고 특정 장르의 탐닉을 뛰어넘는 영화적 아름다움을 발휘한다.

「Vol. 1」이 「펄프 픽션」을 회고하게 만들었다면 「Vol. 2」는 「재키 브라운」을 상기시킨다. 교향곡의 1악장이 뒤에 나오는 3악장에 의해 비로소 의미를 드러내듯이 「Vol. 2」는 스스로 온전히 완결될 뿐 아니라 「Vol. 1」을 들어올리고 정당화한다. 「킬 빌」은 직업이 제작자고 성격이 나쁘다고 해서 틀린 말만 하라는 법은 없다는 교훈도 남겼다. 타란티노에게 영화를 반 토막 내자고 제안한 미라맥스 대표 하비 웨인스타인의 판단은 현실적으로 옳았다. 세 시간짜리 영화 한 편을 만들기 위해 한 시간을 무리하게 잘랐다면 「킬 빌」은 훼손됐을 것이다.

모성의 로드무비

"탕탕, 내 사랑이 나를 쏘아 쓰러뜨렸네"라고 읊조리던 영화 삽입곡이 1편부터 예고한 바대로, 비어트릭스(브라이드의 본명)의 비극은 배신당한 빌의 찢긴 가슴에서 비롯됐다. 싫어도 슈퍼히어로가 될 수밖에 없는 슈퍼맨의 숙명에 킬러의 삶을 비유하는 빌은, '동족'이라 믿었던 브라이드가 임무 중 실종을 가장해 평범한 남자와 결혼하려 하자 단원을 풀어 응징했다. 한편 비어트릭스가 인간병기의 운명을 거부한 것은 임신 때문이다. 그녀는 킬러로서 자신을 포기하지 않을 빌이 아기를 뺏어갈 것을 두려워해 탈주를 감행한다. 이처럼 타란티노는 혈겁血劫을 일으킨 불가해한 괴력의 근원을 모성으로 설명한다(엔딩 크레딧에서 비어트릭스는 일명 블랙 코브라, 일명 브라이드, 일명 엄마로 표기된다). 「킬 빌」은 어머니가 딸을 찾는 여정을 그린 로드무비이기도 하다. 비어트릭스와 관객을 함께 충격에 빠뜨리는 열번째 장의 재회는, 영화의 첫 장을 10장과 수미상응하는 버니타 그린과 딸의 에피소드로 시작한 이유일 것이다(타란티노는 엄마의 살해를 목격한 버니타의 딸이 커서 3편의 주인공이 될 수 있다고 말한다).

타란티노식 내러티브 구성의 완성판

2편에서 타란티노식 내러티브 구성은 전모를 드러낸다. 각장은 시간 순서가 아니라 온전히 영화의 리듬을 고려한 구획이다. 1, 2편의 이질적인 톤은 사후 가필을 의심하게 하지만, 타란티노는 "어떤 장면도 움직이거나 새로 덧붙일 필요가 없었다"고 『엔터테인먼트 위클리』와의 인터뷰에서 밝힌 바 있으니 수정이 있었다 해도 크지는 않았던 듯하다. 데뷔 초부터 시간의 흐름을 파괴하는 실험으로 내러티브 구성의 혁신을 시도했던 타란티노는 「킬 빌」에서 실험을 완성한 것처럼 보인다. 위기와 플래시백, 부활의 모티브가 데칼코마니처럼 반복되는 1편과 2편의 구조도 영화가 만들어낼 수 있는 치밀한 기승전결의 한 예를 보여준다.

열 개의 장이 적재적소에 위치하듯 「킬 빌」의 숏 하나하나도 제 위치를 정확히 안다. 그래서 명상과 대화가 많아졌고, 러닝타임이 40분이나 길어졌지만 「Vol. 2」는 칼부림이 그치지 않았던 「Vol. 1」보다 더 숨돌릴 틈을 주지 않는다. 타란티노의 검은 하토리 한조의 그것처럼 예민하게 필름을 베어낸다.

우마 서먼의 육체와 연기는 고루 미덥고 아름답다

로버트 리처드슨의 카메라가 흑백으로 잡아낸 비어트릭스와 빌의 회상 장면은 어떤 결투보다 긴박하다. 그녀의 옆모습, 그의 측면, 그녀의 얼굴, 그의 클로즈업, 다가서는 두 쌍의 발, 배신의 키스, 면사포에 포개지는 단말마 같은 후광, 그리고 황야로 미끄러지듯 뒷걸음질치는 카메라. 액션과 리액션은 정교한 합을 맞추며 절정으로 달려간다. 세심한 클로즈업의 도움을 얻은 「킬 빌」의 우마 서먼은 눈부시다. 우마 서먼이 「킬 빌」로 할리우드 최고의 영예인 오스카 후보에 올라야만 한다고 주장한다면 그녀가 여자치고 장한 액션을 해내서만이 아니다. 질끈 묶은 금발 머리칼부터 긴 발가락 끝까지 서먼의 육체는 그 어느 때보다 제대로 활용됐으며 분노하고 애원하고 냉소하고 짓밟는 그녀의 다채로운 감정 연기는 고루 미덥고 아름답다(타란티노는 우마 서먼을 사랑하는 게 틀림없다!). 비어트릭스 캐릭터의 자율성과 입체감 앞에서 여성 캐릭터끼리의 싸움이 더 잔인하다는 이유로 타란티노를 공격하는 목소리는 무색하다.

「Vol. 2」는 「Vol. 1」과 달리 영화적 인용의 연원을 모른다고 이등관객의 기분을 느끼게 만드는 영화는 아니다. 그러나 이번에도 '숨은그림찾기'를 즐기는 영화광들은 수첩을 준비해야 한다. 여기에도 존 포드의 황야, 클린트 이스트우드의 고독, 쇼브러더스 영화의 산사가 있고 익스플로이테이션영화(특정 집단 관객을 타겟으로 빠른 이윤 환수를 목적으로 제작된 선정적 상업영화)의 작명법과 연기자들이 줄지어 등장한다. 특히 대가 파이 메이로부터 비어트릭스가 필살기를 전수받는 대목을 쇼브러더스 영화의 문법대로 찍은 8장에 이르러 타란티노의 영화적 추억에 대한 원용과 애착은 유쾌한 웃음을 자아낸다. 촌스러운 줌 촬영과 쟁강거리는 효과음이 기합 넣듯이 삽입된 이 시퀀스에서 타란티노는 동네 극장에서 무협영화의 기억을 살리기 위해 일부러 프린트의 듀프(복사본)를 여러 차례 떠서 화면에 흠집이 나고 비가 내리게 만드는 수고까지 불사했다고 한다.

'타란티노적'이란 수식어를 다시 저울질할 때

그러나 두 편을 통틀어 「킬 빌」의 인용은 박람강기한 나열에 즐겁게 머물 뿐 해당 장르의 재해석이나 진화를 꾀하는 야심으로 나아가지 않는다. 새로운 영화적 매력과 가능성은 오히려 각각의 인용이 충돌하는 접점, 그리고 여러 장르의 컨벤션을 통과하는 인물의 개성과 그들의 명예율에서 싹튼다. 「킬 빌」을 통해 타란티노는 웨스턴, 야쿠자영화, 사무라이영화, 쿵후영화 등 동서양의 액션 장르를 관통하는 철학과 이 장르들이 부지불식중에 맺고 있는 혈맹을 드러낸다. 한때 누아르와 시트콤을 버무린 수다스러운 저예산 범죄스릴러에 가벼이 붙여주던 '타란티노적 Tarantino-esque'이라는 수식어는 이제 의미를 다시 저울질할 때가 됐다.

형식의 투철한 이해와 투철한 재구성으로 끝내 장르의 뿌리에 도사린 인생관과 판타지까지 깊숙이 찌른 「킬 빌」은 우수한 장식가와 스타일리스트를 어떻게 구분할까를 고민하는 이들에게 고마운 힌트를 준다. 암사자는 새끼를 찾았고 정글은 일시적인 평화를—어차피 모든 평화는 일시적이다—회복했다. 빌과 비어트릭스가 악업을 청산하는 심호흡의 순간, 사필귀정의 고요 속에 슬픔과 해방감이 동시에 밀려온다. 놀랍게도 타란티노의

네번째 작품 「킬 빌」은 구원으로 마무리되었다. 브라이드도 「킬
빌」도 타란티노의 커리어도 구원을 얻었다.

보이지 않는 것과 들리지 않는 것이 더욱 중요한 영화 그 여름 가장 조용한 바다

あの夏, いちばん靜かな海
1992
감독
기타노 다케시
배우
마키 쿠로우도
카와하라 사부

그 여름의 바다가 조용한 까닭은, 그 청년의 귀가 들리지 않기 때문이다. 듣지도 말하지도 못하는 시게루는 청소 용역회사에서 일한다. 쓰레기를 수거하던 어느 여름날 그는 부러지고 버려진 서핑보드에 마음을 뺏긴다. 어설프게 보드를 수리한 시게루는 그날부터 홀린 듯 해변으로 나가 무턱대고 서핑을 연습한다. 그는 느리지만 결코 멈추지 않는다. 똑같은 청각장애를 지닌 여자친구 다카코는 한결같이 그의 곁을 지킨다. 시게루의 열의는 그를 놀리던 동네 젊은이들까지 서핑을 기웃거리게 만들고 왕년에 훌륭한 선수였던 서핑숍 주인도 감복시킨다.

언뜻 약골 소년이 수련 끝에 경기에서 우승하고 사랑도 얻는 캘리포니아 청춘영화 줄거리와 비슷하게 들리지만, 천만의 말씀이다. 기타노 다케시의 세번째 영화 「그 여름 가장 조용한 바다」는 5년 뒤에 만들어진 「키즈 리턴」과 달리 미래를 내다보지 않는다. 시게루는 젊은 날의 경험을 발판삼아 장차 괜찮은 어른이 되어보겠다는 '아이'가 아니라, 여름이 가기 전에 바다와 싸워 존재의 존엄성을 확인해야만 하는 고독하고 엄격한 인간이다. 서핑에 임하는 시게루의 태도는 폼나서, 몰려다니는 게 즐거워서 파도를 타는 다른 젊은이들의 그것과 너무나 다르다. 그는 '죽도록' 진지하다.

서핑이 이야기 구조에서 차지하는 절대적 중요성에도 불구하고 「그 여름 가장 조용한 바다」는 파도를 가로지르는 장면보다 해변에 우두커니 앉아 있는 장면이 월등히 많은, 사상 최고로 정적인 서핑영화다(심지어 시게루는 대망의 콘테스트에 나갔다가 주최 쪽의 호명을 듣지 못해 그냥 돌아오기도 한다). 또한 「그 여름 가장 조용한 바다」는 장애인을 주인공으로 삼은 영화치고 사상 최고로 담담한 드라마다. 기타노 다케시는 이 영화에서 이미 센티멘털리즘을 역병이나 되는 듯 두려워하고 있다. 시게루와 다카코의 애정과 실망, 화해를 이해하는 데 그들의 침묵은 장애가 되지 않는다. 핸디캡이 아니라 성격의 일부로 보일 지경이다(둘은 수화조차 거의 쓰지 않는다).

내내 정면만 응시하던 영화는 시게루가 퇴장한 다음에야 비로소 과거를 돌아본다. 낙화처럼 흩날리는 조각난 플래시백 틈에는, 그때까지 영화가 보여주지 않은 시게루와 다카코의 추억이 담긴 사진이 드문드문 드러난다. 그 이미지들은 과묵한 주인공들이 미처 말하지 않은 이야기의 둔중한 부피가 되어 가슴을 친다. 보이지 않는 것과 들리지 않는 것이 더욱 중요한 영화 「그 여름 가장 조용한 바다」는 히사이시 조가 반주한 기타노의 첫번째 작품이며 기타노가 직접 편집한 첫 영화다.

예술과 사랑의 비밀을 누설하다

진주 귀걸이를 한 소녀

Girl With A Pearl Earring
2003
감독
피터 웨버
배우
스칼렛 요한슨
콜린 퍼스
주디 파핏

　소녀는 왼쪽 어깨 너머로 당신을 바라본다. 옷은 국적을 알수 없고, 머리에는 귀부인도 하녀도 아닌 여자들이 그랬듯이 천을 두르고 있다. 그녀는 누구일까? 소녀를 휘도는 모든 빛을 그러모아 매듭짓는 저 진주 귀걸이는 어디에서 났을까? 보이지 않는 귀에도 진주는 걸려 있을까? 지금 그녀는 웃으려는 것일까 아니면 눈물을 삼키고 있는 것일까?

　베일에 싸인 17세기 네덜란드 화가 요하네스 베르메르의 그림 속 소녀는 대답하지 않는다. 소녀는 어떤 가설의 그물에도 걸리지 않고, 수많은 감정의 틈바구니에서 기적적인 균형을 유지하며 미소 짓는 데에 성공한다. 이미지는 자기를 해명하지 않는다. 변명도 소명도 하지 않는다. 『진주 귀고리 소녀』를 쓴 트레이시 슈발리에는 그 일을 문학의 몫으로 이해했다. 그리고 예술가의 영혼을 지닌 어린 하녀와 화가 사이의 드라마를 말없이 남겨진 초상화의 세부로부터 거꾸로 추리했다. 놀라운 시도는 아니다. 언제나 왼쪽 창에서 스며드는 백포도주 같은 햇빛과 문설주가 그리는 테두리 안에 들어앉아 명상 같은 노동에 몰입해 있는 베르메르의 여인들은 우리를 조바심치게 만든다(베르메르의 초상화에 기초한 연작 단막극이 기획된다 해도 그럴 법하다). 작가 파스칼 레네는 일찍이 고요한 그녀들에게서 동식물에 근접한 수동성을 보았다. 그의 『레이스 뜨는 여자』를 각색한 클로드 고레타 감독의 1977년 영화는, 대학생 애인에게 버림받은 시골 처녀 이자벨 위페르가 정신병동에서 정물처럼 유폐된 장면에서 정지했다. 그러나 트레이시 슈발리에는 베르메르의 모델에게 능동적 의지를 불어넣는다.

1664년 델프트의 소녀 그리트는 아버지가 사고로 눈이 멀자 하녀로 나선다. 그녀가 모실 주인은 최고의 화가 베르메르. 사위의 그림을 거간하는 여장부 마리아 틴스와 히스테리컬한 안주인 카타리나, 여섯 아이와 자부심 강한 하녀 타네커가 소녀를 맞이한다. 식구들에게 성역과 같은 베르메르의 화실 청소를 맡은 그리트는 바다가 달에 끌리듯 예술의 아름다움에 눈뜬다(원작에서 베르메르는, 눈먼 아버지의 물건을 제자리에 두는 버릇과 색의 조화를 의식하며 야채를 써는 색감이 마음에 들어 그리트를 선택한다). 베르메르도 그리트 안의 작은 화가를 알아본다. 창을 닦으며 빛의 변화를 근심하는 그리트는 청소를 하며 정물의 구도에 개입하고 주인을 위해 몰래 물감을 만들기에 이른다. 안주인이 질투로 고통 받을 무렵 화가의 부유한 후원자이자 호색한인 반 라이번이 그리트에게 흑심을 품고, 그녀와 여생을 함께하려는 푸줏간집 아들 피터는 그리트에게 딴 세상을 꿈꾸지 말라고 충고한다.

「도브」의 베니스를 황홀하게 찍은 촬영감독 에두아르도 세라의 도움으로, 신인 피터 웨버 감독은 도제처럼 착실히 베르메르의 화풍을 스크린에 옮겼다. 연전의 「프리다」도 프리다 칼로의 작품을 활인화로 재현하는 기교를 부렸으나, 「진주 귀걸이를 한 소녀」는 영화 전편에 걸쳐 '원화原畵'에 복종한다. 자연광을 철저히 모방한 조명과 코스튬드라마로서는 매우 적은 대사는, 베르메르 그림의 색조와 친밀감, 침묵과 폐소공포증을 재현한다. 특히 움직일 때마다 벽과 살림살이가 거치적거리는 베르메르가의 아래층과 오직 화가와 소녀와 빛만 존재하는 탁 트인 위층 화실의 대비는 근사하다. 「진주 귀걸이를 한 소녀」는 페미니스트의 시선으로 예술사를 다시 쓴 「카미유 클로델」 「톰 앤 비브」 같은 영화의 자매다. 그러나 이것은 천재의 광기가 낳은 비극적 로맨스나 숨겨진 예술가의 여자에게 걸작의 정당한 저작권을 찾아주는 반격이 아니다. 「진주 귀걸이를 한 소녀」는 그리트를 통해 한번도 재능의 뚜껑을 열지 못했던 잠재된 예술가들, 악보를 읽는 법을 배우지 못한 악성과 문호가 될 수 있었던 문맹의 이야기를 들려준다. 그리트에게 미학적 욕망은 사치가 아니라 생존 본능에 버금가는 절박한 욕구다. 베르메르는 그리트를 가르치면서 배려하지 않는다. "시간은 네가 알아서 만들라"고 차갑

게 말한다. 소녀는, 다른 하녀와 안주인이 알면 생계를 위협당할 것을 알면서도 빨래와 청소와 요리에 부르튼 손으로 다시 물감을 빤다. 이것은 주인의 청이 아니라 그녀의 수련이다.

베르메르와 그리트의 교감은 제인 에어와 로체스터의 로맨스를 연상시킨다. 그러나 영화는 멜로드라마를 무리하게 밀어붙이지 않는다. 궁극적으로 이 영화는 베르메르의 연애담이 아니라 그리트의 추억담이다. 오히려 러브스토리로서 「진주 귀걸이를 한 소녀」의 흥미로운 화두는, 보는 행위와 사랑의 유비 관계다. 베르메르와 그리트는 같은 것을 본다. 그래서 연결된다. 모델이 된 그리트는 자기를 바라보는 베르메르를 본다. 이젤을 사이에 둔 베르메르와 그리트의 시선이 교차할 때 피어오르는 에로스는 강렬하다. 사랑은, 나를 바라보는 그를 바라보는 것이다. 예민한 베르메르 부인은 그리트의 초상 앞에서 울먹인다. "음란하군요." 모든 것이 제자리로 돌아간 뒤, 그리트의 손에는 진주 귀걸이 한 쌍만이 남는다. 그것은 가난과 비천함과 타협으로 이뤄진 인생의 단단한 조개껍질 안에서도 기어이 응결된, 예술을 향한 어찌할 수 없는 열망의 덩어리처럼 보인다.

X세대의 완벽한 원나이트 스탠드, 9년 뒤 파리에서 2막을 열다 비포 선셋

Before Sunset
2004
감독
리처드 링클레이터
배우
에단 호크
줄리 델피

아니, 그들은 6개월 뒤 다시 만나지 않았다. 이것이 9년을 끌어온 수수께끼의 답이다. 연락처도 성도 모른 채 헤어진 셀린느와 제시의 9년 뒤를 그리는 「비포 선셋」은, 로맨티스트와 현실주의자를 고루 만족시켰던 「비포 선라이즈」의 열린 결말을 비로소 닫아건다. 그러나 우리는 정말 진실을 알고 싶었을까? 속편을 통한 그들의 재회가 반갑지만은 않았던 것은, 제시와 셀린느처럼 우리도 1994년 6월 16일 그들이 나눈 감정이 지속과 반복이 불가능한 종류임을 알고 있었기 때문이리라. 어그러진 약속과 이지러진 기억, 붙잡을 수 없는 것을 잡으려는 덧없는 발돋움 외에 그들의 후일담에 무엇이 있을 수 있을까? 그러나 리처드 링클레이터 감독은 포개지는 삶의 어떤 순간들을 통해 기적처럼 영속하는 시간을 찾아낸다. 춤추는 어린 딸을 보는 순간, 열여섯 살의 시간으로 돌아가 첫사랑 소녀의 춤을 바라보는 남자에 관한 제시의 이야기는, 링클레이터가 「비포 선셋」에서 이루려는 목표다.

비엔나의 특별한 추억을 소재로 쓴 베스트셀러 『디스 타임』의 유럽 홍보투어 중인 작가 제시는 파리의 서점 구석에 서 있는 서른두 살의 셀린느를 발견한다. 그가 뉴욕행 비행기에 오르기까지 한 시간 남짓한 시간은 고스란히 「비포 선셋」의 러닝타임이다. 둘은 여전히 소요학파逍遙學派이며 문답법의 열렬한 신봉자들이다. 제시는 지금도 아랫목의 철학자고 셀린느는 자본주의의 탐욕에 분개하는 행동가다. 두 사람은 썩거나 망가지지 않았으나, 9년 동안 꾸준히 가능성의 문을 하나씩 닫아왔다. 그들은 파리의 골목과 카페와 센 강의 유람선, 셀린느의 아파트를 돌아다니며 빈곤과 환경오염, 종교, 세계의 절망과 희망, 섹스와 결혼을 이야기한다. 「비포 선셋」에 보석의 파편처럼 끼어드는 9년 전의 플래시백은, 두 사람의 변한 외양만으로도 관객의 가슴에 파문을 그린다. 부쩍 여윈 셀린느는 더 이상 라파엘 전파 그림의 요정처럼 보이지 않는다. 머리숱이 줄고 미소가 엷어진 제시의 미간에는 흉터 같은 주름이 생겼다. 그러나 어색한 안부인사로 허두를 뗀 둘의 대화는 최면술처럼 관객을 도취시키고 심지어 후반부에 이르면 셀린느와 제시의 얼굴마저 청춘의 잔광殘光으로 빛난다. 그들의 대화는 특별히 현명하거나 시적이지 않다. 오히려 진실은 과장과 내숭, 열망을 감추는 허튼 몸짓 속에 있다.

더는 제스처를 위한 시간이 많지 않다는 것을 알았을 때 셀린느는 문득 말한다. "떠나던 그 아침에, 너의 턱수염에 섞인 붉은 가닥이 햇빛을 받아 빛나던 모습을 기억해."

집시, 즉흥시인, 친절한 바텐더가 모퉁이마다 거들었던 「비포 선라이즈」에 비해 「비포 선셋」의 구조는 훨씬 작고 순수하다. 한층 용감하고 충일하다. 모든 장식은 소거법으로 지워졌고, 남은 것은 오직 다시 사랑에 빠지려는 여자와 남자, 그리고 카메라뿐이다. 촬영은 어깨 너머 숏과 인물을 앞서거니 뒤서거니 하는 트래킹이 거의 전부다. 그래서 비엔나 여행상품까지 낳은 전편과 달리 「비포 선셋」의 파리는 여느 도시처럼 무심히 물러서 있다. 이 지점에서 「비포 선셋」의 형식은 내용과 한 몸이 된다. 스물셋의 그들에게는 시간보다 공간이 중요했으나, 사랑과 시간의 인색한 유한성을 깨우친 서른둘의 그들은 쫓긴다. 빨리 말하고 빨리 걷는다. 제시가 휴대폰으로 약속을 지연시키는 동안 셀린느가 홀로 왁자한 유람선 객실을 통과해 뱃전으로 나아가는 뜻 없는 장면이 불현듯 비애를 자아내는 것은 그 때문이다. 「비포 선라이즈」의 시간은 바닥 없는 잔에 찰랑이는 와인과 같았으나 「비포 선셋」의 시간은 일초 일초 우리의 심장 위를 저벅저벅 지나간다.

줄리 델피와 에단 호크의 연기는 연기 같지도 않아서 어디선가 연기상을 준다면 모욕으로 느껴질 정도다. 5분이 넘는 롱테이크와 잦은 오버랩을 감당하는 대사의 완벽한 구현은 기교를 떠난 집중력과 신뢰의 산물이다. 그중에서도 히스테리를 터뜨리는 줄리 델피의 연기와 자작곡의 연가, 안 그런 척 시종 셀린느의 얼굴에 못박혀 있는 에단 호크의 시선 처리는 특별 언급감이다. 「비포 선라이즈」에 열광한 만국의 구제불능 로맨티스트들에게 권하건대, 「비포 선셋」을 만끽하기 위해 「비포 선라이즈」를 복습하는 일은 불필요하다. "우리가 섹스를 했었나?"를 놓고 제시와 셀린느가 다툴 때 더불어 아슴한 기억을 더듬는 일이야말로 우리의 특권적인 즐거움이기 때문이다. 「비포 선셋」은 믿을 수 없는 일을 해냈다. 첫번째 만남의 마법은 두번째 만남이 그것을 깰까봐 두려워하게 만들었으나, 두번째 만남의 마법은 그들의 세번째 만남을 평정한 마음으로 기다리게 만든다. 구름이 비를 바라고, 여름이 가을을 기다리듯이.

권력과 관용의 함수관계에 대한 고찰

룩 앳 미

Comme Une Image
2004
감독
아녜스 자우이
배우
마릴루 베리
장 피에르 바크리

롤리타는 자기의 목소리를 듣고 있다. 포악한 삶 가운데 예술의 위안을 예찬하는 노래를. 그러나 소녀의 평화는 오래가지 못한다. 그녀가 이어폰을 빼자 택시 안의 우악스러운 음악이 달려든다. 볼륨을 낮춰달라 부탁해도 택시기사는 막무가내다. 차 안의 권력은 그에게 있다. 결국 기사의 무례를 이기는 것은 소녀의 호소가 아니라, 롤리타의 아버지 에티엔의 더 강력한 무례다. 「룩 앳 미」는 이렇게 첫 장면부터 이 영화에서 '최강의 악당'이 롤리타의 아버지 에티엔임을 분명히 한다. 명성과 부를 누리는 작가이자 파리 문화계의 권력자인 에티엔은, 훌륭한 예술가라고 훌륭한 인격자는 아니라는 속설의 흥한 마스코트다. 그는 남의 이름을 결코 기억하지 않으며, 다른 인간에게서 귀기울일 만한 이야기가 나오리라 믿지 않기에 질문만 던지고 대답을 듣지 않는다. 가학적 농담을 사교의 기술로 착각하는 에티엔은 본인이 가장 연약할 때에도 위로하는 사람을 용케 상처 줄 방법을 알아내는 타고난 포식자다.

외모와 재능에 대한 불안과 애정결핍증에 시달리는 스무 살의 롤리타는 아빠의 관심을 갈망하지만 번번이 돌아오는 좌절에 증오만 커간다. 「룩 앳 미」는 그러나 소녀의 순수가 폭군 가부장에게 일방적으로 상처 받는 드라마는 아니다. 아네스 자우이 감독의 인물들은, 주변인물과 접촉하며 생긴 변형과 훼손까지 포함하는 유동적 존재다. 못된 취급을 받은 롤리타는 (당연히) 페어플레이할 여력이 없다. 그녀 역시 권력의 병을 앓는다. 아버지를 의식하고 접근하는 사람을 경멸하면서도, 남들이 다가오기 전에 먼저 아버지를 미끼로 내세워 잘못된 관계를 맺는 악순환을 자초한다. "날 뭘 보고 좋아하겠어?" 롤리타는 남자친구를 포함해 자신에게 호감을 표하는 모든 사람이 아버지의 돈과 권력의 부스러기를 노린다고 생각한다. 슬프지만 그것은 대개 사실이다. 소녀가 그나마 믿는 성악 교사 실비아도 다르지 않다. 실비아와 성공에 목마른 그녀의 작가 애인 피에르는 에티엔과 친분을 쌓고 덕을 보면서, 오랜 보헤미안 친구들에게 서서히 냉담해진다. 실비아 커플이 성공의 단맛에 취하는 와중에도 서로에 대한 존경심을 잃어가는 과정은 너무 자연스럽게 그려져 점묘파의 그림처럼 주변 공기에 녹아들어간다.

「타인의 취향」이 2000년 프랑스 흥행 2위를 차지한 뒤 『씨네

21』과 가진 인터뷰에서 아녜스 자우이는 "성공과 유명세는 관계를 변질시킨다. 이것 자체가 한 편의 영화의 주제가 될 수 있을 거다"라고 말했고 「룩 앳 미」는 그 완성품이다. 「룩 앳 미」가 제목으로 고려했던 '좋은 핑계' '모두 하는 짓' 같은 가제들은, 권력이 권력자뿐 아니라 지배받는 사람들에게도 모든 타협의 핑계, 악의 근원을 돌릴 수 있는 바람막이 역할을 하고 있다고 보는 감독의 시각을 드러낸다. 「룩 앳 미」는 권력의 파괴적 효과를 말하기 위해 비리와 이권, 이전투구를 끌어들이지 않는다. 심지어 아부와 차별을 그릴 필요도 못 느낀다. 현명하게도 「룩 앳 미」는 권력의 효과를 우리가 타인을 대하는 인내와 관용의 정도에서 찾는다. 이를테면 권력은 나쁜 취향의 농담에 무골충처럼 웃게 하는 힘이다. 토끼고기를 싫어하는 피에르를 에티엔이 지정한 메뉴에 동의하게 만드는 힘이며, 오랜 친구가 에티엔이 두고 온 와인을 가져오겠다고 두 시간의 운전을 기꺼이 떠맡게 만드는 힘이다. 이 모든 것은 굴종이 아니라 '친절'과 '예의'의 이름으로 정당화할 수 있기에 교묘하다. 반면 더 이상 얻을 게 없는 친구의 약점에 대한 관용은 자꾸만 얇아진다. 허술한 기억력도 엄살떠는 습관도 참을 수 없는 단점이 된다.

「룩 앳 미」는 수용할 수도, 안할 수도 있는 타인의 속성 앞에서 예스냐 노냐를 결정하는 메커니즘이 바로 권력이 작동하는 현실적 방식이라고 말한다. 그리고 삶의 과정에서 거의 모든 인간을 갉아먹는 미세한 '전향'과 '변절'의 과정을 포착한다(좀 엉뚱하지만 이런 점에서 「룩 앳 미」는 우리에게 에릭 로메르나 파트리스

셰로의 영화보다 김병욱 프로듀서의 시트콤을 먼저 상기시킨다). "스위스 시계 같은 플롯"이라는 평을 얻은 시나리오는 각기 다른 방에서 다른 사람에게 상처 받은 두 사람이 복도 텔레비전 앞에서 멍하니 공유하는 어색한 침묵까지 잡아낸다. 실비아로 분한 감독 자우이의 영화 속 위치는 흥미롭다. 「타인의 취향」과 마찬가지로 드라마의 중심을 한 뼘 비켜난 독특한 자리에 선 그녀는 주체이자 관찰자로서 이야기를 가로질러간다. 말하는 사람들만 주시하지 않고, 옆 테이블과 원경의 낯선 이들이 언제나 시선에 거치적거리게 촬영한 대화 장면의 구도도 영화의 공기에 잘 어울린다. 사운드트랙은 노래도 아름답지만 아마추어들의 라이브 공연이 지닌 불완전함의 긴장과 매혹을 살린 레코딩도 일품이다.

영화는 마지막에 이르러 롤리타를 끌어안는다. 그녀를 구하는 것은 그녀의 노래에 귀기울이고 에티엔의 도움을 거절한 세바스티안이다. 그가 토끼고기가 싫다고 말한 파티의 유일한 손님이었고 웨이터의 윽박지름에 고개 숙인 기억을 흰 셔츠의 얼룩처럼 마음에 걸려하는 청년이라는 사실은 우연이 아니다. 「룩 앳 미」의 제목 '나를 보세요'는 외로운 소녀의 간청이기도 하지만, 롤리타처럼 방치되고 실비아처럼 비겁한 사람들이 그들을 바라보며 덜 외롭기를 바라는 주문이기도 하다. 「룩 앳 미」는 비굴함에 대한 쓸쓸하고 따뜻한 연구다.

"당신이 사랑하긴 뭘 사랑합니까?"

극장전

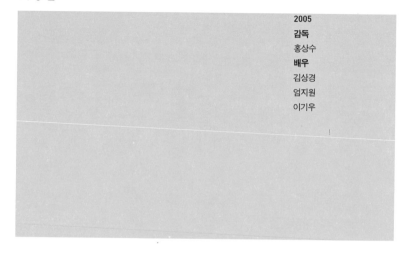

2005
감독
홍상수
배우
김상경
엄지원
이기우

홍상수 작품번호 4번 「생활의 발견」은 감독의 모든 영화를 꿰뚫는 제목을 가졌다. 허위의식과 인과율의 미망迷妄을 걷어내고 살아 움직임生活의 정체를 직시하는 작업, 현실이 비로소 현실로 보일 수 있도록 '알맞은' 양식을 부여하는 스위스 시계공 같은 작업이 홍상수 감독의 지난 10년이었다. 홍상수는 자신의 영화가 그리는 인간과 그들의 일상이, 달리 아무것도 되지 않도록 정밀한 노력을 기울인다. 이를테면 무엇의 상징이나 내러티브의 도구가 되지 않도록 조심한다. 그의 영화에서 자고새는 그저 자고새다. 그렇게 발견한 현실의 파편을 재구성하는 홍상수식 패턴은 대구와 반복, 모방과 차이였고, 덕분에 사람들은 그가 지식인의 위선과 소시민적 일상의 지리멸렬함을 조롱하고 있다고 오해하기도 했다.

작품 편수가 거듭되면서 홍상수 감독의 '일상'은, 꿈과 회상을 끌어들이며 영역을 슬금슬금 넓혀왔다. 꿈꾸고 회상하는 동안에도 생의 시계는 어김없이 간다는 점에 홍상수는 주목했다. 작품번호 6번 「극장전」에 이르러서는 '영화 보기'가 일상의 한 평면으로 편입된다. 그렇다고 「극장전」이 영화에 관한 영화는 아니다. 그런 유의 영화에 있기 마련인 필름메이커의 자기연민이 「극장전」에는 없다. 「극장전」은 영화를 본 뒤 그 여파로 의식이 지면에서 슬쩍 떠 있는 유체이탈과도 같은 특수한 일상에 착안한다. 영화는 상원과 영실이 나오는 단편영화 「극장전」과 이 영화가 자신의 경험에서 영감을 받았다고 믿는 동수가 극장에서 나와서 겪는 1박2일의 체험으로 나뉜다. 회상과 꿈, 도취의 시간도 일상의 표면이라는 점에서 균질하다고 보는 감독은 영화 속 영화와 동수의 이야기를 형식적으로 구별 없이 찍었다.

영화 1부에 해당되는 극중 영화가 시작되면 열아홉 살의 청년 상원이 형에게 용돈을 탄다. 짐작대로 이 돈은 술값과 여관비로 지출된다. 종로를 거닐던 상원은 어떤 사연인지 학교를 중퇴한 첫사랑 영실과 재회하고 그녀의 퇴근을 기다리며 시간을 죽인다. 모성애에 관한 연극과 첫사랑의 출현은 상원을 고양시킨다. 그날 저녁 술을 마시고 노래를 하고 섹스를 시도하던 상원과 영실은 갑자기 "깨끗이 죽자"고 의기투합한다. 이 외침은 「생활의 발견」에서 경수가 내뱉은 대사의 메아리인데 이번에는 실천이 따른다. 「돼지가 우물에 빠진 날」의 샤워, 「강원도의 힘」의 낙

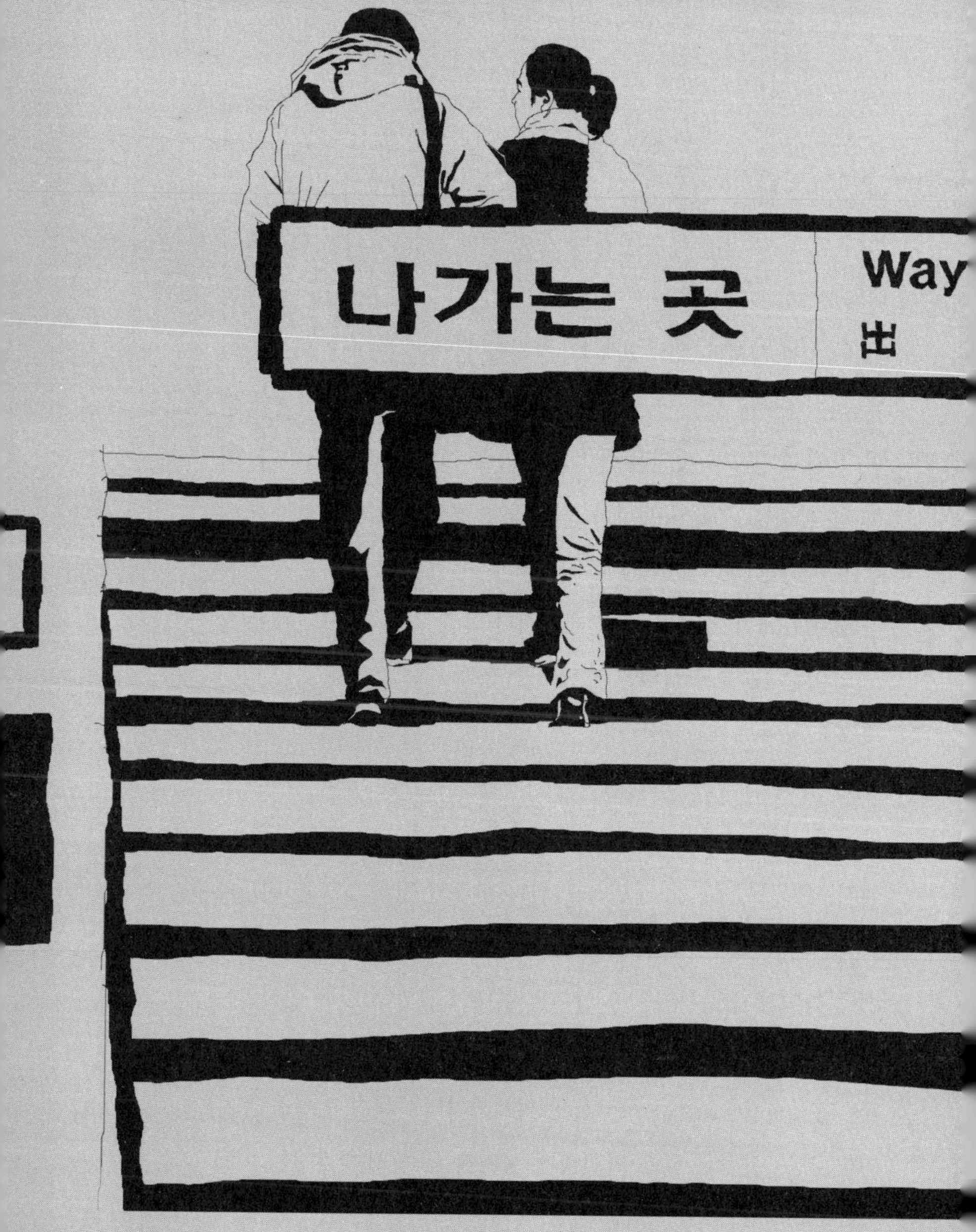
나가는 곳
Way
出

서 지우기, 「오! 수정」의 시트 빨기, 「여자는 남자의 미래다」에서 강간당한 애인 씻어주기로 표현된 '지우기'의 간절한 제스처는, 「극장전」에서 아예 삶 자체를 지우고 깨끗해지려는 자살 기도로 비약한다. 반환점에 이른 「극장전」은 선배 감독의 회고전에서 극중 영화 「극장전」을 보고 나온 동수의 이야기로 '줌아웃'한다. 감독 지망생 동수는 투병 중인 선배를 돕기 위한 동창회에 나갈까 말까 망설이는 동안 여배우 영실과 거짓말처럼 마주친다. 자기를 모델로 썼다고 믿는 영화와 선배의 불행, 여배우와의 만남은 동수를 들뜨게 한다. 그는 영화의 잔상에 휩쓸리는가 하면 거꾸로 영화의 이면을 안다는 이유로 잘난 척하기도 한다. 영화 속 장소를 배회하고 영화 속 노래를 흥얼대며 동창회까지 시간을 죽이던 동수는 모임에 온 영실을 집요하게 따라붙어 술자리와 여관까지 동행한다. 언제까지나 붙잡고 싶은 그녀가 집으로 돌아간 뒤 살고 싶다고 울먹이는 선배를 문병한 동수는 다시 제대로 살아보자고 다짐한다.

홍상수 감독은 「극장전」에서 가장 인위적인 영화 기법으로 알려진 줌과 보이스오버 내레이션을, 조지 루카스가 「스타워즈」에서 와이프아웃으로 장면을 전환하는 것과 거의 맞먹는 빈도로 구사한다. 도리어 흥미로운 점은 이 파격이 홍상수의 세계를 크게 흔들어놓지 않는다는 인상. 팬, 틸트와 결합해 컷을 대신하는 줌은, 마치 약간 의자를 당겨 앉거나 고개를 살짝 기울이며 대상을 '귀엽게' 관찰하는 시선을 느끼게 한다. 이러한 인상을 부추기는 것은 전작과 달리 타인에게 상처를 주는 데에까지는 이르지 않는 인물들이다. 한국영화 캐릭터의 만신전에 올라 마땅한 김상경의 동수는 성장 과정에서 한 단계를 빼먹은 듯한 남자다. 골똘한 생각 끝에 엉뚱한 말을 뱉고, 별걸 다 기억하면서 친구의 오랜 신체장애는 알아차리지 못하는 괴짜가 그다. 「생활의 발견」의 경수와 더불어 「극장전」의 동수는 (넓게 보면 그의 어린 시절이 반영된 상원까지 포함해) 상투적 패턴에 갇혀 살면서도 "괴물은 되지 말자"고 이따금 아무도 안 들리게 다짐하는 홍상수적 인간상을 가장 자연스럽게 구현한다. 한편 홍상수의 히로인 오윤홍, 이은주, 예지원을 잇는 독특한 음색의 엄지원은 "당신이 사랑하긴 뭘 사랑합니까?" "뚝! 이제 그만!" 같은 호통으로 은밀한 카타르시스를 객석에 선사한다.

「극장전」은 웃기는 영화다. 심각한 이야기를 할수록 웃음부터 새나온다. 홍상수 영화에서 말은 말이 아니라 불완전한 은폐와 과장의 부스러기라는 사실이 이번만큼 명백한 적은 없었다. 「극장전」은 한순간도 눈을 뗄 수 없는 영화다. 상원과 영실이 자살에 합의한 이후 일련의 장면들은 줄곧 예측 불허다. 온갖 이야기 구조에 대비를 갖춘, 내러티브 영화의 훈련된 관객은 텅 비어 있는 이 이야기의 행보에 촉각을 곤두세우는 자신을 발견할 것이다. 홍상수 감독은 다행스러운 의미에서 변하지 않았다. 그는 여전히 극도로 증류된 내러티브 안에서 환경의 영향과 자유의지 사이에 불편하게 끼어 있는 인간의 시간을 주시하고 있다. 홍상수에게는 여전히 무엇을 말하느냐보다 어떻게 말하느냐가 중요하다. 그리고 궁극적으로는 그 어떻게 말하느냐가 곧 홍상수가 궁극적으로 말하고 싶은 '무엇'이다. 인과관계에 기대지 말 것. 관습적 이야기로 안전그물을 치고 약골처럼 굴지 말 것. 다만 「극장전」에서 달라진 것은 현실을 바라보는 홍상수 감독의 정서와 영화를 보는 관객의 정서 사이의 거리다. 홍상수 감독은 "내 영화가 어둡다고 생각한 적이 없다"고 말한다. 그는 자기를 포함한 인간을 혐오하지 않는다. 그럼에도 감독보다 훨씬 비위가 약한 관객은 그가 인간을 가리키면 괴물을 보곤 했다. 「극장전」에서는 감독이 한 남자가 영화에 빠진 날을 구경하며 미소 지을 때 관객도 웃을 수 있다.

아름답다! 스필버그의 불안과 공포

우주전쟁

War Of The Worlds
2005
감독
스티븐 스필버그
배우
톰 크루즈
저스틴 채트윈
다코타 패닝
팀 로빈스

어떤 자도 이런 것을 감히 '전쟁'이라 부르지 못할 것이다. 도도새들도 그들의 강요된 멸종을 전쟁이라 이해하며 죽어가지 않았으리라. 「우주전쟁」의 외계인 지구 침공에는 최후통첩도 협상도 없다. 백악관이나 타지마할 같은 명승지부터 박살내서 본때를 보이는 협박 절차조차 이 침략자들에겐 귀찮다. 제우스의 작살 같은 번개가 지상에 내리꽂히면 콘크리트 시가지 아래에서 세 발 달린 거대한 살상기계(트라이포드)가 솟아오르고 인간과 그들이 이룩한 문명을 불문곡직 가루로 날려버린다. 어째서? H. G.웰스의 1898년 작 동명 원작소설의 설명을 빌리면, 화성인들은 우리보다 먼저 종말의 위협을 받았기 때문이다. 얼어붙은 공기와 말라붙어가는 바다는 그들의 지능을 날카롭게, 영혼은 잔혹하게 만들었다.

세계는 변했고, 스필버그도 변했다

스티븐 스필버그의 「우주전쟁」이 아비규환의 한복판에 내던지는 남자는 뉴저지의 부두 노동자 레이 페리에다. 아내에게 이혼당한 그는 형편없는 남편이었고 형편없는 아버지다. 열여덟 살의 불만에 찬 아들 로비와 열 살 난 조숙한 딸 레이첼은 아빠를 원망한다기보다 성가셔한다. 재혼한 아내와 아이들 앞에서 레이의 모습은 아버지라기보다 뿌루퉁한 큰아들 같다. 「우주전쟁」은 초반 단 10여 분 동안 이 가족의 상태를 명확히 브리핑한다. 면허 없이 차를 몰고 나간 아들을 잡으러 거리로 나간 레이는 이웃들과 함께 불길한 먹구름을 발견한다. 그리고 얼마 뒤 모든 것이 부서져내린다. "아빠, 테러리스트들이 그런 거예요?" 어린 딸은 울먹인다.

「우주전쟁」을 외부세계에 대한 미국 사회의 이해력 결핍을 시사한 「터미널」과 더불어 9·11 사태에 대한 스필버그의 영화적 반응으로 간주하는 것은 온당한 관전평이다. 「인디펜던스 데이」나 「화성침공」은 장난이어도 좋았고 복고적인 키치여도 좋았지만 9·11 이후 외계인의 침공은 농담거리가 되기 힘들어졌다. 무심한 눈에도 스필버그가 「우주전쟁」을 선택한 것은 사필귀정으로 보인다. 표면적 소재만 꼽아보아도 「우주전쟁」에는

「미지와의 조우」와 「마이너리티 리포트」가 매달려 보여준 현실 외부의 세계(미래와 우주)에 관한 집착적 상상력이 있고, 역기능을 일으킨 가족에 대한 서러움이 있으며 「쉰들러 리스트」의 홀로코스트 이미지가 있다. 또 스필버그가 최근 제작한 텔레비전 시리즈 「테이큰」의 적대적인 외계생물이 등장한다. 무엇보다 스필버그는 외계인 또는 그 존재에 대한 인류의 강박관념을 실체로 믿는다. "(외계인에 의한 납치 경험담에는) 그저 거짓말과 정신이상의 징후일 뿐이라 하더라도 설명할 수 없는 디테일의 일치가 있다"고 그는 말한 바 있다. 그런데 70, 80년대 나온 「E.T.」나 「미지와의 조우」의 우호적 외계인과 「우주전쟁」의 맹수 같은 외계인 사이에 존재하는 간극은 우리를 의아하게 한다. 스필버그의 설명은 간단하다. 세계가 변화했고 나이 든 자신의 우주관과 세계관도 달라졌다는 것이다.

곤혹스럽게 아름다운 재앙

숱한 SF블록버스터와 스스로의 전작을 복제할 위험을 스필버그가 비켜간 일차적 요령은 '하지 말아야 할 것'의 목록을 만든 것이다. 시나리오 작가 데이빗 코엡이 만든 리스트는 「우주전쟁」에서 잘 관철됐다. '각국의 수도 및 명승지를 파괴하지 말 것. 뉴욕을 쓸데없이 때려부수지 말 것. 정치가, 과학자, 장군을 내세우지 말 것. 전술지도 펴놓고 모형을 움직이는 회의나 방송

기자의 보도 장면이 없을 것.' 어리석은 클리셰들을 지워낸 위에 「우주전쟁」이 그려낸 재앙의 지옥도는 특출하다. 당혹스럽게도 심지어 아름답다. 수천 번도 더 본 장면 같은데 난생처음 보듯 숨차다. 이 분야의 장인인 롤랜드 에머리히나 마이클 베이 감독의 블록버스터들을 돌아보면, 그들이 관객의 주목을 호소하는 대목은 거의 언제나 재난의 사이즈다. 그들은 관객을 전망대에 올려다놓고 파리 시가지를 방사형으로 불사르거나 맨해튼을 해일로 말아먹으며 이 재앙의 대단한 크기를 좀 보라고 졸부처럼 채근한다. 그러나 스필버그의 「우주전쟁」은 무너지는 빌딩의 파편을 뒤집어쓴 우왕좌왕하는 군중의 신경으로 재앙의 촉감을 전한다. 모든 파편과 비명은 이유가 있다. 트라이포드가 시가지를 초토화할 때 사람들은 울부짖는 게 아니라 마비된 얼굴로 달린다. 여기서 스필버그가 재활용한 것은 「라이언 일병 구하기」가 구사한 영화적 시야다. "나는 공중을 나는 새의 시점이 아니라 지상에 있는 인간의 시점, 아니 어린아이의 시점을 원했다."

「우주전쟁」은 우리가 잊고 있었던 스필버그 영화의 원초적 저력, 이미지만으로 문장을 쓰는 '순수 영화'의 파워를 환기시킨다. 그것은 「우주전쟁」이 포식자와 먹이가 쫓고 쫓기는 단순한 구조에 집중하기 때문에 가능한 일이기도 하다. 뉴저지에서 시작해서 보스턴에서 끝나는 짧은 로드무비이기도 한 「우주전쟁」은 스필버그의 초기작 「결투」와 「죠스」처럼 모든 살점을 발라낸 뼈대 같은 이야기다. 살아남고 내 새끼도 살려내겠다는 내장에서 솟구치는 본능이 여정을 이끄는 드라이브다. 딱 두 장면에 모습을 드러내는 「우주전쟁」의 외계인은 얼굴이 보이지 않는 운전자가 원인 모를 악의를 품고 주인공을 집요하게 깔아뭉개려 몰아대는 「결투」의 바퀴 열여덟 개짜리 트럭과 흡사하다. 그리고 「결투」가 그랬듯 「우주전쟁」의 가장 절묘한 재주는 그들이 누구이며 왜 우리를 죽이려드는지 알고 싶은 마음이 자꾸 희미해지도록 만든다는 점이다.

「우주전쟁」이 이루는 첫 정점은, 폭음과 정적, 폭풍과 달그랑거리는 풍경 소리가 불규칙하게 교대하며 자아내는 불안의 시간이다. 양부모에게서 아이를 찾아가려는 부부의 탈주기 「슈가랜드 특급」에도 이런 순간이 있다. 숨 가쁜 추격전 도중에 침묵의 간주가 끼어들어 긴박감 속의 권태와 동요를 포착하는 것이다. 한편 테크놀로지로 완성된 묵시록 「우주전쟁」에는 이미지로 쓴 진혼곡이 흐른다. 아버지는 어린 딸의 눈을 가리며 주검들을 보지 못하게 하려고 기를 쓰지만 그것은 불가능한 미션이다. 강기슭에 선 소녀의 눈앞에는 시신 한 구가 둥둥 떠가고 그것은 둘, 셋으로 불어나 마침내 배를 뒤집고 죽은 생선 떼처럼 강물을 메운다. 외계의 광선에 맞아 산화한 인간들의 옷은 화살을 맞은 흰새의 무리처럼 밤하늘로부터 떨어져내린다. 이처럼 스필버그는 전쟁 뉴스를 볼 때마다 사람들을 아프게 해온 이미지들을 하나의 시화詩畵로 만들어버린다. 외계인이 거의 모습을 보이지 않는 「우주전쟁」이 가장 강력하게 연상시키는 할리우드의 근작은 M. 나이트 샤말란의 「싸인」이다. 그러나 M. 나이트 샤말란과 달리 스필버그에게 있어서 치명적인 위협이나 구원의 희망은 반드시 우리 내부가 아닌 외부에서 온다. 그래서 스필버그가 그리는 위기의 인간은 밀실이 아닌 군중 속에 있으며 그의 내면 풍경은 스펙터클이나 지옥도를 압도하는 법이 없다. 사실 「우주전쟁」의 진짜 주인공은 톰 크루즈가 아니라 공포 자체다. 거꾸로 그래서 「우주전쟁」의 톰 크루즈는 적역이다. 열정을 증명하기 위해 안간힘을 쓰고 미소를 유지하려다 경직되어버리는 크루즈 특유의 매너리즘은 이 영화와 썩 잘 어울린다.

진짜 스필버그 씨, 손들어 주세요

이상한 일이다. 스티븐 스필버그가 미국 상업영화의 영광과 오류를 대변하는 신화로 자리를 굳혀갈수록 평론가와 관객은 그의 실체에 자꾸만 무관심해졌다. 대중은 스필버그를 A코스와 B코스의 만찬—가벼운 가족용 판타지 어드벤처와 시대적 이슈를 그린 묵직한 드라마—중 택일할 수 있는 레스토랑처럼 여기게 됐다. 그러나 대중영화 연구자 피터 크레이머가 지적했듯 스필버그에게 두 부류의 영화는 기법상으로 경계가 없다. 그리고 스필버그의 영화 가운데 더욱 온전하고 풍성한 텍스트는 「쉰들러 리스트」나 「라이언 일병 구하기」가 아니라 「죠스」 쪽이다. 스필버그의 'B코스'에 해당하는 영화는 종종 'A코스' 영화들의 일부를 잘라낸 각론으로 보이기도 한다. 하지만 「쉰들러 리스트」가 오스카를 석권하고 「라이언 일병 구하기」가 다시 감독상을 거머

쥔 이후 스필버그는 대중영화이면서도 상당히 사적인 영화를 만들고 있다(결과적으로 북미 박스오피스에서 스필버그 영화는 「라이언 일병 구하기」 이후 한번도 2억 달러를 넘기지 못했다). "나는 오스카를 타기 전까지 어떤 염려anxiety를 품고 있었다. 수상은 개인적으로 굉장히 의미심장했다. 지금의 나는 뭐랄까 평온하다."

화려한 박스오피스 기록 경신의 퍼레이드가 지나가고 오스카 트로피까지 품에 안아 모든 것을 이룬 이후, 감독 스필버그의 본령은 견고한 실체를 서서히 드러내고 있다. 첫째, 스티븐 스필버그는 고전적인 구식 영화감독이다. 느리고 복잡한 SF판타지 「A.I.」와 「마이너리티 리포트」에서 스필버그는 이미 그가 창시한 블록버스터의 흐름에 역류를 시도했다. 그는 스펙터클 자체의 무대화에 집착하지 않는다. 신scene이 아닌 찰나의 섬광을 만들고자 하는 영화, 영화 전체가 예고편처럼 편집되어 아무 데서나 잘라내도 텔레비전 광고가 되는 영화, 영화와 CG애니메이션을 한없이 접근시키는 이벤트 영화들과 스필버그 영화 사이의 틈은 크다. "사람들은 이제 죠스의 등장을 그렇게 오래 기다려주지 않을 것이다. 관객은 나 같은 감독들에 의해 나와 같은 부류의 감독을 참아내지 못하게 프로그램되고 말았다." 스필버그는 영화의 미래를 묻는 한 인터뷰에서 이렇게 말하기도 했다. "미래에는 디지털 배우가 나올 것이고 35mm 필름이 없어질지도 모른다. 그러나 나는 여전히 구형 무비올라 편집기로 필름을 자르고 붙이기를 좋아한다." 둘째, 이제 시간의 풍화를 거친 그의 많은 영화를 초기작부터 지금까지 돌아볼 때 스필버그의 테마는 가족주의나 피터 팬 신드롬이라는 이름으로는 좀처럼 온전히 담을 수 없다. 사람들은 그를 논하며 피터 팬을 즐겨 이야기하지만 그가 그리는 유년은 낙원인 적이 없었다. 거기에는 언제나 「캐치 미이프 유 캔」에서 프랭크의 부모가 행복하게 춤추던 카펫에 떨어진 포도주 자국처럼 지워지지 않는 얼룩이 있다. 「우주전쟁」의 레이는 천신만고 끝에 아내와 아들을 재회하지만 그들이 다 함께 집으로 들어가는 모습은 보이지 않는다. 오히려 스필버그의 모든 영화 아래를 면면히 흐르는 감정은, 지금 우리가 디딘 삶의 지반이 매우 허약하다는 공포감이다. 언제든 나치에, 외계인에, 우매한 시스템과 미래 사회의 전체주의에 짓밟히고 말 거라는 공포감을 스필버그는 영화를 통해 달래고 또 달랜다. 직접 겪어 보지 않은 홀로코스트와 「터미널」의 빅터 나보르스키가 맛보는 소외가 전생의 흉터라도 되는 것처럼 어루만진다. 스필버그의 정평난 가족주의는 어쩌면 그의 영화를 발아시키는 씨앗이 아니라 더 뿌리 깊은 공포의 열매인지도 모른다. 「우주전쟁」은 가공할 화력으로 스필버그의 진상을 다시 보라고 우리를 '협박' 하는 테러와 같은 영화다.

허진호의 멈추어진 느린 발걸음

외출

2005
감독
허진호
배우
배용준
손예진

영화가 시작되면 한 남자의 얼굴을 카메라가 바짝 다가서서 들여다본다. 비명을 삼키는 듯 떨리는 그의 얼굴은 색색 조명까지 드리워 붉으락푸르락하다. 우리는 화면 밖 벨소리로 그가 전화 한 통을 받았음을 알고 있다. 인수는 콘서트 조명감독이다. 그는 아내 수진이 삼척행 국도에서 교통사고를 당해 사경을 헤매고 있다는 전언을 받았다. 일터를 빠져나와 차를 달리는 그의 앞길에 눈발이 저주처럼 달려든다. 그가 도착한 병원에는 이미 한 여자가 처박혀 흐느끼고 있다. 수진과 동승한 남자 경호의 아내 서영이다. 길가에 흩어진 아내와 남편의 뻔뻔한 소지품들은 명백한 하나의 진실을 가리킨다. 수진과 경호는 사랑하는 사이였다. 그리고 거짓말쟁이였다. 인수와 서영은 같은 흙탕물을 뒤

143

집어쓴다. 그리고 그들은 다른 사람에게 이 정황을 알릴 성격이 못 된다. 그리하여 남녀는 기묘한, 그러나 관객이 능히 앞으로 궤적을 짐작할 수 있는 처지에 떨어진다. 둘은 극히 서먹하고 불편한 거리에 있는 동시에, 졸지에 서로에게 세상에서 유일무이하게 정직할 수 있는 대상이 되어버린 것이다. 게다가 인수와 서영은 단순하고 천진하고 성실한, 말하자면 같은 당파에 속하는 인간들이다. 자, 이제 남은 일은 등식의 한쪽 변을 완성하는 것이다. 이상한 사랑이 다가오는 소리가 희미하게 들린다.

텅 빈 밀실 같은 낯선 도시에서 사랑하다

"그들도 우리 같았을까요?" 이런 목소리를 우리는 「외출」과 유사한 구도를 세운 「화양연화」와 「랜덤 하트」에서 들은 적이 있다. 왕가위 감독은 양조위와 장만옥을 배반한 배우자들의 얼굴을 보여주지 않는다. 그들은 시종 목소리만으로 흐느끼고 거짓말하고 아무렇지도 않은 척한다. 어쨌거나 그들은 영화 속에서 내내 살아 움직이며 양조위와 장만옥의 세계에 어른거린다. 「화양연화」는 이중생활을 영위하는 장만옥의 상사, 한 건물에 사는 이웃들의 이야기로 두 주인공이 걸려 있는 그물을 짰다. 「랜덤 하트」는 배우자의 불륜과 거기서 파생되는 제2의 사랑이 중년 남녀에게 사회적으로 무엇을 의미하는가에 흥미를 보인다. 아내와 남편이 사고로 죽어버린 해리슨 포드와 크리스틴 스콧 토머스의 사랑은, 그들이 과거에 어떤 의미를 부여하고 어떤 미래를 선택할 것인가의 문제와 직결된다. 시드니 폴락 감독은 이들의 고민이 현대 사회에서 얼마나 보편적인 과제인지 암시한다.

그런데 허진호 감독은 「외출」에서 사회적 관계를 차단한다. 「8월의 크리스마스」나 「봄날은 간다」에서 그토록 중요했던 가족은 여기에 부재하거나 의례적으로 얼굴만 내민다. 둘의 배우자는 「화양연화」처럼 살아서 그들과 대칭의 구도를 그리지도 않고 「랜덤 하트」처럼 아예 죽어 없어져 그들을 일상으로 돌려보내주지도 않는다. 식물인간 상태인 배우자들에게는 "사랑이 어떻게 변하니?"라고 따져 물을 수도 없다. 삼척 모텔에 투숙하며 기약 없는 간병 생활에 들어간 인수와 서영에겐 직장에 나갈 의무도, 살림을 할 책임도 유예된다. 두 사람 외에 살아 움직이며 영향을 끼치는 존재는 날씨와 계절뿐이다. 인수와 서영의 삼척은 마치 텅 빈 커다란 밀실 같다. 이 밀실의 감각은 "추워요?" "춥지 않으세요?" "우리 뭐 할까요?" "뭐 하고 싶으세요?" 하는 식으로 상대방의 말을 모방하는 메아리 같은 대사들로 말미암아 증폭된다. 그리하여 좋아하는 여자의 머리칼을 귀 뒤로 넘겨주는 버릇이 있는 남자와 마음에 드는 남자에게 화분을 선물하는 심성을 가진 여자는 사랑에 빠진다. 오래전에 예정된 것처럼.

허진호, 관조하기를 멈추다

「8월의 크리스마스」와 「봄날은 간다」는 사랑의 생성과 소멸을 조바심내지 않고 점묘하는 영화였다. 거기서 사랑은 그냥 사랑만도 아니어서 인생을 싣고 흘러갔다. 「8월의 크리스마스」에서는 청년이 죽었고 「봄날은 간다」에서는 소년이 성장했다. 허진호 감독의 연인들은 언제나 무언가 왔다가 사라진 자리를 골똘히 바라보았고, 우리도 덩달아 그곳을 응시하곤 했다. 반면 「외출」의 사랑은 일종의 스캔들이며 사태다. 「외출」이 탐구하는 대상은, 증오와 절망으로부터 갑작스레 전이된 격정이다. 「외출」의 연출에 앞서 허진호 감독은 "내 영화에서도 감정이 표출되었으면 좋겠다"고 분명히 밝혔고 카메라도 인물에 부쩍 접근하리라 예고했다. 배우의 속눈썹까지 구속하는 「외출」의 잦은 근접 숏과 즐겨 쓰던 원거리 숏의 절제는, 감독의 결의를 반영한다. 또 감정의 분출을 그릴 때 「외출」은 거의 강박적으로 울음과 육체적 증세들을 사용한다. 인수는 아내의 외도를 녹화한 비디오를 보다가 구토하고, 세수하다 코피를 흘린다. 둘은 수면제를 사러 간 약국에서 마주친다. 클리셰의 위험을 감수하고 허진호 감독은 몸으로 앓는 절망을 보여주려 애쓴다.

관조의 시선을 버리고 두 인물에게 바짝 밀착함으로써 발생한 일면은, 감독의 전작들에 비해서 입체감이 약화된 드라마다. 불륜이라는 스토리에 있을 법한 연애의 일화들은 그럴 법한 순서로, 쌓이기보다 늘어놓아진다. 때로 생략하고 때로는 확장하며 사랑이라는 감정의 무게를 새롭게 저울질했던 전작들의 리듬감과 아이디어가 「외출」은 부족하다. 인수와 서영은 때로 삼척을 벗어나 서울과 해남을 오가지만, 「봄날은 간다」에서 서울과 강릉 사이에 놓여 있던 아득한 거리감은 발생하지 않는다. 「외출」의 극단적 상황이 몰아낸 또 다른 요소는, 허진호 영화에 특유한, 미소와 실소의 순간들이다. 마지막일지도 모르는 애틋한 밤에 고스톱을 치다가 서영이 "다시 계산해보세요"라고 주부답게 말할 때와 같은 환기換氣의 순간이 「외출」에는 그리 많지 않다. 이렇게 달라진 「외출」에서 전작들과의 혈연을 확인시키는 가장 단단한 고리는 인물의 이미지다. 침울해지면 아기처럼 새우잠을 자고 머리를 엉클어뜨리는 남자와 화분을 건네고(「봄날은 간다」), 길에서 하드를 먹고(「8월의 크리스마스」), 순백의 속옷을 예쁘게 입는 여자(「따로 또 같이」)는 여기에도 있다.

그 남자의 사정, 그 여자의 사랑

배용준의 인수는 눈덩이를 던질 때조차 진지한 남자고, 아마도 인생 계획이 그다지 어그러져본 적이 없는 남자다. 한류의 아이콘으로서 영화 바깥의 강력한 이미지를 짊어진 배용준은 정면보다 카메라가 뒤나 옆에서 찍을 때가 좋고, 혼자만의 신이 더 좋다. 아내의 외도를 찍은 비디오를 틀어놓고 옹송그린 모습, 차 안에서 시트를 젖힌 채 인생은 아름답다고 악쓰며 노래하는 뒷

모습이 그렇다. 한편, 손예진의 서영은 우울의 바닥에 누워 있다가도 남자의 귀여운 짓에 웃고, 데이트 상대가 도중에 아내의 병상으로 달려가면 구멍가게에서 하드를 사 먹는 여자다. 「외출」의 손예진은 스크린에 어울리는 아름다움을 과시하며 장르적 연기에 있어 대단히 미더운 배우임을 입증한다.

그렇다면 「외출」은 누구의 이야기인가? 지금까지 허진호 영화는 '남자가 쓴 일기'였다. 「8월의 크리스마스」의 다림과 「봄날은 간다」의 은수는 그 남자의 눈에 비친 실체가 잡히지 않는 희망이었다. 「외출」에서는 그 축이 흔들린다. 이야기의 시작과 끝은 인수가 쥐고 있다. 그러나 관객의 기억에 감정적 의지를 새기는 쪽은 여자다. 서영은 인수보다 젊지만 언제나 자신이 무엇을 원하는지 정확히 이해하는 것처럼 보인다. 「외출」에서 '욕망의 모호한 대상'은 인수다. 둘의 연애에서 서영이 적극적 주체로 보이는 것은 그녀가 행위의 제값을 치르기 때문이기도 하다. 서영은 불륜의 사랑으로 인해 숨거나 방치되는 모멸감을 경험하며 인수와 같이 있던 시각에 남편의 죽음을 맞는 '징벌'까지 당한다. 멜로드라마에서는 치욕과 가책에 발목을 담그는 쪽이 관객에게 더 큰 힘을 발휘하는데 「외출」에서 그것은 인수가 아니라 서영이다.

생의 아이러니와 영화의 아이러니

「외출」이 그리고자 한 '저 너머'의 주제는 삶의 아이러니라고 허진호 감독은 말했다. 배우자들의 사랑을 더럽게 여겼으나 결국 자기가 그 자리에 서 있음을 깨닫는 역설은, 되살아난 아내에게 "처음에는 묻고 싶은 게 많았는데 지금은 없어"라고 말하는 인수의 대사와 경호의 영정을 사이에 두고 마주선 서영과 인수의 이미지에 압축된다. 그런데 이 순간들은 의도만큼 영화 전체를 아우르며 관객의 주의를 끌지 못한다. 원인의 하나는 가족과 사회관계를 최소화하고 인수와 서영의 결혼생활을 전혀 보여주지 않는 「외출」의 구조다. 아이러니는 불륜이라 불리는 낭만적인 사랑을 밖에서 쳐다보는 타자의 위치에 있던 인수와 서영이, 그 내부로 들어가 희열을 느끼고 타자의 시선에 위협당하기에 이르는 인식의 대전환에서 비롯된다. 그런데 두 주인공만 주시하는 「외출」은, 아이러니의 좌표인 타자와 외계의 존재감이 희박하다. 타인의 시선을 통해 세상 속에서 그들의 위치가 변했음을 감지할 수 있는 순간은 인수의 장인이 예고 없이 모텔을 방문하는 장면이 거의 유일하다. 한 남자의 위대한 연인이었던 서영은 순식간에 신발을 움켜쥐고 화장실에 숨어드는 죄지은 여자로 전락한다. 허진호 감독은 「외출」에서 통속극의 구도를 기꺼이 받아안으며 한층 뜨겁고 자극적인 영화를 시도했다. 인수와 서영은 자기들을 속이고 놀아났으며 그 뒷감당까지 떠맡긴 인간들의 배설물을 받아내야 하는 끔찍한 입장이다. 그리고 거기 이어지는 사랑도 어쩔 수 없는 추문이다. 하지만 「외출」은 충분히 뜨겁거나 징그럽지 않다. 인물의 감정은 크고 격렬하다. 그러나 「외출」은 이 감정을 타인이나 상황과의 부대낌으로 묘사하는 대신, 당사자의 표정을 살피고 독백과 넋두리, 울음으로 서술하는 화법을 택했다. 이 선택의 결과는 건조하고 적막하다.

「외출」이 보존한 미덕은 김소영 영상원 교수의 코멘트로 잘 요약된다. "허진호 감독은 자기만의 영화적 시간을 가진 드문 한국 감독 가운데 한 명이다. 「외출」에서도 그는 강한 스타 이미지를 가진 배우들에게 별로 휘둘리지 않았다. 또, 「외출」의 인물들은 감정적으로 용감하다. 인수는 아내와 자신, 연인에 대한 윤리에 대해 충실하려고 한다. 그런 보살핌은 최근 한국영화에서 찾아볼 수 없는 것이다. 광포한 감정과 적막한 자연을 대조시키는 수법도 「봄날은 간다」보다 대담하다."

허진호 감독은 분명 모험을 꾀했고, 그 모험은 단 두 편의 영화로 그가 정립한 스타일에 균열을 냈다. 하지만 그 균열은 「외출」이 도전한 새로운 감정에 조응하는 새로운 형식을 완성하는 데에까지는 이르지 못한 인상이다. 그래서 두 전작의 형식과 내용이 이룬 비범한 화음을 향한 그리움을 남긴다. 「외출」은 허진호 감독에게 가을날의 변덕스러운 외출일까? 가장 통속적인 소재를 껴안고도 어디까지 자신의 세계가 부서지지 않는지 더듬은 실험일까? 아니면 네번째 영화로 예고된 「행복」을 앞두고 멜로드라마를 통해 도착할 최종 목적지를 모색하는 도중途中의 집일까?

편재하며 영속하는 외로움의 연대기

토니 타키타니

ト = 瀧谷
2004
감독
이치카와 준
배우
미야자와 리에
잇세 오가타

사랑이란 평생을 함께하는 것이라고 누군가 말하자, 영화 「고백L'accompagnatrice」의 주인공 소피는 무심히 대꾸한다. "무슨 말인지 모르겠어. 난 늘 혼자였어." 만약 토니 타키타니가 그 자리에 있었더라도 똑같이 반응했을 것이다. 이치카와 준 감독의 「토니 타키타니」는 무라카미 하루키가 원작에 쓴 첫 문장을 첫 내레이션으로 삼는다. "토니 타키타니의 진짜 이름은, 정말 토니 타키타니였다." 일본식 성에 미국식 이름을 덧붙인 그 별난 이름은 주인에게 고립의 운명을 점지한다.

영화의 프롤로그는 토니라는 이름의 기원에 대한 주석이자 아버지 쇼자부로 반생의 요약이다. 재즈 트롬본 주자 쇼자부로

는 상하이에서 춤의 스텝을 밟듯 청춘을 보낸다. 포로수용소에
서조차 사형을 면하고 귀국한 그는 전쟁이 그를 고아로 만들었
다는 사실을 받아들이고 결혼한다. 그러나 허약한 여인은 아들
을 낳고 사흘 뒤 숨진다. 정교한 모래성을 만들며 놀던 외톨이
꼬마 토니는 기계 정밀 묘사에 탁월한 일러스트레이터로 성공한
다. 예술보다 정치성보다 그에게 중요한 것은 정확성이다. 근면
한 사회구성원이지만 토니는 은둔자다. 신장 165, 사이즈 2의
여자 에이코를 만날 때까지는. "새가 바람을 두르듯" 날렵한 그
녀의 옷맵시는 완벽한 이미지의 신봉자 토니를 매혹한다. 그는
사랑에 빠지고서야 자신의 고독을 인식한다. 그녀가 거절하면
그대로 죽어버릴지도 모른다고 생각한다. 토니는 에이코에게 사
정을 설명하고 둘은 결혼한다. 아침이면 그녀가 사라졌을까 겁
내던 토니는 점차 안정을 찾는다. 목에 걸리는 유일한 가시는,
값비싼 옷가지를 산처럼 사들이는 에이코의 습벽. 그러나 쇼핑
을 자제하면 어떻겠냐는 토니의 조심스러운 제안은 어이없는 비
극을 부른다. 하나 그리고 둘, 그리고 다시 하나. 그는 다시 고독
해져야 한다. 다만 이번에는 더욱 철저히.

　단편이지만 「토니 타키타니」는 무라카미 하루키 소설의 정
수를 품고 있다. 필멸하는 존재의 운명, 전 우주를 뒤덮은 고독,
그리고 항상 적정 습도 및 온도를 유지하는 고급 리조트 호텔의
공기와도 같은 문장. 이치카와 준 감독은 원작의 주제는 물론 무
라카미 하루키 문체를 영화적 문채文彩로 번역하기 위해 정묘한
형식을 고안했다. 「토니 타키타니」에서 뚜벅뚜벅 걸음을 옮기는

고독의 시간은, 공간의 왼쪽 벽에서 오른쪽 벽으로, 나아가 한 신에서 다음 신으로 느린 수평 트래킹을 이어가는 카메라 움직임과 통주저음처럼 복류하는 사카모토 류이치의 피아노 음악에 실려 흘러간다. 하나의 일화는 마치 앞 상황이 발생한 공간의 옆방에서 벌어지는 것처럼 보인다. 결과적으로 이런 스타일은 관객에게 강물을 따라 흘러가며 배 위에서 기슭을 바라보는 감각, 밀봉된 영화 속 세계를 둘러싸고 객석이 공전하는 느낌을 안겨준다. 또, 원근감과 양감을 억제한 촬영은 사물과 인간의 상을 모두 스크린 저편의 '망막'에 맺힌 실루엣처럼 만들어 적막감을 부추긴다. 처마의 낙숫물처럼 똑똑 네댓 개의 음정을 왕복하는 사카모토 류이치의 음악이 시계 초침을 대신해 그 적막한 시간을 헤아린다. 고립이 깊어질 때 영과 육의 거리는 가까워지는 법이다. 「토니 타키타니」에서 사물의 상태는 곧 사물의 본질이며, 이치카와 준은 미니멀한 동시에 나사 하나라도 건드리면 무너질 듯한 형식에 그것을 고이 담아낸다.

　「토니 타키타니」의 또 다른 장치는 전지적 내레이션의 기이한 쓰임새다. 미지의 화자가 어떤 내레이션을 하다가 멈추면 극중 인물이 문장을 마무리 짓는다. 예컨대 내레이터가 "아이디어는"이라고 서두를 떼면 토니가 "나쁘지 않다"라고 마무리 짓는 식이다. 인칭의 규칙도 흐려진다. 극중 인물은 이따금 옆에 있는 사람을 '그'나 '그녀'라고 지칭하는 방백으로 내레이터 역을 한다. 그렇게 화면 내부와 외부 사이의 문턱은 무너지고 영화는 '클라인씨의 병'처럼 안팎이 구별되지 않으면서도 닫힌 공간을 만들어낸다.

그리하여 타키타니 가문의 고독은 대물림된다. 상하이 감옥 독방에 모로 누웠던 아버지와 똑같은 자세로 토니는 아내의 텅 빈 드레스룸에 웅크린다. 토니는 아내의 옷을 입힐 같은 사이즈 의 여자 히사코를 비서로 고용하지만, 그녀는 망자의 옷가지가 그러하듯 그림자에 불과하다. 히사코에게 "모든 일을 잊고, 아무 에게도 말하지 말라"고 청하는 토니의 말은 스스로에게 거는 주 문이기도 하다.

「토니 타키타니」의 네 인물은 잇세 오가타와 미야자와 리에 가 1인 2역으로 연기했다. 서구 평론가들이라면 '젠禪 스타일의 「현기증」'이라고 부를 법도 하다. 하지만 이치카와 준 감독은 세 트까지 '1인 다역'으로 썼다. 오픈 세트를 장식만 바꿔 재활용한 그는 어느 인터뷰에서 「도그빌」을 유사한 예로 언급하기도 했 다. 이 모든 요소는 카메라와 음악이 자아내는 무궁동無窮動의 감각과 더불어, 편재하며 영속하는 외로움의 연대기를 완성한 다. 「토니 타키타니」는 사력을 다해 원작을 넘어서지 않는다.

토니 타키타니에게 사랑은 사막의 우기雨期처럼 짧고, 그 기 억이 소실되는 순서마저 부조리하다. 「토니 타키타니」는 정확히 더한 만큼 빼지만 남은 것이 처음보다 작은 기묘한 이야기다. 그 오차는 토니의 일부가 사랑과 함께 죽어 땅에 묻혔기 때문에 생 긴다. 역설적으로 그것은 그녀로 인하여 처음으로 존재 사실을 알게 된 그의 일부다. 무라카미 하루키가 던진 물음을 이치카와 준은 조용히 복창한다. 한 인간의 소멸은 무엇을 가져가버리는

가. 남은 자들은 어떻게 그 구멍을 안고 살아가는가. 요컨대 「토니 타키타니」는 순장殉葬에 관한 영화다.

치밀하고 명료한 인생예찬

사랑니

2005
감독
정지우
배우
김정은
이태성
김영재
정유미

"다시 태어나면 이석이 되고 싶어."_(열일곱 살 조인영)

도대체 이런 게 언제부터 내 살 속에 들어와 있었을까? 서른
살의 어느 날, 내 안에서 희고 날선 것이 불쑥 돋아나더니 몸과
마음을 들볶는다. 유능한 학원 수학강사 조인영에게 사랑은 사
랑니와 같은 양상으로 찾아온다. 첫사랑의 소년과 이름도 얼굴
도 똑같은 열일곱 살 제자 이석은 인영에게 격심한 매혹이다.
"아야!" 여자는 통증에 비명을 지르다 슬그머니 미소 짓는다. 아
프지만, 황홀하다.

정지우 감독의 「사랑니」는 첫사랑의 트라우마로 장기 투병

한 여자의 갱생기도 아니고, 미성년자와의 연애에 대한 '편견'을 돌파하는 활극도 아니다. 사실인즉 인영은 첫사랑을 잊고 살아왔다. 그것도 아주 잘. 비타민과 달리기를 거르지 않고 패스트푸드도 멀리하며. 인영은 속 깊은 이성친구 정우와 즐겁게 동거한다. 고교 동창 정우는 한번 그녀를 떠났다가 이혼남이 돼 다시 돌아온 남자다. 산전수전 겪은 정우는 인영의 새로운 연애를 관망한다. 그러던 어느 날 초췌한 여고생이 학원으로 이석을 찾아온다. 첫사랑을 잃을까봐 울먹이며. 소녀의 교복 명찰에는 '조인영'이라는 이름 석 자가 수놓여 있다. 애인 앞에서 미안해진 이석은 소녀를 밀쳐낸다. 네가 사랑한 건 내가 아니라 죽은 쌍둥이 형이라고 소리친다. "아니야, 너야. 너 때문에 아픈 거야. 너를 사랑해." 오열하는 소녀와 난처한 소년을, 인영은 관객이 돼 바라본다. 거울을 들여다보듯. 결국 소년은 서른 살 인영을 선택하고, 그녀로부터 사랑의 규칙을 습득한다. 등 돌리고 눕지 말기, 과거를 질투하지 말기 등등. 그런데 꽃이 필 무렵 의연한 척하던 정우가 서른이 된 '진짜 이석'을 찾아서 데려온다. 타이밍도 참.

사랑의 개념에 한해, 「사랑니」는 순정을 기리는 「너는 내 운명」의 대극에 서 있다. 「사랑니」가 그리는 사랑은 현실을 초극할 만큼 특별하지만 영원하지는 않은, 살면서 몇 번씩 치르는 제의이고 파트너가 바뀌는 윤무다. 사랑뿐 아니라 뭐든 불변하고 유일한 것이라고 규정하고 나면 더 할 말이 없어지는데 「사랑니」는 사랑을 누구나 갖는 인생의 무늬 같은 것으로 본다. 그리고 그 패턴을 드러내는 일에 몰두한다. 정지우 감독은 사랑이라는 감정의 핵심, 즉 영화 「사랑니」의 테마를 열일곱 살 인영의 대사로 요약한다. 열병을 치러낸 소녀는 봄꽃이 분분한 병원 마당에서 민들레가 바람에 홀씨를 날리듯이 중얼거린다. "다시 태어나면 이석이 되고 싶어." 이 간절하고도 (당연히) 불가능한 소녀의 소망은, 사랑의 요체가 대상과 하나가 되려는 욕망이며 그것은 근본적으로 이루어질 수 없는 소원이라는 깨달음을 전한다. 그러나 정지우의 연출은 영화 내내 이 궁극적 깨달음이 못내 서러운 절망이 되지 않도록 세심히 배려한다.

"니가 사랑한 게 나야? 아니잖아! 우리 형이잖아!"(열일곱 살 이석)

정지우의 전작 「해피엔드」는 최종 편집 단계에서, 배신당한 남편의 백일몽이 현실의 살인으로 뒤바뀌고, 그것이 결국 바람난 여자의 처형으로 비쳐져 논란을 빚은 바 있다. 용감하고 건강한 여성을 시선의 주체로 세우고 이야기 구성을 치밀하게 고안한 「사랑니」는 그래서, 6년 전 논란에 대한 감독의 대답으로 보이기도 한다. 열일곱 살 인영과 서른 살 인영의 이야기를 평행으로 오가며 정지우 감독은 매우 독특한 방식으로 시간을 이어붙인다. 그는 영화만이 가능한 방법으로 너무도 천연덕스럽게 시간의 벽을 뚫는다. 그것을 지켜보는 관객의 머릿속에는 회상, 다른 현실, 데자뷰, 시간여행, 도플갱어 등의 단어가 차례로 지나

간다. 열일곱 살 인영의 시간과 서른 살 인영의 시간은 서로 다른 메트로놈에 맞춰 흘러간다. 서른 살 인영의 세계가 지닌 리듬의 배속으로 흘러가는 열일곱 살 인영의 시간은, 한순간 서른 살 인영의 현실과 조우했다가 다시 자기의 길을 간다. 결과적으로 「해피엔드」에 비해 「사랑니」의 이야기는 소박하되 농밀하다.

어린 인영과 서른 살 인영의 이야기는 물리적 현실에서 마주치는 한편, 각자의 세계에 들어앉은 채 감정을 충돌시켜 응어리를 빚어내기도 한다. 예컨대 이 시퀀스. 실연으로 탈진한 열일곱 살 조인영은 양호실을 찾는다. 한 쌍의 병든 강아지마냥 놓인 소녀의 신발 옆에서 가혹하게도 양호교사는 저녁의 데이트를 채비하듯 새 구두를 신어본다. 이 장면의 음악이 다음 신으로 흘러들면 서른 살 인영은 서른 살 이석을 만나기 위해 외출한다. 그러나 이석은 그녀의 성조차 기억하지 못한다. 돌아오는 길, 구두를 벗은 인영의 맨발에는 새 구두를 신느라 덧댄 반창고가 붙어 있다. 이처럼 「사랑니」의 이야기는 종횡으로 확장되는 사방연속문양이다. 남자친구에게 어린 인영이 지구본을 선물했음을 아는 관객은, 서른 살 정우의 방 귀퉁이에 있는 낡은 지구본에서 정우에게도 있을 옛사랑의 사연을 상상한다(그러니까 사랑은 상대에게 세계를 선물하는 일이다!). 「사랑니」는 이처럼 대구를 이루는 이미지를 촘촘히 배치해 사랑의 추상적 패턴을 그린다. 이석은 점검 중인 엘리베이터 승강구의 입 벌린 암흑을 내려다보고 인영은 옥상에서 추락을 상상한다. 두 사람의 인영은 똑같이 이석과의 첫 정사 뒤 세탁기 앞에서 명상에 빠진다. 이 모든 사물과 일화는 사랑에 빠진 사람의 주관으로 인해 중요성을 획득한다. 이상한 이석의 교실로 달려간 인영의 눈에는 창가에 걸린 누구 것인지 모를 교복 와이셔츠가 보인다. 그것은 이석의 옷일까? 아마도 아닐 것이다. 그래도 카메라는 그 셔츠를 지그시 응시한다. 실제로 그것이 누구의 옷이든, 그 하얀 셔츠는 인영에게 이석의 부재를 상징하는 '손수건'이기 때문이다.

"너 어젯밤에 비 내린 거 알아?
잠자는 사람은 그걸 모르는 거야."(서른 살 조인영)

한편 「사랑니」는 연기 연출에서 비범함을 과시한다. 긴장하면 어딘가 가면처럼 보이는 김정은 특유의 이목구비와 낭랑한 음성은, 똑 부러지는 수학강사 인영에게 제격이다. 그녀는 출근을 할 때면 갑옷을 입듯 화장을 하고, 퇴근 뒤에는 스트레칭으로 뭉친 근육을 푸는 이 도시 여자들의 얼굴이다. 그동안 철없고 귀여운 이미지에 가려 있던 그녀의 길고 갸름한 실루엣을 「사랑니」는 십분 활용한다. 김정은 스타 이미지의 전복도 흥미롭다. 그간 김정은은 스크린과 드라마 속에서 김선아와 더불어 적당히 세상에 지친 이십대 후반 미혼여성의 아이콘이었지만, 반드시 극중에서 남자와 짝짓기를 해야 여정을 끝낸다는 점에서 김선아와 달랐다. 그런데 「사랑니」의 인영은 멜로드라마의 '커플링' 관습에 정면으로 반발하는 캐릭터다. 「사랑니」의 김정은이 낯선 까닭은 그녀가 코미디를 하지 않아서가 아니라 그래서다.

무엇보다 「사랑니」는, 귀를 막고 인물의 움직임과 시각적 정보만으로도 내러티브의 흐름은 물론, 세세한 플롯까지 이해할 수 있도록 찍힌 영화다. 영화평론가 허문영은 "대사가 없어도 동작만으로 긴장과 재미가 생긴다"고 「사랑니」의 미덕을 표현한다. 「사랑니」의 형식은 뽐내지 않는다. 촬영과 조명과 미술 등의 요소는 인물과 그의 정서에 전적으로 봉사한다. 정지우 감독이 손수 해낸 편집은 감정의 법칙과 연상의 논리를 충실하고 과감하게 따른다. 열일곱 살 인영과 서른 살 인영의 장면은 종종 두 여자가 상대가 처한 상황을 지켜보는 것처럼 연결된다. 「사랑니」가 이룬 무성영화적 아름다움의 비결에 대한 정지우 감독의 설명은 이러하다. "카메라뿐 아니라 조명도 중요하다. 조명 범위를 좁히면 배우의 동선이 좁고 딱딱해진다. 물론 두 시간을 세팅해 빛 좋은 지점을 마련했는데 그늘에 들어가서 고개를 돌리면 섭섭하다. 그래도 인물을 중심에 두는 원칙은 고수했다. 열일곱 살 인영과 서른 살 인영을 찍는 방식의 차이도 배우의 동선을 존중하다보니 자연스럽게 형성됐다." 정우와 인영, 두 명의 이석이 만나 보내는 특별한 저녁 신은 시선의 분할만으로도 인물의 관계를 종합하고 클라이맥스의 정서를 전한다. 정지우 감독은 이질적인 두 개의 시간대를 교차시킨 트릭을 반전으로 소진하고 내버리지 않는다. 끝까지 밀어붙여 두 명의 이석을 통해 인영의 과거와 현재, 환상과 현실을 대면시킨다. 영화평론가 정성일은 이 장면을 두고 "시간 구조의 트릭이 마지막 순간도 속임수로 끝나면 역겨웠을 텐데 그것이 결국 이야기의 필연성과 어우러졌다. 「사랑니」는 실재와 환상을 끝내 대면케 하고 거기서 따뜻한 일종의 해피엔딩을 기어이 끌어냈다. 이는 「해피엔드」보다 정지우다운, 「생강」과 잇닿는 정서다"라고 말한다.

"사는 게 어때?" "좋아." "뭐가?" "사는 거."

(서른 살 이석과 서른 살 조인영의 대화)

「사랑니」는 「극장전」만큼 구성이 튼튼하고, 「외출」보다 사랑의 역설에 관해 명료하며, 「형사 Duelist」보다 무성영화적(여기서 방점은 '무성'이 아니라 '영화'에 있다) 미감이 탁월한 영화다. 영화평론가 허문영은 「사랑니」에서 정지우가 도달한 지점을 이렇게 묘사한다. "90년대 중반 이후 등장한 일군의 젊은 감독들은 지금 장르적인 것에 대한 매혹과 게임을 벌이고 있다. 정지우는 그런 매혹 바깥에서 순전히 자기만의 동선과 리듬을, 또 다른 영역을 만들어냈다." 영화평론가 정성일은 "「사랑니」의 정지우는, 동시대 한국영화에 결핍된 이야기할 줄 아는 능력을 보여주었다. 약간 과장하자면 그래서 한국영화의 작은 희망으로 보인다"고 평한다.

「사랑니」는 느리게 숨쉬지만, 일상을 관조하는 영화도 삶의 단면을 통해 전체를 환유하려는 사실주의영화도 아니다. 오히려 환상적 구도의 추상화에 가까운 「사랑니」는 인생과 사랑을 편협하게 바라보는 시각을 향한 단호한 비판이고 고통과 희열이 뒤섞인 삶의 복잡한 감흥을 노래하는 인생예찬이다. 우리는 살아가면서 필연적으로 많은 것을 잃어버린다. 첫사랑도 그중 하나다. 불가피한 상실에 대해 쓸쓸하게 냉소한 유럽영화들을, 원숙하게 체념한 아시아의 거장들을 우리는 많이 알고 있다. 그런데 「사랑니」의 정서는 맑고 명랑하다. 과장하거나 엄살떨지 않고 상실을 이야기하고 아직 사라지지 않은 것들을 황홀하게 음미한다. 「사랑니」는 우리의 귓전에 속삭인다. 그러니 어여쁜 흉터를 지닌 그대여, 편히 잠들라. 다만 당신이 잠든 사이 비가 내릴지도 모른다는 사실만 기억하라.

아무도 미워하지 않는 자의 죽음

소피 숄의 마지막 날들

Sophie Scholl -
Die letzten Tage
2005
감독
마르크 로테문트
배우
율리아 옌치
파비안 힌리히스

소피 막달레나 숄은, 신과 가족을 사랑하는 스물한 살 대학생이다. 그러나 히스테리 단계에 도달한 나치즘이 인간됨 자체를 위협하는 1940년대 초 독일에서는 들꽃 한 송이도 단순한 삶을 누릴 수 없다. 모순 앞에서 소피의 선택은 단호하다. 그녀는 오빠 한스 숄을 따라 뮌헨의 청년 저항조직 백장미 단원으로 활동한다. 그 결단은 이 맑고 곧은 젊은 여성에게 슈베르트의 피아노 선율에 기쁨을 느끼고, 라디오 유행가를 친구와 따라 부르는 일만큼 자연스러워 보인다. 이른바 '지배민족'의 임박한 승리를 선전하며 전쟁을 독려하는 나치즘의 거짓과 야만을 폭로하고자 백장미단은 목숨을 걸고 팸플릿을 배포한다. 1943년 2월, 뮌헨 대학 강의실 복도에 여섯번째 전단을 뿌리는 거사의 주역은 소피와 한스 남매. 그들의 전술은 무모하고 천진난만하다. 가장 치명적인 독은 로맨티시즘. 남매의 위태로운 모험이 마무리되는 순간 설명할 길 없는—아마도 미학적인—충동이 소피의 손을 움직여 팸플릿 더미를 공중에 흩날린다. 이를 목격한 대학 관리인은 남매를 범인으로 지목하고 소피와 한스는 체포된다.

제목이 공공연히 표명하듯 죽음은 이 영화의 전제다. 소피 숄의 이야기는 동생 잉게 숄의 수기 『아무도 미워하지 않는 자의 죽음』을 통해 널리 알려져 있으며 이미 영화화된 바 있다. 그러므로 여기에는 서스펜스나 트위스트가 있을 수 없다. 관건은 오직 연출 방식이다. 「소피 숄의 마지막 날들」은 역사가 영화에 줄 수 있는 수혜가 무엇인지 보여주는 사례다. 마르크 로테문트 감독은 독일 통일 뒤 공개된 게슈타포의 녹취록과 재판 기록, 목격자들의 인터뷰를 통해 마치 속기사와 같은 태도로 소피 숄의 마지막 엿새간을 재현한다. 풍성한 사료에 의지한 세부는 역설적으로 시대극의 위화감을 희석시켰다. 거사와 심문, 처형의 3막극으로 구성된 「소피 숄의 마지막 날들」에는 레지스탕스를 그린 영화에서 한번쯤 관객을 진저리치게 만드는 고문 장면도 없다. 복도를 울리는 군화 발소리와 수인들의 서글픈 소곤거림, 멀리 들려오는 비명이 간간이 마음의 북을 울릴 뿐이다. 영화의 본론을 차지하는 '2막'의 태반은 탐문하는 모어 수사관과 부인하는 소피의 숏(반응 숏)으로 단조롭게 구성된다. 가방의 크기, 빨래, 열차시각 같은 지엽말단적 문제가 하나씩 끌려나온다. 모어 수사관은 훗날 재판정에 선 일부 나치 전범이 보여주었듯이 지독히 성실한 공무원 이상도 이하도 아니다. 한편 소피는 대단히 침착하고 유능한 거짓말쟁이다. 이미 결론을 알고 있는 구경꾼조차 혹시나 하는 희망을 품을 만큼. 의연하고자 이를 악문 소피와 함께 심문과 침묵, 기다림과 체념을 경험하면서, 관객은 육박해오는 죽음 앞의 시간이 어떤 냄새를 풍기는지 알게 된다.

로테문트 감독은 개입을 줄이고 객관적 사실로 하여금 직접 호소하게 만드는 원칙을 고수하지만, 영화는 처음부터 끝까지 소피 숄의 심장으로 숨쉰다. 소피가 모어 수사관의 취조실에 처음 끌려온 순간 카메라는 그녀의 시점 숏으로 창문 너머 푸른 하늘을 흘끗 응시한다. "내가 다시 저 하늘을 볼 수 있을까?" 관객의 귀에는 소리 없는 독백이 들린다. 석방의 희망이 눈앞에서 물거품이 되는 순간, 소피는 다시 창밖으로 시선을 던진다. 그러나 그곳에는 벽돌담이 버티고 있다. 스물한 살의 여인은 단 한 번도 무너지지 않는다. 소피는 수사관이 권하는 담배도 거절한다(결말부에 이르러 관객은 그녀가 얼마나 간절히 담배를 원했을지 짐작할 수 있다). 누군가가 옆에 있어주지 않으면 감당할 수 없는 동요가 닥치자 그녀는 화장실로 도망쳐 거울 속의 자신과 마주본다.

2005년 베를린 영화제는 「소피 숄의 마지막 날들」에 은곰상과 여우주연상을 안겼다. 소피 숄로 분한 율리아 옌치를 비롯한 배우들의 연기는 역사와 인물에 대한 세심한 이해로 무장하고 있다. 소피의 패배는 예정된 것이지만, 심리적 투쟁에서 시종일관 그녀는 승자다. 이른바 '인민법정'의 판사가 소피와 동지들에게 퍼붓는 병적인 독설은, 스탈린그라드전투 이후 붕괴를 예감한 나치 체제의 단말마처럼 들린다. 소피에게 전향을 종용하는 모어 수사관의 얼굴은 경멸과 연민, 분노와 두려움으로 경련한다. 심지어 누가 누구를 심문하는지 알 수 없을 지경이다. 이 재판의 진정한 판결은, 백장미 단원의 사형선고가 아니라, 잔 다르크적 권위가 실린 소피의 예언이다. "오래지 않아 당신들이 지금 내 자리에 서 있을 거야!"

소피는 시행착오를 모르는 순결한 영웅에 대한 우리의 동경을 충족시킨다. 그녀와 한방에 수감된 왕년의 공산주의자 엘제 게벨의 무기력함은 독일공산당(KPD)의 쇠락을 대변하며 소피의 얼룩 한점 없는 이상주의와 대조를 보여준다. 그녀는 우리 모두가 '나중에 자라서' 혹은 '다시 청춘이 온다면' 한번쯤 그렇게 살아보리라 호기를 품었던 논리 정연한 인생의 표상이다. 아무도 감히 눈물을 보이지 않는 이별 의식이 끝나고 형리가 다가온다. 소피 숄은, 그녀의 이념을 하얀 강보에 싼 아기처럼 자랑스레 품에 안고 단두대를 향한다. 관객이 마지막으로 소피와 눈을 맞추는 순간 스크린 속 세계의 불이 꺼지고 어둠 뒤에서 칼날이 곡한다. 생에 대한 주체의 완전한 지배와 결단력을 증명하는 그녀의 죽음에 서린 아름다움은, 자살의 매혹과 닮은 데가 있다. 하지만 그것은 소피 숄의 이야기에 드리운 가장 눅진한 슬픔이기도 하다. 그녀의 삶은, 더럽혀질 시간조차 갖지 못했다.

속편 '악마는 들뢰즈를 읽는다'

악마는 프라다를 입는다

The Devil Wears Prada
2006
감독
데이빗 프랑켈
배우
메릴 스트립
앤 해서웨이

　　도시의 아침이다. 여자들은 각반을 차듯 종아리에 스타킹을 말아올리고 속눈썹을 곤추세운다. 아직 침대에서 뭉개고 있는 남자친구에게 키스를 날리고 반짝이는 구두에 발끝을 밀어넣는다. 지금 싱그러운 그녀들은 약 여섯 시간 후면 "나는 내 일을 사랑한다"는 자기 최면을 삼세번 중얼거리며 심호흡으로 무너지는 신경을 붙들 것이다. 「악마는 프라다를 입는다」의 오프닝 시퀀스는 군장을 꾸리는 병사들을 떠올리게 만든다. 그녀들은 전쟁 중이다. 학보사 편집장 이력서를 품고 저널리스트를 꿈꾸는 앤드리아 삭스도 그 전장에 끼어들기 위해 면접에 나선다.

　　『보그』지 편집장의 어시스턴트로 일했던 작가의 동명 베스트셀러 소설을 각색한 「악마는 프라다를 입는다」는 언뜻 듣기에 낸시 마이어스 감독(「왓 위민 원트」「사랑할 때 버려야 할 것」) 같은 현대 여성 풍속화가의 일감이다. 앤드리아가 도전한 언론계 첫 관문은 세계 패션산업을 쥐락펴락하는 잡지 『런웨이』 편집장 미란다 프리슬리의 비서직이다. 44사이즈 저체중 여자들만 또각또각 오가는 『런웨이』 사무실에 들어선 소박한 앤드리아는 열대어 수조에 잘못 넣어진 광어처럼 어색하다. 그러나 미란다의 변덕(?)—"이번엔 뚱뚱하고 똑똑한 애를 써볼까?"—으로 앤드리아는 편집장의 두번째 비서로 채용된다. 내키면 슈퍼모델도 낙상시키고 발렌티노의 바늘도 부러뜨리는 '절대자' 미란다의 요구는 모호하고 느닷없다. 그녀의 행태는 세상에서 제일 무서운 것은 예측 불가능성임을 확인시킨다. 반문은 대역죄에 해당되고 막연히 '거기'를 예약하라거나 '그 스커트'를 가져오라고 명하면 어떻게든 알아내 대령해야 한다. 비서의 업무 내역에는 미란다의 쌍둥이 딸의 숙제와, 신간 『해리 포터』의 원고를 미리 빼돌려 제본하는 일도 포함된다. 가장 불우한 대목은 모든 격무를 회사 분위기에 맞는 10센티미터 굽 스틸레토 힐을 신고 완수해야 한다는 사실. 포기하려던 앤드리아는 명성과 명품에 둘러싸인 직장이 약속하는 미래와 친절한 아트 디렉터 나이젤의 도움으로 적응하고 능력까지 발휘한다. 이번엔 그녀의 오랜 벗들과 남자친구 네이트가 "넌 영혼을 팔았어!"라고 말하고 싶은 표정으로 그녀를 쳐다보기 시작한다. 「악마는 프라다를 입는다」의 세계는 외모와 남들이 부러워하는 정도로 자신을 채점하고 자책하는 습관에 남자들보다 고질적으로 시달리며, 한 가지를 얻으려면 한 가지를 포기하라는 규칙에 익숙한 여성들의 스트레스를 압축한다.

원작 『악마는 프라다를 입는다』는 원숙한 소설이 아니다. 서사는 종종 제자리걸음을 하고 작가가 투사된 주인공의 자기연민이 넘치기도 한다. 원작자보다 세련된 이야기꾼인 시나리오 작가 알린 브로쉬 맥케나는 플롯은 적절히 솎아내고 캐릭터는 다듬었다. 「섹스 앤 더 시티」를 연출한 바 있는 데이빗 프랑켈 감독은 소설의 독자를 애타게 만들었을 게 분명한 촉각과 시각의 갈증을 패트리샤 필드의 의상에 힘입어 훌륭히 해소한다. 시점을 1인칭 주인공에서 3인칭 관찰자로 옮긴 영화의 선택은 미란다 프리슬리에게 무게중심을 옮긴다. 「악마는 프라다를 입는다」는 백마 탄 왕자가 아니라 백마 탄 여왕을 만난 신데렐라 이야기다. 원작의 미란다는 담벼락 같은 괴물이지만 영화의 미란다는 앤드리아에게 중요한 사실을 교육하기 위해 약간의 시간마저 내는 '멘토'다. 패션산업에 대한 변호는 시나리오가 보강한 대목 중 하나. 벨트를 둘러싼 에디터들의 논란에 실소를 짓는 앤드리아에게 미란다는 쏘아붙인다. "넌 네가 지성깨나 있는 줄 알겠지만 실상은 제가 뭘 입고 있는지도 모르고 있어." 곧이어 미란다는 앤드리아의 스웨터 색깔을 예로 패션은 사람들이 실제로 입는 예술이며 일자리를 창출하고 세계를 움직이는 힘이라고 설교한다. 이 영화에서 메릴 스트립은 글렌 클로즈풍이다. 은어처럼 미끈한 말투로 심장을 베고 뺨의 근육이나 턱을 아주 조금만 움직여 천 가지를 표현한다. 신데렐라의 요정 대모처럼 앤디를 돕는 아트 디렉터 나이젤도 남몰래 축구 대신 재봉을 배우던 시골 소년에게 패션잡지가 얼마나 귀중한 등대였는지 고백한다. 스탠리 투치의 연기는 빼거나 더할 데가 없다.

여성영화의 비주얼은 가끔 표면적 서사와 다른 이야기를 들려준다. 「악마는 프라다를 입는다」는 초심을 잃지 않고 허영의 골목을 빠져나가는 젊은 여성의 이야기지만, 눈이 휘둥그레지는 의상과 액세서리를 콜라주한 몽타주 시퀀스들이야말로 이 영화의 쇼윈도다. 아무리 아닌 척해도 (실제로) 아름답고 (최소한 극중에서) 지적인 앤 해서웨이는 선택의 여지가 별로 없는 사회 초년생이 선 벼랑을 실감케 하진 않는다. 그래도 영화는 최선의 균형을 유지하며 이야기의 실밥을 마무리한다. 앤드리아의 마지막 결단은 남자친구의 애정이 야심보다 중요해서가 아니라, 우회로에서 얻을 것을 다 얻었기 때문이라고 영화는 설명한다. 한편 『런웨이』의 권력을 다잡는 미란다의 행보는 부덕의 소치가 아니라 그녀가 게임의 규칙을 아는 자, 나아가 게임의 설계자이기 때문이다. 앤드리아는 『런웨이』를 은근히 경멸하는 '지성적인' 저널에 미란다의 퉁명스러운 추천에 힘입어 취직한다. 그녀의 새로운 수습기간은 또 어떤 수업료를 요구할까. '악마는 들뢰즈를 읽는다' 같은 속편은 어떨까 싶다.

작정한 가벼움, 별난 스크루볼코미디

스쿠프

Scoop
2006
감독
우디 앨런
배우
스칼렛 요한슨
휴 잭맨
우디 앨런

「스쿠프」는 「매치 포인트」에 이어 우디 앨런 감독이 런던에서 연출한 두번째 영화다(앨런은 런던에서 세 편의 영화를 만들기로 했다). 「매치 포인트」와 「스쿠프」는 동시상영으로 관람하면 재미있을 법한 짝이다. 배우 스칼렛 요한슨은 두 영화에 모두 주요인물로 등장하는데 우디 앨런은 그녀의 매력을 두 영화에서 각각 다른 방식으로 찬양한다. 「매치 포인트」와 「스쿠프」의 모티브가 되는 범죄는 유사하다. 말하자면 '출세에 거치적거리는 정부情婦 제거하기'인데 「범죄와 비행」에서도 같은 악행이 등장한 바 있으니 우디 앨런은 상습범이다. 「스쿠프」와 「매치 포인트」에서는 영화 「젊은이의 양지」로 각색된 T. 드라이저의 소설 『아메리카의 비극』을 대놓고 인용하는 대목도 눈에 띈다. 그러나 두 영화의 모양새는 대조적이다. 살인한 자가 단죄받지 않고 풍족한 삶을 이어가는 「매치 포인트」는 스산한 비극의 인상을 남겼다. 반면 범인이 죗값을 치르는 「스쿠프」는, 사건의 전말이 큰 무게를 갖지 않는 희극이다.

저널리즘을 전공하는 미국 대학생 산드라는 방학을 맞아 런던 상류층 친구 집에 머물며 명사의 인터뷰를 시도하지만 성과가 없다. 우연히도 무방비한 관능이 넘쳐흐르는 그녀는 유명 영화감독을 취재하러 갔다가 수첩은 꺼내지도 못한 채 얼떨결에 섹스만 치르고 돌아오는 촌극을 벌이기도 한다. 마술사 시드니의 쇼를 구경 간 산드라는 무대 위로 불려 올라가 '차이니즈 박스'(사람을 사라졌다 다시 나타나게 하는 속임수 상자)에 들어갔다가, 최근 사망한 저널리스트 조 스트롬벨의 유령을 만난다. 저승 가는 배에 동승한 여자가 귀띔한 특종scoop 제보가 아까워 잠깐 이승에 돌아온 스트롬벨은, 런던을 뒤흔들고 있는 여성 연쇄살인사건의 범인이 라이먼 경의 아들 피터인 것 같다며 산드라에게 후속 취재를 부탁한다. 필생의 기회를 잡은 산드라는 주저하는 마술사 시드니를 끌어들여 부녀로 가장한 다음 피터 라이먼에게 접근한다. 하지만 나무랄 데 없는 귀족 청년 피터의 구애는 산드라를 딜레마에 빠뜨린다.

우디 앨런 영화에 익숙한 관객의 눈에 「스쿠프」는 전작들의 자투리 천으로 기운 조각보처럼 보일지도 모른다. 범죄를 코미디의 동력으로 끌어들이는 특정한 구도는 「맨하탄 살인사건」이나 「스몰 타임 크룩스」와 비슷하고, 마술쇼에서 벌어진 초자연

현상이 내러티브의 논리를 지탱하는 설정은 「뉴욕 스토리」나 「옥전갈의 저주」가 사용한 아이디어다. 게다가 「스쿠프」의 플롯은 언급된 전작들에 비교해 관절이 허약하다. 산드라는 왜 삼류 마술사 시드니에게 '와트슨'의 역할을 구태여 부탁하는지, 절대 손해 보지 않는 인생관을 가진 귀족 피터가 어째서 산드라와 시드니의 접근을 관대하게 허락하는지 설득이 미흡하다. "서부극이라도 억지로 시켜서 참신한 아이디어를 내게 닦달해야 한다"는 극언으로 앨런의 노쇠와 매너리즘을 비판했던 평론가들이라면, 호평받은 전작 「매치 포인트」가 우연이었다고 의기양양할 만하다.

그러나 우디 앨런의 창의력이 고갈됐다는 단언에 쉽게 동의할 수 없는 이유는 「스쿠프」의 작정한 가벼움에 있다. 「매치 포인트」가 풀 스윙이라면 「스쿠프」는 번트다. 앨런은 여기서 한 손을 묶고도 할 수 있는 작업을 여흥삼아 즐기고 있는 것처럼 보인다. 몇 개의 코드 진행을 서두에 선보인 다음 코미디와 로맨스, 미스터리는 관객을 싣고 저절로 흘러간다. 베르디의 아리아를 삽입해 개인의 성격과 감정에 동그란 스포트라이트를 비춘 「매치 포인트」와 대조적으로 「스쿠프」는 「호두까기 인형」「백조의 호수」등 발레 음악으로 흥을 돋우며 일사천리 리듬을 탄다. 「스쿠프」가 집중하는 척하는 살인의 추리는 감독에게나 관객에게나 관심사가 아니다. 비스듬히 어긋나면서도 파트너십을 유지하는 스칼렛 요한슨과 우디 앨런의 별난 스크루볼코미디가 즐거움의 요체다. 스칼렛 요한슨이 분한 산드라는 내로라하는 현실의 여성 언론인보다 여기자의 스크린 이미지인 캐서린 헵번과 로잘 린드 러셀을 동경한다. 「매치 포인트」에서 노력도 헛되이 불운 을 맞는 캐릭터였던 요한슨은 「스쿠프」에서는—마치 앙갚음을 하듯—방심하고 살다가 행운의 세례를 받는다. 한편 안경 쓴 여 성이 '미운 오리 백조 되기' 식의 변신 없이 영화 전편에 걸쳐 온 전한 인물로 등장하는 모습을 보는 즐거움은 「스쿠프」가 주는 보너스다.

우디 앨런이 분한 마술사 시드니는 "유대교였지만 나이 들면 서 나르시시즘으로 개종했다"고 자신을 소개하고 체중을 묻는 말에 "고뇌가 에어로빅이라 1그램도 안 찐다"고 해명한다. 우디 앨런은 시드니를 우리가 아는 우디 앨런 씨와 구별된 캐릭터로 만들기 위해 전혀 수고하지 않는다. 시드니라는 인물은 앨런이 스크린 안에 들어서기 위한 점잖은 핑계에 불과하며, 관객도 그 점을 용인한다. 시드니는 「애니씽 엘스」의 도벨(우디 앨런)이 그 랬듯이, 젊은 여배우와의 로맨스를 다른 연기자에게 양보하고, 사건을 중계하며 토를 다는 역할을 수행하다가 종막이 오기 전 에 홀연 사라진다.

우디 앨런이 맨해튼을 떠난 일은 떠들썩한 뉴스였지만 그렇 다고 앨런의 런던발 근작 두 편이 영국 신분사회를 연구하고 있 다는 해석은 과하다. 「매치 포인트」와 「스쿠프」가 그리는 런던 상류사회의 우아한 거실과 별장, 갤러리와 클럽은 뉴욕 시절 앨 런의 영화가 머물렀던 중상층 지식인들의 아늑한 세계에서 그리 멀지 않다. 「스쿠프」는, "웃음이 뭘 구원할 수 있다고는 추호도 믿지 않는다. 그저 주의를 잠깐 돌리게 유도할 뿐이다"라는 우디 앨런의 지론을 가장 가벼운 터치로 실현한 간주곡이다. 평판에 일희일비하지 않고 강약 중강 약을 반복하며 세금 내듯 영화를 만들고 있는 노장의 일보 일보는 실망에 앞서 안도감을 자아낸다. 로버트 알트먼 감독을 잃은 지금은 더욱. 친애하는 우디 앨런 씨의 큐 사인에 따라 짐짓 소리 높여 폭소하며, 우리는 이제 웃는 동시에 무엇인가를 그리워하고 있다.

OVERVIEW

방 없는 전망

햇살 속에서 맑은 방울 소리가 들리는 듯한 5월의 주말. 버릇처럼 극장으로 걸음을 재촉하다 하루가 다르게 피어나는 길가 풍경에 홀연 넋을 빼앗길 때면 자문하게 된다. 우리의 발길과 눈길을 멈추게 하는 이미지는 과연 어떤 것들일까. 자연 다큐멘터리가 저속 촬영으로 포착해 보여주는 꽃봉오리가 열리는 모습은 예외 없이 시선을 붙든다. 변화란 그처럼 언제나 주의를 사로잡고 기대를 부추기는 유혹이다. 애당초 영화가 초기

잃어버린 순수로의 여행, 성장영화 오디세이

관객의 순진한 감각을 휘어잡은 이유의 하나도, 생성과 약동의 펄떡이는 이미지를 그대로 재현하는 능력에 있었을 터이다.

삶의 통과제의들을 정성껏 관찰하는 장르인 성장영화는, 움직임과 파노라마를 예민하게 기록하는 영화의 천성을 내러티브에 직접 반영하는 영화다. 하지만 성장영화라는 이름은 많은 소小 장르들이 그렇듯 엄밀한 비평적 색인이 아니라 분류를 위한 항목에 가까운 범주다. 평론가가 정의하기 전에 관객이 먼저 감지하는, '통과의례 영화rite of passage movie' 라고도 불리는 넓은 의미의 성장영화는 사실 「쉘 위 댄스」나 「4월의 유혹」처럼 인생의 새 전기를 맞은 성인들의 체험을 다룬 영화까지 아우르지만, 성년의 문턱을 넘는 청소년기에 주목한 작품들이

아무래도 주류를 이룬다. 그들이 들려주는 이야기, 인간의 변화에 관한 에세이들은 퍽이나 솔깃하다. 유유자적한 과거와 살벌해 보이는 미래 사이에서 성년을 받아들일까 말까 망설이는 청년들의 영화인 까닭에 성장영화는 현재 진행 중인 현실의 어떤 영화보다 충실하다. 그렇다고 지금 성숙의 아픔을 앓고 있는 젊은이만이 이 장르와 호흡이 맞는 관객은 아니다. 성장영화가 우리에게 던지는 질문이, 성인 세계에도 엄연히 존재하나 어른들은 그저 거론하기를 잊어버렸거나 말하기 성가셔하는 문제이기 때문이다.

사랑과 성性의 날카로운 첫 키스

미성년의 뜰을 벗어나기까지 다가오는 무수한 '눈뜸'의 순간들. 그중 사랑과 성의 첫 경험은 '나는 누구인가? 나는 과연 누구에게 어떻게 사랑받을 것인가?'라는 근원적인 질문에 주어지는 가장 노골적인 대답이다. 「나의 장밋빛 인생」은 커서 옆집 사내아이와 결혼하기를 소원하는 예쁜 소년 루도빅의 수난기를 통해 인생의 이른 아침부터 서둘러 찾아온 성 정체성의 갈등을 그린다. 신의 가벼운 실수로 남자로 태어났을 뿐이라고 믿는 소년 루도빅에게 그 고민은 분홍색 드레스를 골라 입으면 해결될 단순한 문제지만, 부모는 어린 아들의 옷차림 취향 때문에 직장과 이웃에서 고립된다. 립스틱과 치마를 선택함으로써 루도빅이 운명과 대결하는 법을 남보다 훨씬 빨리 배워야만 할 거라는 사실을 충분히 예감하는 관객에게, 바비 인형의 꿈처럼 채색된 영화의 장밋빛 결론은 오히려 마음 쓰리다.

브라이언 드 팔마 감독의 「캐리」는 사춘기에 갑작스레 주어지는 섹슈얼리티의 공포를 은유한 참혹한 성장영화다. 어머니의 종교적 광기와 잔인한 또래들의 린치 사이에서 막 피어나는 자신의 '여성'을 창피하고 더러운 것으로 느끼도록 강요받던 소녀 캐리는 성적인 파워를 상징하는 초능력으로 졸업 무도회장을 무덤으로 만들고 어머니를 살해한 뒤 자멸한다. 자기의 섹슈얼리티에 건강하게 적응하는 일, 그리고 타인으로부터 사랑받는 일은 성년으로 가는 통과의례에서 죽느냐 죽이느냐의 절박한 문제라고 영화 「캐리」는 피로 쓰고 있는 것이다.

학교가 끝나면 물방울무늬 원피스와 나일론 스타킹을 몰래 갈아입고 거리를 맴도는 「귀여운 여도적」의 자닌에게 여인과 소녀의 차이는 가면놀이에 불과하다. 그녀는 남의 소유물을 아무렇지도 않게 훔치고 자기가 가진 것을 아무렇지도 않게 내팽개치는 방식으로 세상에 도전한다. 나이 많은 상대가 처녀의 첫 남자가 되는 부담은 싫다고 말하자 자닌은 아무나 잡아 첫 경험을 하고 다시 남자를 청한다. "소중한 건 잃고 싶지 않은 법인데 난 뭔가를 빨리 잃고 싶었어요"라면서. 프랑수아 트뤼포의 유작 시나리오로 만들어진 이 소품에는 성장영화의 고전 「400번의 구타」의 메아리가 울린다.

1950년대 미국 남부를 무대로 한 소품 「대니의 질투」는 첫사랑의 환희와 비탄을 한치 오차 없는 운율로 써내려간 성장영화의 숨겨진 보석이다. 열네 살 소녀 대니는 똑똑하고 예쁜 언니 모린을 동경하고 사랑한다. 옆집에서 이사 온 의젓한 소년 코트에 대한 대니의 우정이 열렬한 사모로 변할 무렵 코트는 언니 모린에게 마음을 송두리째 빼앗기고 자매 사이엔 슬픈 비밀이 생긴다. 손등으로 연습한 첫 키스, 무뚝뚝하기만 하던 아버지의 말 없는 포옹. 「대니의 질투」는 흩어진 광채들, 잃어버린 이상주의, 나비처럼 훨훨 우리의 시야를 벗어나 다시는 돌아오지 않은 사람들에 대한 기억으로 반짝거린다.

미완성 교향곡, 자유와 불안의 합주

"네가 할 수 있는 일은 어차피 하나도 없어. 그러니까 걱정할 것도 없어!"

가능한 것도 불가능한 것도 없는 불확정성의 시절. 아이들은 미성년에게 금지된 모든 것을 탐내지만, 어른 대접 받으려면 값을 치러야 한다는 지당한 명제 앞에서는 쭈뼛쭈뼛 뒷걸음질친다. 기타노 다케시의 「키즈 리턴」은, 지쳐 떨어질 때까지 거리를 쏘다니면서도 아무 곳에도 이르지 못하는 젊은 날의 '무용함'을 독특한 미학의 경지로 끌어올린 영화. 단짝 마사루와 신지는 옥상에서 햇빛 사냥을 하다 심심하면 "슬슬 교실에나 가볼까" 운운하는 아웃사이더들. 둘 중 리더격인 마사루는 또 다른 불량배에게 무릎 꿇은 사건 뒤 신지를 끌고 권투도장을 다니나, 소질 있는 쪽은 오히려 내성적인 신지다. 시간이 흘러 마사루는 야쿠자 조직원으로, 신지는 권투선수로 그럭저럭 성공할 듯 보이지만, 둘은 단 한 번의 헛디딤으로 다시 바닥에 떨어진다. 재회한 둘은 묻고 답한다. "우린 끝난 건가?" "바보, 아직 시작도 안했는걸." 오토바이 사고 뒤 다케시가 처음 만든 영화인 「키즈 리턴」은 다케시의 전작과 달리 절정도 해결도 없다. 인생은 소나타처럼 발단-전개-결말이 분명한 음악이 아님을 치명적인 사고의 경험이 가르쳐준 것일까. 「키즈 리턴」은 피치를 올려야 할 마지막 턴이 언제쯤인지 아무도 말해주지 않는 인생이라는 장거리 경주에서 찾아오는 최초의 피로를 담백하게 그린다.

「그들만의 계절」은 삶의 작전이 다 결정된 듯 보이는 십대 운동선수들도 자기가 진적 원하는 바를 발견하기 위해서는 숱한 타박상을 입어야 한다는 교훈을 전하는 스포츠 드라마다. 촉망받는 출중한 쿼터백이면서도 축구가 인생의 전부가 아님을, 아니 그 어떤 것도 인생의 전부가 될 수는 없음을 아는 주인공은 팀을 이끌고 폭군 코치의 독단에 대항한다. 젊은이들의 진정한 승리는 코치를 꺾고 자기들의 전략을 관철해 우승했다는 사실에 있지 않다. 평생 축구장의 환호에 노예가 돼 살아온 코치는 게임의 다른 방법조차 배우지 못한 채 경기장을 등져야 하지만, 젊은 선수들에겐 우승 트로피쯤 유쾌한 추억으로 돌리고 훌훌 축구 아닌 다른 길로 접어들 수 있는 기회가 있다는 점. 그것이 진짜 특권이다.

모든 것을 다 할 수 있는 자유와 할 수 있는 일이 아무것도 없는 무기력함이 혼재된 성장기의 속성은 「브랙퍼스트 클럽」의 주인공들이 반성문을 쓰기 위해 출석한 토요일의 텅 빈 학교로 대표된다. 감옥이 될 수도 놀이터가 될 수도 있는 공간에서 한나절을 함께한 공주와 망나니, 범생이와 날라리는 어느덧 친구가 된다. 그리고 집으로 돌아가는 길에 그들은 문득 자문한다. "월요일에 다른 아이들 틈에서 다시 만날 때에도 우리는 여전히 친구일 수 있을까? 오늘 나눈 이야기들을 우리는 언제까지 기억할 수 있을까?" 그것은 실은 모든 성장영화가 품고 있는 마지막 질문이기도 하다.

거장의 원체험, 예술적 충동이 가 닿은 곳

프랑수아 트뤼포, 베르나르도 베르톨루치, 에밀 쿠스트리차, 테렌스 데이비스, 제인 캠피온 등등 작가로 일컬어지는 많은 감독들은, 영화 경력의 한 지점에 이르러 문득 생각났다는 투로 아이의 눈으로 돌아가 성장영화를 찍었다. 그들의 원체험이 이런저런 경로로 스며든 이 영화들은 감독의 자의식과 예술적 충동의 수맥이 닿아 있는 깊은 샘을 들여다보게 해준다는 점에서 관객에게 특별한 선물이 된다. 허우샤오시엔의 「동년왕사」는 「펑꾸이에서 온 소년」「동동의 여름방학」「바람 속의 먼지」 등의 유년을 다룬 그의 다른 영화 중에서도 자전적 경험에 가장 깊숙이 침윤된 작품이다. 1947년 가족과 함께 중국 본토에서 대만으로 이주한 주인공 아효의 유년 시절에서는 죽음의 그림자가 걷힐 날이 없다. 곧 귀향할 요량으로 대나무 가구만 장만했던 아버지는 뒤이어 터진 문화혁명 때문에 끝내 돌아가지 못한 채 폐렴으로 눈을 감고 한 많은 어머니는 암으로, 늘 중국으로 간다고 집을 나서던 할머니는 노환으로 차례차례 숨을 거둔다. 늘 뒤돌아 있던 아버지의 등, 첫 몽정을 경험하고 잠 못 이루다 엄마의 암을 알게 된 후덥지근한 밤, 중국 가자는 할머니를 따라나섰다 과일만 잔뜩 따서 돌아온 아름다운 여름날. 허우샤오시엔은 흔히 주변적인 사건으로 여겨지는 일상의 단편들을 소박하고도 비범한(아이들의 시선과 닮은) 함축적 스타일로 엮어 1950년대 대만 가정의 공기를 생생히 재현했다.

아네스 바르다 감독이 남편 자크 드미의 회고록을 기초로, 드미의 소년기를 재현한 픽션과 인터뷰, 드미의 영화를 엮어 만든 「낭트의 자코」는 필름에 그린 '어린 예술가의 초상'이자 사별한 남편과 그 안에 깃들어 있던 사랑스러운 소년에게 아내가 띄운 마지막 러브레터다. 인형극과 뮤지컬을 사랑하고 전쟁을 미워하는 눈이 큰 아이 자코가 영화 청년으로 자라나는 모습을 대견한 눈으로 바라보던 영화는 자코가 다락방의 작업실을 벗어나 파리로 상경하면서 끝난다.

과거, 마법의 낙원

영화학자 닐 시니어드가 지적했듯 성인에 의해 만들어지기 마련인 성장영화들은 타자의 시선으로 유년기를 바라볼 수밖에 없는 운명을 타고난다. 과거, 노스탤지어, 잃어버린 순수에 대한 그리움이 성장영화의 렌즈 앞에 자꾸 너울을 드리우는 것은 그 탓이다. 카메라를 든 마르셀 프루스트의 후예들은 잃어버린 시간을 찾아 나섰다가, 망각과 환상이 섞여든 기억의 여울에 발목을 담그기도 한다. 「그림 속 나의 마을」은 반세기 전 가난했던 일본의 시골에서 마법의 낙원을 발견한다. 개구쟁이 쌍둥이가 자라는 마을의 큰 나무에는 악행을 벌하는 세 명의 노파가 동네를 굽어 살피고 물고기가 말을 하며 흰 빨래가 정령처럼 날아다닌다. 그곳에도 빈곤과 소외는 어김없이 존재하지만, 감독은 사람과 사람이, 인간과 자연이, 일상과 판타지가 부드럽게 서로를 껴안고 있던 시절을 향한 노스탤지어를 숨기지 않는다. 노스탤지어는 흔히 안이한 퇴행의 몸짓으로 간주되기도 하지만, 지금은 사라진 가치를 귓전에 속삭이고 그 회복을 소망하게 한다는 점에서 미래와 맺어진 정서이기도 하다. 회고의 감회로 일렁이는 성장영화가 현재에 호소하는 것도 그런 까닭이다.

서머싯 몸은 "삶을 하나의 무늬로 바라보라. 행복과 고통은 세세한 사건과 섞여들어 정교한 무늬를 이루고 시련도 무늬에 더해진다. 그리하여 최후가 다가왔을 때 우리는 그 무늬의 완성을 기뻐하게 될 것이다"라고 썼다. 성장영화 장르의 매혹이 오래

지속된다면, 아마 그것은 삶이라는 양탄자를 짜는 작업에서 우리는 영원히 수련받는 도제일 수밖에 없기 때문일 것이다.

██████████ 이 방에는 꽃이 필요해. 차고 흰 벽 앞에서 눈을 뜰 때마다 생각한다. 스물아홉 살 겨울에 생긴 나만의 방. 그러나 꽃을 사러 나가지는 않는다. 대신 이따금 빨래를 널면 그것들은 놀랄 만큼 빨리 마른다. 나의 몸도 굴뚝 속처럼 메마르다. 손을 뻗어 물잔을 더듬는다. 일어나. 수천 번도 넘게 있었던 아침이야. 이건 혹시 어릴 적 읽었던 지루하고 뻔한 소설 속의 세계가 아닐까. 책장에서 얼굴을 들었는데도 마음은 뒤늦게 현실로 돌아와 굼뜨게 깜박거리고 내 자신의 혼이 내 몸으로 다시 빙의되는 이물감이 목구멍으로 넘어간다. 지금 '나'는 어디에 있는 것일까.

생이여,
이 모든 괴로움을 또다시
버지니아, 로라, 클래리사, 그리고 나

아무 데에도 없고 어디에나 있는 그 여자는, 「디 아워스」 안에도 모로 누워 있다. 내가 영화를 보고, 영화가 다시 나를 본다. 1923년의 버지니아와 1951년의 로라와 현재의 클래리사. 그들은 모두 문을 등지고 누워 있다. 별안간 눈물이 뺨을 타고 내려도 덜 당혹스러울 자세로. 눈을 뜨고도 여자들의 몸은 한참 동안 일으켜 세워지기를 주저한다. 그러나 그녀들에게는 오늘 주최할 파티가 있다. 케이크를 굽고 꽃을 꽂지 않으면 그녀의 사랑을 반문할 사람들이 있다. 셋은 어느 바다의 깊은 곳에서 연결돼 있다.

버지니아가 손바닥에 담아 올린 세숫물은 클래리사의 얼굴 위에 흩어지고 로라의 자상한 남편이 싱크대 찬장문을 덜컥이면, 클래리사가 창가에 서 있다. 버지니아가 『댈러웨이 부인』의 첫 문장을 쓰면 로라는 그것을 소중히 읽어내리고, 클래리사는 소리 내어 말한다. "꽃은 내가 사야겠어." 하지만 남들이 그렇게 믿기에 모든 일이 잘되어가는 척하는 호스티스의 안간힘은 터져서 갈라진다. 버지니아가 외투 호주머니에 돌을 채우고 호수로 걸어들어간 지 10년 뒤, 로라는 핸드백을 알약으로 채운다. 동굴 같은 호텔 방 침대에 알약을 늘어놓고 비로소 책과 단둘이 된 로라의 상념은 버지니아의 낮은 음성을 빌려 천장을 울린다. "나는 더 이상 노력하고 싶지 않아. 죽음은 커다란 위안이 될 수도 있어. 거기에는 무서울 정도의 아름다움이 담겨 있을 수도 있어."

긴 인생의 단 하루. 단 하루에 쓸어 담겨진 평생. 마이클 커닝햄의 소설 『세월』은 세 여인의 일기가 실은 한 페이지에 씌어졌음을 보이기 위해 왈츠의 바쁜 리듬으로 장章을 갈아치웠지만 스티븐 달드리의 「디 아워스」는 시간을 생포하는 영화만의 예민한 손가락으로 세 가닥의 멜로디를 민첩하게 탄주한다. 「디 아워스」의 통주저음, 보이지 않는 제4의 여인은 댈러웨이 부인이다('디 아워스'는 버지니아 울프가 쓴 『댈러웨이 부인』의 가제였다). 「디 아워스」의 버지니아, 로라, 클래리사는 피카소가 그린 여인의 초상처럼 댈러웨이 부인의 모습을 해체하고 다시 조립하는 삼면경이다. 더없이 쾌청하고 평온한 오후, 네 여자는 게를 요리하고 차를 마시고 산책을 하며 죽느냐 사느냐를 자문한다. 모든 재난

과 이별이 심중에서만 일어나는 「디 아워스」는 하이 컨셉의 대척점에 있다. 그러나 관객은 예기치 않게 이중의 서스펜스에 사로잡힌다. 하나는 즉흥 연주를 다시 즉흥 변주하는 주자를 구경하는 스릴이다. 당대에 이미 아방가르드로 간주된 작품을 변주한 포스트모더니즘 소설을 다시 거대 예산 예술영화로 가공한 이 영화가 위험천만한 세 번의 공중돌기에서 살아남아 보여주는 우아한 착지는 그래서 거의 기적적이다. 그리고 우리는 스릴러의 관객처럼 숨을 죽인다. 세 여자의 궤적은 어디에서 만날 것인가, 나와 그들은 어느 거리에서 마주칠 것인가, 마음을 조인다.

버지니아는 쓰고 로라는 읽고 클래리사는 책을 만든다. 처음 내가 쓴 글줄들은 일기였던가, 편지였던가. 그러나 어쩌면 회색 노트를 나누어 썼을지도 모르는 첫 '독자'는 잊지 않는다. 때로 우리는 사랑의 시작을 날짜와 시간까지 공기와 냄새까지 기억한다. 안녕, 나야. 다가오며 인사하는 그 애를 둘러싼 하얀 빛의 부챗살이 충충한 학교 복도를 사라지게 했다. 머릿속이 말갛게 비었을 때에도 멍하니 세수를 하고 창을 여는 나의 입술이 멋대로 그의 이름을 소리내어 나를 놀라게 했다. 희열, 고통, 뭐라 부르건 난생처음 의심을 허락하지 않는 감정이 날카로운 칼처럼 명치를 뚫고 등 뒤로 빠져나갔다. 난 평생 너의 시선으로 내 삶을 검열하며 살게 되겠지. 시시때때로 네 비웃음의 환청에 소스라치면서. 그러나 흐른 시간이 세월이라 할 만한 두께가 되었을 때, 다시 만난 친구는 우리가 원한 것들이 아직 하나도 이루어지지 않았는데 얼굴을 풀어헤치고 웃고 있었다. 덩달아 미소 지으며 나는 겁이 났다. 이제부터는 그저 마음의 바닥을 뒤지며 근근이 연명하는 일뿐일까.

댈러웨이 부인에게 피터 월시가 그렇듯이 클래리사에게 리처드는, 로라에게 키티의 키스는, 전 생애를 그 빛에 비추어 보게 만드는 등대. 갑판 위에 서서 바람을 맞을 때 산의 정상에 올라섰을 때 아무런 맥락도 없이 무례하게 가슴을 열고 들어오는 존재다. 하지만 그녀들은 등대를 지나쳐 조류에 휩쓸렸을 때도 배를 버리지 않는다. 버지니아 울프와 그녀의 '자매'들은 사랑하는 자아를 넓히고 사랑의 대상을 확장한다. 끝없이 다시 태어나기를 열망한다. 올랜도는 수 세기에 걸친 욕망의 역사를 관통한 다음 런던의 번잡한 시가지를 달려가고, 신디 셔먼은 끝없이 카메라 앞에서 육체를 조작해 거듭나는 의식을 치른다. 버지니아 울프의 펜이 의식의 흐름을 따라 소묘한 인물들은 길모퉁이를 돌 때마다 영매처럼 새로운 자아를 영접하고 스쳐가는 다른 영혼의 색에 붉게 푸르게 물든다. 정체성을 찾아 헤매는 사나이들은 그것을 정복해 못을 치고 싶어하지만, 그녀들은 떠다니며 스며들고 감싸면서 세상을 다 가지려 한다. 누군가를 그의 곁에 있는 타인들과 함께 그가 서 있던 장소와 더불어 이해한다. 그녀들은 종을 대표하는 단수로서 나를 격려한다. 지금 여기 보이는 너는 온 세상에 흩어져 있는 너에 비해 하찮다고. "그녀는 고향에 있는 나무들의 일부분이며 그곳의 초라한 집의 일부분이며 그녀가 결코 만난 적이 없는 사람들의 일부분이기도 하다. 자신이 가장 잘 아는 사람들 사이로 안개처럼 풀어져 나무 위를 흘러간 안개처럼 그 가지에 얹혀 그녀의 삶을 그녀 자신을 두둥실 먼 곳으로 띄워 보낸다."(『댈러웨이 부인』) 이상하다. 이처럼 완전한 해체와 부재의 고발로 삶을 충만한 것으로 느끼게 만들다니.

나는 피아노도 그림도 매우 서툰 여자아이였다. 교습 학원에 가야 하는 날이면 오전부터 마음이 어두워졌다. 글을 쓰고 자판을 두드리게 되고 나서는 가끔 소곡을 뜻대로 연주하고 있는 것 같은 희미한 환상을 갖는다. 여기는 강하게, 여기는 어루만지듯이, 보이지 않는 너그러운 누군가가 귀를 기울일지도 모른다는 몽상에 젖어서. 맨 처음 글을 쓰게 만든 완전한 몰입과 사랑의 기억이 개기일식만큼 드문 것임을 배운 뒤에도 나는 왜 멈추지 않았을까. '달리 할 줄 아는 일이 없어서'가 맞는 대답이다. 사랑하고 사랑받기 위해 할 수 있는 다른 일이 있었다면 그것을 했을지도 모른다. 파티를 열고 케이크를 굽고 병자를 간호했을 것이다. 그러나 읽고 쓰는 일도 치욕스러운 패배의 연속이다. 어느새 나는 무엇을 읽고 썼는지 잊어버리는 일조차 더 이상 슬퍼하지 않게 되었다. 「디 아워스」의 침묵과 휴지休止의 시간은 나를 위협한다. 손을 뻗어 잡으면 모두 문장으로 변할 것만 같다. 그 무형무음의 막간들은 어떤 이유에서건 말에 적합지 않아 우리가 굳이 말로 하지 않는 것을 이야기한다. 그것을 다시 말로 바꾸는 일은 무익하다. 그래도 나는 여전히 쓴다. 어디로도 흐르지 못하고 고여 있을 뿐이어서 가장 견디기 힘든 일상은 글로 옮겨지면서 적어도 일정한 형상을 얻는다. 종잡을 수 없는 얼룩의 상태를 벗어난다. 어느 날에는 삶이라는 단어를 쓰지 않고 삶에 대해 말할 수 있는 글 한 줄을 쓸 수 있을까. 그 역시 벗어놓은 더러운 속옷처럼 보인다 해도.

언젠가부터 영화를 볼 때 나의 나이는 너무 많거나 너무 적거나 둘 중 하나가 됐다. 영영 상실한 시간 혹은 결코 닿을 수 없는 시간을 데려다놓는 영화는 신통하게도 많지만, 지금 내 곁을 스쳐가고 있는 시간, 우리가 곧 걸어들어가야 할 시간을 건져올리는 영화는 진귀해졌다. 「디 아워스」에서 삼십대의 로라, 사십대의 버지니아, 오십대의 클래리사가 보여주는 중년과 노년의 스물네 시간은, 청춘이나 죽음의 풍자와 모방이 아니다. 그녀들은 순간순간 청춘을 기억하고 죽음을 상기하며 나아간다. 그녀들은 가래로 눈을 치우듯 밀고 쌓아올린 바로 그 시간의 무게에 기대어 「디 아워스」가 택한 생의 어느 날, "우리보다 행복할 수 있던 다른 사람을 상상할 수 없다"는 말을 주고받을 수 있다. 사랑이 많은 하느님의 다른 이름은 질투하는 하느님이다. 「디 아워스」는 과거와 현재이면서 동시에 미래일 수 있는 시간을 질투하는 영화다. 그리고 질투를 통해 삶에 대한 사랑을 고백한다. 그것은 아주 깊이 가라앉아 기도와 비슷해진 사랑이다. 자기를 버리고 눈을 감아 빛을 버리고 좁은 우물의 바닥 같은 평화를 대가로 얻는.

사람들은 하루 중 저녁이 가장 아름다운 시간이 되기를 바란다. 「디 아워스」의 하루해가 저물 무렵 댈러웨이 부인과 로라는 살기로 한다. 버지니아와 리처드는 죽기로 한다("사제이자 예언자인 시인은 나머지 우리가 삶을 더 귀중하게 생각하도록 만들기 위해 죽어야 한다"고 버지니아는 스스로 예언한다). 현대에 와서 죽음은 어느 시대보다 석연치 않고 불길한 것이 되었다. 죽은 자들은 패배하여 도주한 것일까. 하지만 버지니아는 "삶에서 도망침으로써 평안에 도달할 수는 없다"고 말했다. 그리고 코트 주머니에 돌멩이를 채워넣고 호수로 걸어들어갔다. 그러니까 자살은 삶의 회피일 수 없다. 샐리 포터 감독의 「올랜도」에서 버지니아의 분신 올랜도였던 틸다 스윈튼은 한 다큐멘터리에서 의구심을 털어놓았다. 현대 사회는 진정한 열정은 용인하지 않으면서 지독히 센티멘털한 기묘한 곳이라고. 사랑은 그 안에 거하는 감정이 아니라 동사여야 한다고 틸다 스윈튼은 말했다. 정말 사랑한다면 아무것도 하지 않을 수 없다. 삶을 사랑한다면 그저 가만히 있을 수는 없다. 살거나 죽거나다. 자크-에밀 블랑슈가 썼듯이 인습적 삶에 대한 경멸을 오만하게 시위할 수 있는 유일한 길은 그저 삶을 받아들이는 것이다. 그럼으로써 거기에는 버리고 말고 할 만큼 대단한 가치조차 있지 않다고 냉랭하게 통고하는 것일 터다. 그래서 어떤 자살은 삶을 진창에서 건져올린다. 이 생을 중지시킬 수 있는 권위는 결국 나의 것이라고 저작권을 주장하는 것이다.

「디 아워스」는 우리를 조금씩 울게 만들지만 그 눈물은 비애에 연원하기보다 황홀한 불꽃놀이나 태아의 태동이 자아내는 눈물과 동일한 샘에서 솟는 것이다. 버지니아와 로라와 클래리사는 절망을 위해 절망에 탐닉하는 것이 아니다. "인간은 아직 존재하지 않는 여러 장소를 마음속에 가지고 있다. 그 장소들이 존재하려면 고통이 따른다"는 누군가의 말은 그녀들의 영화 속 하루에 대한 예언과 같다. "우리는 명확한 이유도 없이 인생을 열심히 사랑하고 추구하고 자기 멋대로 꾸미고 자기 둘레에 쌓아올리고는 허물어뜨리고 한순간도 쉴새없이 다시 새로이 창조한다."(『댈러웨이 부인』)

사람들은 「디 아워스」를 "야만적 다수에게 고통 받는 민감한 소수인종을 위한 자기도취적 영화"라고 부르기도 한다. 우리가 잠자리에 들기 전에 삶을 위해 해야 할 일들을 한다는 사실을, 우리가 생을 끈질기게 갈망하는 이유를 신만이 안다는 사실을 누가 몰랐던가 반문한다. 그러나 「디 아워스」의 놀라운 세 여배우의 눈동자는 부드럽게 모욕을 금한다. 니콜 키드먼의 버지니아는 턱을 당기고 눈을 치뜨고 강풍을 거스르는 새처럼 오연히 걸어간다. 인생의 얼굴을 정면으로 쏘아보고 있는 그대로 사랑한 다음에 내던져버리기 위해. 줄리언 무어의 로라는 절망적인 상냥함이 깃든 얼굴로 아이와 남편을 재우고 어느 새벽 버스정류장으로 나선다. 메릴 스트립의 클래리사는 겸손하게 타이른다. 서로를 위해 살아남으려고 하는 건 우리 모두가 하고 있는 일이야. 그렇지 않니? 소녀들은 두근거리며 꿈꾼다. 나도 나이 들어 저런 눈을 가질 수 있을까. 어떤 이에게 그녀들의 하루는 절박한 기도고, 어떤 이에게는 사치다. 모두가 정당하다.

그러나 「디 아워스」는 유혹 따위 어울리지 않는 잔잔한 눈매를 하고서 그처럼 사치스러운 탐욕을 내게 충동한다. 나는 사랑한다는 말을 백만 개의 문장으로 쓰고 싶다. 충분히 사랑하지 못해 미안하다는 말을 백만 개의 문장으로 쓰고 싶다. 치사량致死量의 삶을 누리고 싶다. 마치 당장 두 팔로 끌어안고 맛볼 수 있는 향기로운 장미 다발이나 달콤한 케이크라도 되는 양, 지금 나는 그것을 아이처럼 철없이 강렬하게 원한다.

■■■■■■■■■ 휴 그랜트의 새 영화 「어바웃 어 보이」는, 혹시나 영원히 어른이 되지 않는 방법이 어딘가에 있을지도 모른다는 희망에 기대어 사는 서른여덟 살의 바람둥이 백수 윌이 우연히 만난 소년 마커스의 손에 이끌려 진짜배기 사랑과 책임의 세계로 통하는 문턱을 넘는 이야기다. 그것은 오래전 「키드」의 찰리 채플린이, 「퍼펙트 월드」의 케빈 코스트너가 밟은 코스이기도 하다. 그런데 「어바웃 어 보이」의 마지막 장면에서 우리는 첫머리와 똑같이 혼자인 윌과 마주친다. 그럴 리가! 아니나 다를까, 조금 있으면 애인 레이첼이 프레임 속으로 들어와 윌의 뺨에 입을 맞춘 뒤 지나간다. 하지만 그게 다는 아니다. 다시 카메

영국산 로맨틱코미디의 산실, 워킹타이틀 이야기

라가 시야를 넓히면 마커스와 레이첼의 아들, 윌의 옛 동료와 마커스의 엄마가 모여 있는 윌의 집 안이 보인다. 윌은 레이첼에게 청혼할 거냐는 소년의 질문에 확답하지 않는다. 윌은 여전히 섬이다. 달라진 것은 이제 그의 곁에 다정한 이웃 섬이 군도를 이루고 있다는 점이다. 「어바웃 어 보이」에 나오는 독신부모 클럽의 슬로건 "혼자 또 같이!Alone Together"는 이 영화의 철학이기도 한 셈이다. 로맨스가 있는 코미디 「어바웃 어 보이」가 종국에 윌에게 선사하는 트로피는 정확히 말하자면, 여자가 아니라 대안

가족이다.

1994년의 슬리퍼 히트(개봉 후 시간이 흐를수록 관객이 늘어나는 흥행작)「네번의 결혼식과 한번의 장례식」에서 주인공 남녀의 전통적인 키스와 더불어 영화의 피날레를 장식하는 대사는 혼인 서약의 변으로 익숙한 "그렇게 하겠어요Yes, I do"다. 그러나 여자의 그 대답에 앞선 남자의 질문은 "나랑 결혼해줄래요?"가 아니라 "나와 평생 결혼하지 않(고 곁에 머무르)는 데에 동의해줄 수 있어요?"다. 달착지근한 장르의 공식에 좀더 충실한 「노팅 힐」(1999년)과 「브리짓 존스의 일기」(2001년)를 포함해 「네번의 결혼식과 한번의 장례식」부터 「어바웃 어 보이」에 이르는 네 편의 영국산 로맨틱코미디는 모두 어느 교차로로 인생을 몰고 가야 좋을지 난감해하는 늦된 삼십대의 사랑 이야기다. 이들은 남녀가 라이벌로 만나 언쟁의 불꽃 속에 사랑을 확인하는 경로에 집중하는 스크루볼코미디 계보의 할리우드 로맨틱코미디와 사뭇 다르다. 영화 속의 삼십대 남녀에게는 연애말고도 잡다한 골칫거리가 있다. 그들은 때로 자기가 어떻게 해볼 도리 없는 문제는 내버려두는 수밖에 없음을 경험적으로 알고 있으며 하나의 사랑이 지나가면 기다렸다는 듯 나타나는 다음 사랑에 빠지는 게 아니라 친구들과 술자리에서 푸념을 늘어놓고 홀로 잠든다. 그러나 이 덜 섹시한 삼십대 남녀들의 연애담은 이상하게도 번번이 전세계 로맨틱코미디 팬들의 마음을 휘어잡았다. 그 이유는 아마 러브스토리에 대한 갈증으로 멜로드라마의 티켓을 사고 스릴에 대한 갈증으로 스릴러를 찾으면서도, 좋은 로맨스영화는 사

랑 이외의 다른 것을, 좋은 호러는 공포 이외의 무엇을 포함하고
있다는 사실을 늘 발견하는 우리의 경험과 통해 있을 것이다.

워킹타이틀의 일등공신,
시나리오 작가 리처드 커티스

'휴 그랜트 4부작'으로도 불리는 이 차별화된 로맨틱코미디
브랜드 뒤에는 팀 비반과 에릭 펠너 두 제작자가 이끄는 영화사
워킹타이틀이 있다. 런던 지하철 엠블렘을 연상시키는 로고를
가진 영화사 워킹타이틀에 네 편의 런던발 로맨틱코미디는 그들
을 유럽 영화계에서 가장 힘있는 제작 주체로 발돋움하게 한 브
랜드 파워이자 그들이 추구하는 '고급스러운 상업성'을 실물로
옮긴 간판 수출품이다. 워킹타이틀식 로맨틱코미디의 프로토콜
은 전적으로 「네번의 결혼식과 한번의 장례식」「노팅 힐」「브리
짓 존스의 일기」의 시나리오를 쓴 작가 리처드 커티스의 손끝에
서 나왔다. 미국 스타를 초빙해 자국 배우와 짝짓고 일상 묘사와
영국과 미국의 문화 차이에 대한 조크를 재치 있게 배색하는 워
킹타이틀 로맨틱코미디의 요체는, 당시 무명이던 에마 톰슨과
제프 골드블럼을 커플로 맺은 커티스의 초기작 「톨 가이」에서
일찌감치 '베타 버전'을 보여준다.
1984년부터 사라 래드클리프와 워킹타이틀을 공동설립해 운
영하던 팀 비반은 1991년 폴리그램의 외부 자본을 끌어들이면

서 좀더 전통적인 인디 개념을 고수한 래드클리프(뒤에 린 램지의 「쥐잡이」를 제작했다)와 헤어지고 「시드와 낸시」를 데뷔작으로 제출한 신예 제작자 에릭 펠너와 손잡았다. 이들은 저예산 범위에 머물지 않는 한, 영화는 대형 비즈니스라는 현실을 냉정히 수긍하는 것으로부터 출발해야 한다는 현실을 백퍼센트 이해한, 영국에서는 희귀한 제작자였다. 그들은 경험을 통해 워킹타이틀이라는 브랜드의 색깔을 이해하는 고정된 배급, 마케팅 파트너를 잡고 그들로부터 직접 직원의 보수가 나오지 않는 한, 인디 프로듀서는 돈 구하고 배우 잡다 탈진해 영화 제작 본론의 주도권과 즐거움에서 소외될 수밖에 없다는 점을 터득하고 있었다. 워킹타이틀이 처음 제작한 영화 「나의 아름다운 세탁소」의 감독 스티븐 프리어즈가 회고하는 대로, 오로지 진정하게 영국적인 영화가 무엇일까를 고심했던 데이빗 퍼트남이나 리처드 애튼버러 같은 거물 선배 영국 프로듀서들과 달리 비반과 펠너는 오로지 진정하게 세계적인 것이 무엇일까에 몰두했다.

"영국 문화의 현주소를 반영하면서도 국적 불문의 상품성이 있는 영화"라는 워킹타이틀의 꿈은 리처드 커티스 각본, 마이크 뉴웰 감독의 「네번의 결혼식과 한번의 장례식」으로 첫번째 파티를 열었다. 작가 리처드 커티스는 결혼 계획 없이 오랫동안 함께 살며 아이를 낳아 기르고 있는 여자친구 에마 프로이드와의 관계와 본인의 천태만상 하객 체험을 담아서 「네번의 결혼식과 한번의 장례식」을 썼다. 다섯 번의 결혼식과 장례식으로 분절된 영화의 구조는 텔레비전 시트콤에서 단련된 리처드 커티스의 시추

에이션 구성 능력을 발휘하기에 최적이었다. 본디 커티스는 '네 번의 결혼식과 한번의 허니문'이라는 제목으로 써서 찰스가 캐리의 신혼여행을 따라가게 할 구상이었으나 친구 헬렌 필딩(「브리짓 존스의 일기」의 작가)이 "너도 이제 철 좀 들라"고 면박을 주는 바람에 W. H. 오든의 아름다운 시가 인용된 심오한 분위기의 장례식 시퀀스가 들어갔다.

「네번의 결혼식과 한번의 장례식」은 곧 워킹타이틀 로맨틱 코미디의 매뉴얼이 됐다. 사랑의 진심조차 장애인 동생의 수화를 통해 발설해야 하는 찰스의 잉글랜드 남자다운 소심증, 그들의 심리적 울타리를 무너뜨리는 여성의 적극성—활달하고 화려한 미국 여성에 대한 판타지를 포함해—은 워킹타이틀 로맨스의 기본 인물형이다. 특히 리처드 커티스와 캐리 그랜트가 뒤섞인 휴 그랜트의 페르소나는 독특했다. 그는 어설프지만 무식하거나 바보스럽지는 않다. 객관적으로 잘생기고 돈도 있지만 솔직히 이류인생이라는 열등감을 오래된 옷처럼 편안히 걸치고 있으며, 박력이 없는 대신 타인을 치명적으로 해칠 리도 없는 시대극 속 젠틀맨의 귀엽고 현대적인 변형이다. 무엇보다 그는 결코 '무리'하지 않는다. 심지어 7년 뒤 「브리짓 존스의 일기」에서 거짓말쟁이 악역으로 변신한 그는 어떻게든 잘해보겠다고 약속해도 시원치 않을 터에 "당신이랑 잘 안 되면 나는 누구랑도 잘 안 될 거야"라고 말을 아낀다.

개성만발한 친구들로 주인공을 에워싸는 설정도 「네번의 결혼식과 한번의 장례식」 이후 「노팅 힐」의 윌리엄을 둘러싼 정 많은 친구들, 「브리짓 존스의 일기」의 브리짓을 엄호하는 술꾼 친구들로 되풀이된다. 이 우정의 공동체가 자연스럽게 끌어안고 있는 동성애자, 지체장애자, 펑크족 등 소수자의 속성을 지닌 인물들은 단순한 구색이 아니라 그룹에서 가장 현명한 멤버이며 친구 패거리를 따뜻한 유사 가족 집단으로 승화시키는 촉매다.

제작비 450만 달러로 전세계적으로 2억5천만 달러를 벌어들인 이 영화는 워킹타이틀뿐 아니라 영국 영화산업에 터닝포인트를 제공했다. 「네번의 결혼식과 한번의 장례식」의 성공으로 영국 영화인들은 코스튬드라마나 영국의 국가 현실을 그린 영화만 된다는 1980년대의 강박에서 벗어나, 더 넓은 시장을 상상하는 오락영화를 만들어도 좋다는 인식을 얻었고 이는 1990년대 중반 이후 이른바 영국영화 르네상스로 이어졌다. 1999년 워킹타이틀은 파트너 폴리그램을 인수한 유니버설과 연간 3편에서 5편을 제작하는 5년 계약을 통해 인센티브와 입장 수익 일부를 받고 1천5백만 달러에서 2천만 달러 범위 영화에 대한 자체 결정권을 갖게 되었다. 디즈니 재직 시 미라맥스 인수를 지휘했던 당시 유니버설픽처스 대표 크리스 맥거크가 주도한 이 계약으로 펠너와 비반은 웨인스타인 형제가 디즈니와 맺은 관계와 유사한 위치를 누리게 됐다.

삼십대 도시 독신남녀, 그리고 런던의 문화

「노팅 힐」은 「네번의 결혼식과 한번의 장례식」의 비공식 속편이라는 뉘앙스를 강렬하게 발산하는 마케팅으로 포문을 열었다. 미량의 환상을 가미해 적당히 윤색된 런던 서부의 아늑한 삶과 할리우드의 여왕 줄리아 로버츠가 거느린 「귀여운 여인」 스타일의 매혹은 박스오피스에서 눈부신 시너지 효과를 냈다. 4천만 달러로 만들어져 세계 극장가에서 3억5천5백만 달러를 거둬들인 「노팅 힐」은 비벌리힐스의 은막스타와 노팅 힐에 사는 이혼남의 로맨스라는 달콤한 형식을 빌려 '근사한 영국'(또는 토니 블레어 정권이 표방한 '쿨 브리타니아')의 이미지를 널리 프로모션함으로써 영국영화의 한 계보인 유산영화heritage film 장르의 트렌디한 계승자가 됐다. 또한 노팅 힐에 거주하는 자신과 친구들을 모델로 중산층 매너 코미디로서 손색없는 시나리오를 또 한번 써낸 리처드 커티스는, 장르 공식에 숙련된 시나리오팀이 집단 가동되기 일쑤인 로맨틱코미디 세계에서는 노라 에프런 정도가 누려온 '작가'의 반열에 올랐다.

「노팅 힐」이 개봉될 무렵 "우리 영화의 문화적 토대는 영국과 유럽, 그리고 미국 동부 지역이다. 우리가 「리썰 웨폰」을 만드는 날은 오지 않을 것이다"라고 영역을 명시한 워킹타이틀은, 자연스럽게 삼십대 도시 독신남녀의 특정한 라이프스타일을 영국 대중문화 최고의 히트 상품으로 가공한 닉 혼비와 헬렌 필딩의 베스트셀러를 다음 행보로 택했다. 제인 오스틴의 클래식『오만과 편견』의 그림자가 어른거리는 헬렌 필딩 원작『브리짓 존스의 일기』의 각색에는 여러 작가가 달라붙었지만 리처드 커티스의 입김이 역시 가장 강하게 느껴진다.「브리짓 존스의 일기」는 실제로 노팅 힐 동네에서 어울려 노는 친구들의 동아리가 만들어낸 작품이기도 했다. 필딩과 커티스의 친분은 말할 것도 없고 감독 샤론 맥과이어가 브리짓의 입 험한 친구 샤자의 모델이었고 커티스의 파트너 프로이드도 홍보에 가담했다.

「아메리칸 파이」의 웨이츠 형제 감독이 영국 유학 경험과 사춘기적 유머 감각을 살려 만든 신작「어바웃 어 보이」는 워킹타이틀의 미다스 리처드 커티스의 펜촉이 닿지 않은 영화다. 하지만 휴 그랜트 연작 4호인 동시에「피버 피치」「사랑도 리콜이 되나요」를 잇는 닉 혼비 원작의 세번째 영화인「어바웃 어 보이」는 태생적으로 워킹타이틀 로맨틱코미디의 성분을 품고 있다.「피버 피치」의 콜린 퍼스,「사랑도 리콜이 되나요」의 존 쿠색은「네 번의 결혼식과 한번의 장례식」이후 휴 그랜트 극중 캐릭터의 형제들이라 해도 속을 법하다. 이 남자들은 거창한 이상을 멀리하고 책임을 회피하며 축구와 록밴드, 텔레비전에 열광한다. 그리고 CD를 알파벳 순서로 정리하며『에스콰이어』를 뒤적인다. 자살을 기도한 여자를 실은 구급차 뒤를 따라가면서 내심 신나 할 만큼 철딱서니가 없지만, 영리한 소년 마커스가 본 대로 윌은 착한 사람이다. 관계에 대한 윌의 알레르기는 적어도 그를 독신모 모임에서 성토당하는 무책임한 아빠가 되어 민폐를 끼치지는 않도록 한다. 인생을 앙상블 드라마가 아닌 원맨쇼라고 믿는「어바웃 어 보이」의 월은 교우관계 좋은 워킹타이틀의 선배 주인공들과 달리 외톨이로 영화에 등장하지만 친구들을 얻어 영화를 빠져나간다. 하지만 친구들이 그의 섬과 육지 사이에 다리를 놓고 덤벼들면 월은 분명 다른 고도로 이삿짐을 쌀 위인이다. 언제나처럼 워킹타이틀 로맨틱코미디는 아무리 위대한 연애를 한들 사람이, 특히 서른 넘은 사람이 크게 변할 수 없다고 가정한다. 만약 「브리짓 존스의 일기」 속편이 제작된다면, 우리는 마크 다아시와 헤어져 다시 보드카 잔 수를 헤아리고 있는 브리짓을 만나게 될 것이다.

비할리우드 영화산업의 모델로 떠오르다

하나의 하위 장르를 창조하며 워킹타이틀을 할리우드 파워 서열 안쪽까지 밀어올린 워킹타이틀의 로맨틱코미디는 머천트 아이보리의 유산영화와 사회드라마, 데이빗 퍼트넘과 리처드 애튼버러의 휴머니즘으로 대표되는 대처 시대 영국영화의 흥미로운 대립항을 형성한다. 영국 평단이 분석하듯 워킹타이틀의 로맨스에서 과거는 아주 사적인 노스탤지어의 앨범 속에만 존재하며 미래는 언제 부도날지 모르는 수표다. 그래서 이들 영화 속의 삼십대들은 믿을 수 없는 과거나 미래와 연결된 이상주의적 인생관, 야심, 정치학을 창고에 처박고, 언제든 신뢰할 수 있는 패션, 축구팀, 팝 음악, 취향, 우정을 숭배한다.

회사의 주요 프로젝트 규모가 불어나면서 지난 2000년 워킹타이틀은 「빌리 엘리어트」를 기점으로 「네번의 결혼식과 한번의 장례식」 규모인 450만 달러급의 '저예산' 영화를 생산하는 라인으로 WT2를 설립, 특화했다. 로맨틱코미디는 「바로워즈」 같은 가족영화와 함께 매우 영국적인 스토리에 기초한 매우 보편적인 장르영화 그룹을 형성하며 워킹타이틀의 오른쪽 날개로서 코언 형제, 스티븐 프리어즈, 팀 로빈스 같은 감독과의 지속적 관계로 이루어진 왼쪽 날개와 균형을 잡아나갈 전망이다. 나란히 영국 영화산업의 양대 지주를 형성했던 필름 포가 지난 7월 초 제작 포기를 발표한 지금 꾸준한 물량과 꾸준한 질의 영화를 생산하고 있는 워킹타이틀의 진로는 어느 때보다 벤치마킹 대상으로서 영국과 비할리우드 영화산업의 시선을 모으고 있다.

"나는 영화 하나를 만들고 그것이 걸작이기를 기도하기보다 온갖 영화를 만들어보고 매번 그들로부터 뭔가를 배우고 싶다"고 에릭 펠너는 1997년 그레이엄 존스와의 인터뷰에서 밝힌 바 있다. 워킹타이틀이 그려온 궤적도 펠너의 직업적 신념과 공명하는 바가 있다. 사람들은 로맨틱코미디가 뻔하다고 쉽게 말한다. 그러나 뻔하다고 불리는 욕망은 그만큼 많은 사람들이 공유하는 절실한 욕구라는 뜻이며 그만큼 내밀하고 다양한 판타지를 포괄하는 거대한 실체라는 뜻이다. 워킹타이틀의 로맨틱코미디는 국경을 넘어 도시의 러브스토리를 보러 극장을 찾는 관객의 정서가 갈증내는 '사랑과 그 밖의 몇 가지'를 제대로 짚어냈다. 또한 영국적인 것이 무엇이냐는 추상적 정답으로부터 드라마를 연역해내기보다 문화적 특수성을 일단 잊고 작가가 가장 잘 아는 현실을 관찰하고 나와 타인이 함께 보고 싶어할 스토리와 드라마에 집중하면 창작자의 손길에 내재된 DNA는 불가피하게 영화에 문화적 서명을 남긴다는 점을 보여주었다. 워킹타이틀이 가꾸어낸 로맨틱코미디의 영국식 정원은 할리우드의 규칙으로 할리우드 밖에서 게임하는 모든 영화인들의 샘나는 성공 사례일 뿐 아니라 문화의 세계화 시대에 지역성이 살아남을 길을 고심하는 이들이 어떤 세미나보다 방문하고 싶어할 장소인지도 모르겠다.

어젯밤, 작은 여자아이의 엄마가 됐다는 너의 전화를 받았어. 우리가 작은 여자아이였던 옛날부터 지금까지 친구들을 살피고 챙기는 엄마 같은 아이였던 네가 이제 진짜 엄마가 된 거구나. 엄마가 되는 일에도 소질이 필요하다면, 넌 분명히 세상에서 가장 훌륭한 엄마가 될 거야. 내가 아는 너, 모든 사람들 속의 약자를 알아보고, 말없는 포옹의 힘을 이해하고 축제를 즐기고 모험을 겁내지 않는 내 친구가 아니라면 다른 누가 멋

알모도바르의 그녀들

진 엄마가 될 수 있겠니. 그런 생각을 하다가 나는 너에게 한 영화감독 이야기를 하고 싶어졌어. 그 사람은 돈키호테의 고향 스페인 라만차에서 태어났어. 이름은 페드로 알모도바르.

어렸을 적 그는 저녁 식사 뒤 둘러앉은 식구들에게 전날 밤 본 영화 이야기를 들려주기를 좋아하는 소년이었대. 이상하지? 극장에서 같이 본 영화들이었는데도 누이들은 알모도바르가 상상을 덧붙여 고치고 부풀린 영화 이야기를 진짜 영화보다 더 좋아했단다. 페드로는 먼 여행을 떠날 만큼 팔다리가 건장해질 때까지 마을 강물에서 헤엄치고 매 웨스트와 베티 데이비스의 대사를 외고, 소설책을 잔뜩 읽으며 시간을 보냈어. 세상이 작아 보이기 시작하자 그는 욕심 많은 젊은이들이 흔히 그러듯 넓고 시

끄러운 도시로 갔어. 마드리드에서 10년 동안 전화회사 직원으로 빵을 벌면서 만화를 그리고 사진이 곁들여진 소설을 쓰고 노래를 불렀대. 그리고 8mm 카메라로 작은 영화를 찍다가 자신이 돌진하고 싶은 풍차를 마침내 발견했지. 그는 한번 보면 잊기 곤란한 영화들을 만들기 시작했어. 우리나라에는 1986년에 만든 「마타도르」 다음부터 꽤 많이 소개됐지만 그의 영화를 설명하기는 만만치 않아. 너 나 할 것 없이 사랑을 간절히 구하는 그의 주인공들은 "내가 뭘 어쨌기에!"라고 넋두리할 만한 지독한 수난에 휘말리게 돼. 꼬리표를 붙이자면 스릴 있는 멜로드라마 아니면 무척 관능적인 스릴러가 맞겠지. 알모도바르 영화에선 인간부터 벽지까지 '적당한' 것이라곤 찾아볼 수가 없어. 과잉이 표준이라고나 할까. 원색이 주책없이 범람하고 농담은 자중할 줄 모르지. 사랑의 절정을 맛보기 위해 애무하는 대신 서로를 죽이고, 프로포즈를 위해 데이트 신청을 하는 대신 납치한 인간들이 잔뜩 나오지. 어쨌거나 "나는 어둡고 환희에 찬 지하 주변부에서 목숨을 이어가고 있다"고 표현하는 알모도바르가 작정하고 관능을 묘사할 때면 소심한 사람들을 신경쇠약에 빠뜨리기에 충분했어. 사람들은 악동 페드로 알모도바르의 80년대는 「키카」가 나온 1993년에 끝났다고들 말해. 그게 아마 감독 자신이 마흔 모퉁이를 돈 직후일 거야. 1997년의 「라이브 플래쉬」, 1999년의 「내 어머니의 모든 것」을 얼핏 봐도 알 수 있지. 스토리는 훨씬 투명해져 따라잡기 수월해졌고, 진액이 뚝뚝 듣던 컬러는 엷어졌고 익살은 부드러워졌어. 주저하던 지지자들은 그의 영화를 말하며 서슴없이 '위대함'을 입에 올리기 시작했지. 그렇지만 알모도바르의 마음이 바뀐 건 아니야. 사람이 사람을 사랑하는 것이 어떤 일인지, 열정이 지닌 독점욕이 무엇인지, 세상 사람들 모두 알고 있으면서도 세세히 표현하지 않는 이야기들을 알모도바르는 여전히 열성적으로 떠들고 있어. 알모도바르 자신도 "예전 영화들이 없었다면 만들 수 없는 영화"라고 말하니까. 사실 지금보다 젊었던 나는 알모도바르의 영화를 흔쾌히 좋아할 수 없었어. 절박한 인간의 천태만상을 적나라하게 보여주고는 태연자약하게 삶을 낙관하는 품이 못 미더웠나봐. 하지만 지금 나는 알모도바르 영화를 보면서 아주 단순한 마음으로 감동해. 하긴 우리도 이제 성숙이란 지나간 날을 폐기처분하는 것이 아니라 과거와 현재를 가진 그대로 타인을 포용하는(혹은 잉태하는) 품이 생기는 일이라고 생각하게 됐나봐. 임신한 너의 미소가 두려움 없이 빛났던 것도 아이로 인해 너의 삶이 더욱 위험하고 열정적이고 드라마틱한 것이 되리라 기대했기 때문일 거야. 오늘 네게 권하고 싶은 알모도바르의 영화는 「그녀에게」야. 원래 제목은 '그녀에게 말해요'라는 뜻이래. 고독 속에서 홀로 춤추는 여자들, 사랑 아니면 살 이유가 뭐냐고 묻는 남자들, 딸 같은 아들과 아들 같은 딸이 나오는 눈물 나는 영화야. 지금은 너도 꼬마도 침대에서 꼼짝 못하겠지? 하지만 언젠가 너와 나, 그리고 너의 딸이 어울려 웃고 울고 수다를 떨며 알모도바르의 영화를 보는 광경을 나는 벌써부터 그려볼 수 있어.

영화도 옷으로 날개를 단다. 「비천무」의 하늘에 펄럭이는 자색 도포와 철기십조의 검은 삿갓, 「미션 임파서블 2」의 벼랑에서 세련된 포물선을 긋는 선글라스, 「글래디에이터」의 수난당하는 방패와 투구, 분노로 풀어헤쳐진 「패트리어트」의 순백 셔츠. 이들이 없었다면 여름 극장의 스펙터클은 얼마나 마냥 사납고 무미건조했을 것인가. 돌이켜보면 구구절절 추억도 많다. 「바람과 함께 사라지다」에서 스칼렛의 자존심을 단단히 동여매던 코르셋, 슬픔을 은폐하려다 되레 털어놓고 만 「중경삼림」의 가발과 색안경, 「풀몬티」의 실업자들이 씩씩하게 공중으로 날리던 모자. 그 많은 영화가 벗어놓은 옷가지들은 우리 마음의 서랍 속에 차곡차곡 개켜져 있다.

영화에 날개를 달다, 영화 의상

감히 단언하자면 의상으로 말미암아 비로소 영화는 섹시해진다. 의상이 영화적 쾌락을 길어올리는 깊은 샘의 하나라는 사실은 영화사 초기부터 명백했으나, 영화 의상은 오랫동안 영화 연구자들에게 천덕꾸러기 대접을 받았다. 영화를 문학적 텍스트로 간주하고 해석하는 풍토에서 의상 '따위'를 정색하고 논의하는 일은 시간 낭비처럼 여겨진 탓도 있었고, 자본주의 소비문화의 대표주자인 패션을 바라보는 곱지 않은 눈길도 한몫했다. 디자인부터 모방 소비에 이르기까지 영화 의상에 관련된 활동의 주체가 압도적으로 여성이었다는 점도 남성 학자들의 무관심 뒤의 숨은 이유였다. 그러나 패션이 상품인 동시에 자신의 상품적 지위에 대해 논평할 수 있는 목소리도 가진 예술임이 인정되면서, 영화 의상에 관한 생각도 변했다. 1980년대 이후 넓고 깊어진 페미니스트 비평도 스크린 속 의상을 꼼꼼히 들춰보기 시작했다. 덕분에 우리는 영화 의상의 역사와 기능에 대해 예전보다 충실한 정보를 갖게 됐다.

영화예술이 걸음마를 떼던 20세기 초, 배우들에게 의상은 바로 연기의 연장이었다. 무성영화 연기의 특성상 장면에 걸맞은 옷을 고르고 갈아입는 일은 역할을 해석하는 작업 그 자체였다. 영화 제작에 전문 디자이너가 고용된 것은 할리우드가 스튜디오 시대에 진입한 1920년대의 일. 최초의 영화 스타들과 디자이너의 파트너십이 엮인 것도 이 무렵이다. 유성영화의 도래로 영화 의상이 수행하던 인물의 성격 묘사 기능을 대사가 상당 부분 떠맡으면서 배우들의 의상 스타일은 좀더 상징적이고 미묘한 의미를 품게 되었고 동시대적 패션 감각에 한층 민감해졌다. 한편 컬러영화가 발명되자 할리우드의 디자이너들은 총천연색 배경 위에서도 배우가 잘 보이도록 하라는 지시에 한동안 튀는 의상 찾기에 몰두해야 했다. 이 일화에서 보듯 고전기 할리우드 영화 의상의 첫째가는 공식 임무는 캐릭터의 표현이었고 그다음이 스토리텔링의 보조역이었다. 교살 도구로 쓰인 스카프, 도난당한 목걸이처럼 이야기 전개에 기어를 넣는 의상이 후자의 예인 셈이다.

이음매 없이 매끈한 픽션의 구현을 목표로 삼았던 고전기 할리우드의 감독들은 의상이 지나치게 '설쳐' 관객의 주의를 낚아 채기라도 할라치면 질색을 했다고 한다. 캐릭터와 이야기를 세공하고 극적인 무드를 조성하는 것은 오늘날에도 흔들리지 않는 영화 의상의 주기능이다. 하지만 다채로운 장르의 성숙과 스펙터클에 대한 현대영화의 식을 줄 모르는 탐닉은 영화 의상의 새로운 지평을 열어놓았다. 그런가 하면 한결 정교해진 영화 문화 연구는 영화 의상이 그간 주머니 속에 감추어놓았던 은밀한 의미들을 속속 끄집어내고 있다. 결국 영화 속 의상이 펼쳐 보이는 감미로운 장관 앞에서 현대의 관객은 여전히 어린아이 같은 호기심과 매혹에 사로잡힌다.

바야흐로 첫눈에 관객을 반하게 만들리라 작심한 화려한 외양의 영화들이 행군하는 계절이다. 현기증으로 몽롱한 우리에게 어떤 영화는 겉모습 같은 건 믿을 게 못 된다고 속삭이고 또 다른 영화는 옷자락마다 비밀을 수놓았으니 잘 뜯어보라고 타이른다. 셀룰로이드 옷장의 문을 살짝 열어 그 다양한 촉감과 무늬의 의상들을 한벌 한벌 쓰다듬어보는 것은 어떨까.

멜로드라마와 의상

영화 「로미와 미셸」은, 침대에 나란히 앉아 「귀여운 여인」을 보는 두 여자 친구의 수다로 시작한다. 서른여섯 번을 봤는데도 볼 때마다 유치한 영화라며 투덜대는 미셸. 하지만 줄리아 로버츠가 문전박대당했던 로데오 거리의 고급 의상실에 들어가 당당히 옷을 고르는 장면에 이르자, 두 여자는 그만 눈물을 글썽이고 만다. "이 대목이 나오면 정말 행복해"라는 탄식과 더불어. 기껏해야 쇼핑하는 광경에 불과한 장면이 이처럼 여성 관객에게 엷은 흥분과 감동마저 전하는 까닭은, 여성의 정체성과 의상이 맺고 있는 특별한 유대에 있다. 사회적으로 여성은 종종 그녀가 입고 있는 옷과 동일시된다. 여성에게 옷을 갈아입는다는 것은 따라서 '변신'의 의미마저 어렴풋이 내포한 행위다. 여성의 운명을 유심히 주시하는 멜로드라마가, 영화 의상의 수사학을 어느 장르보다 원숙하게 발전시킨 점도 놀랄 일은 아니다.

멜로드라마 안에서 여성에게 일어나는 중대한 변화는 옷차림을 통해 제일 먼저 감지된다. '미운 오리 새끼'식 플롯은 이런 수법이 활용되는 전형. 「사브리나」에서 선머슴 같던 오드리 헵번을 세련된 숙녀로 거듭나게 하는 마법은 파리 패션이며, 「가자 항해자여」의 베티 데이비스는 뿔테 안경을 벗고 우아한 옷으로 갈아입음으로써 자폐적 소녀가 성숙한 여성으로 탈바꿈했음을 시사한다. 「6월의 신부」에서 결혼을 위해 일을 포기하는 커리어 우먼으로 분한 베티 데이비스는 날씬한 허리와 넓은 치마폭을 강조한 크리스찬 디오르의 뉴룩을 통해 주인공이 내릴 선택을 짐작게 했다. 그러나 나풀거리는 드레스나 노출이 심한 옷이 반드시 남성의 기대에 대한 여성의 항복 신호인 것만은 아니다.

「에린 브로코비치」에서 줄리아 로버츠가 입고 다니는 꼭 끼는 브라톱과 손수건만한 미니스커트들은, 일을 위해 필요하다면 성적 매력을 좀 이용한들 어떻겠냐는 당돌한 여성의 선언이기도 하다. 가부장제로부터 탈출을 꿈꾸는 멜로드라마의 의상은 일상과 일탈에 양다리를 걸친다. 카트린 드뇌브가 목까지 단추를 잠근 단정한 원피스와 흘러내리는 속옷 차림을 오가는 「세브린느」가 대표적인 예. 여성의 몸과 삶에 극도로 밀착된 옷과 장신구는 주술적인 힘을 발휘하기도 한다. 「제저벨」의 여주인공은 점잖은 무도회에 붉은 드레스를 입고 가 손가락질받는 순간 양가집 규수에게 예비된 안전한 삶의 행로를 벗어나고, 권태로 시들어가던 「마돈나의 수잔을 찾아서」의 중산층 주부는 우연히 손에 넣은 펑크 걸의 야한 재킷을 부적삼아 흥미진진한 삶을 경험한다.

멜로드라마의 화면에 넘실대는 풍요로운 색상과 질감의 의상들은 언제나 내러티브가 요구하는 질과 양을 조금씩 넘어선다. 간혹 극중 인물의 처지로는 사기 힘들 법한 고급스러운 옷이 눈에 띄어도 멜로드라마의 관객은 그러려니 넘긴다. 영화학자 토머스 엘세이저는 이를 다른 장르에 비해 주인공이 걷는 여정의 굴곡이 심하고 감상이 헤픈 멜로드라마 특성이 미장센에 투영된 결과라고 설명한다. 로맨스 소설이라면 과장스러운 상투어로 표현될 '과잉'을 영화는 조명과 세트, 의상으로 받아낸다는 것. 한편 제인 게인즈와 같은 영화학자는 "코스튬 내러티브"라는 표현을 써서 멜로드라마 의상이 갖는 내밀한 저항성에 주목했다. 비록 영화의 스토리는 가부장적 사회의 규율을 위반한 여주인공이 징벌받는 교훈을 들려준다 해도 위반과 초월의 순간에 더욱 눈부신 그녀들의 자태는 관객에게 은연중에 다른 사연을 들려준다는 것이다.

여성 스타의 페르소나와 결합한 멜로드라마의 고혹적인 의상들은 독자적 패션시장을 형성한다. 멜로드라마 황금기의 스타들은 극중 의상을 입은 채 여성지의 인터뷰에 응했고, 행여 공들여 지은 영화 의상이 편집으로 잘려나갈라치면 홍보용 스틸 사진이 그들의 자태를 충분히 노출시켰다. 트래비스 밴턴과 마를레네 디트리히, 오리 켈리와 베티 데이비스, 길버트 에이드리언과 조앤 크로포드…… 디자이너와 스타로 짝지어진 이름들은 곧 대중이 모방하고 싶은 옷차림과 라이프스타일의 표제어였다. '스타 따라 입기' 현상은 멜로드라마가 다른 장르와 피를 섞고 진화한 오늘날에도 여전하다. 불이 꺼지면 스크린은 쇼윈도가 되고 관객은 아이쇼핑을 시작한다. 어쩌면 객석의 여성들은 거울 대신, 강하고 아름다운 여성들이 다스리는 멜로드라마의 스크린 앞에 앉아 상상으로 그들의 옷을 빌려 입어보는 코스프레 놀이에 열중하고 있는지도 모른다.

마이너리티 영화의 의상

달리 번듯한 간판과 지붕을 갖지 못한 이들에게 패션은 깃발이 되고 성채가 된다. 그래서 인종적, 성적 소수자와 십대들을 주역으로 세운 영화 의상의 가슴팍에는 "우리, 이런 사람들이야!"라는 보이지 않는 네온사인이 번쩍거리곤 한다. 하지만 마이너리티 집단을 묘사하려는 시도가 흔히 그렇듯 스테레오타입의 구덩이에 발목을 빠뜨리기 일쑤인 것도 이 부류의 영화들이다.

흑인영화 : 흑과 원색

미국영화 속에서 흑인 캐릭터가 제대로 '차려입을' 기회를 허락받기까지는 세월이 필요했다. 「국가의 탄생」의 야만스러운 호색한부터 「바람과 함께 사라지다」의 충복까지, 할리우드영화 속 흑인들은 오랫동안 어깨를 수그린 채 백인들이 활보하는 내러티브의 변두리를 얼씬거려야 했다. 시드니 포이티어 같은 특출난 스타도 나왔지만 지적이고 청결한 그의 캐릭터에 성적 함의를 포함한 육체성은 아주 희미했다. 흑인의 피부색과 체격, 생활 문화가 반영된 '블랙 패션'을 거의 최초로 전면에 내세운 영화는 1970년대 초 MGM을 파산에서 구한 블랙스플로이테이션 영화(흑인 관객을 타겟으로 흑인 배우를 캐스팅해 만든 오락영화) 「샤프트」. 이 영화의 주인공 사립탐정 샤프트의 영웅성과 마초 에너지의 근원은 검은 가죽 롱코트와 검은 터틀넥 셔츠, 밤색 트위드 슈트 등으로 구색을 갖춘 그의 당당하고 자아도취적 의상이었다. 당대 흑인 관객이 따라 입고 싶어했던 샤프트 스타일의 흔적은 「롱키스 굿나잇」과 「펄프픽션」에서 새뮤얼 L. 잭슨이 입은 옷과 구레나룻에 일부 남아 있다. 한편 1990년대 이후 스크린의 검은 패션 리더로 각광받고 있는 잭슨은 2000년 판 「샤프트」 리메이크에서 조르지오 아르마니와 발렌티노, 베르사체 의상으로 몸을 감은 새로운 샤프트의 모습을 선보인다.

흑인영화라는 말에 원색의 팔레트부터 떠올린다면 그것은 아마 경찰의 제복과 대치한 흑인들의 알록달록한 티셔츠가 활달하게 물결치는 스파이크 리의 영화 탓일 것이다. 「똑바로 살아라」에서 스파이크 리는 어깨에서 헐렁하게 흘러내리는 야구복 상의와 끈 풀린 나이키 운동화를 등장인물들에게 입히고 신겼다. 이처럼 '게으르고' 아이러니컬한 태도로 착용된 기성복 스포츠웨어는 하위문화적 의미를 생산하며 슬럼가 흑인 청년의 유니폼이 됐고 이후 다시 백인 틴에이저들의 유행으로 탈바꿈한다 (스파이크 리는 직접 티셔츠 가게를 운영하기도 했다). 그런가 하면 중산층 흑인 여성 네 명의 우정을 그린 「사랑을 기다리며」는 더 이상 인종적 특징을 애써 부각시키지 않는 스타일 전략으로 유색 인종을 따라다니는 이국 취미의 시선을 거절한다. 미용 기술과 헤어 젤이 보편화된 시대에 오히려 '흑인다운' 머리모양을 고집하는 것이 부자연스럽다는 논리다.

청춘영화 : 나는 쇼핑한다 고로 존재한다

십대들의 복장 코드를 주무르는 두 가지 힘은 기성사회와 차별화되고자 하는 몸부림인 청년문화와 매스미디어를 통해 전파되는 대중문화다. 여기서 청춘영화는 길거리 문화를 포착해 스크린에 투사하고 다시 그것을 유행으로 생산하는 중간적 위치에 서 있는 셈이다. 1960, 70년대 청년문화운동의 난분분한 바람을 담은 미국과 영국의 청년영화에는 의상과 액세서리를 통해 한패에 대한 소속감을 표시하는 다양한 '족'들이 언뜻언뜻 모습을 드러낸다. 하층계급 댄디를 자처하며 양복 정장과 넥타이의 점잖은 의미를 비틀어놓은 모드족들, 성적인 모호함과 장식미를 향유하던 글램록의 그루피들, 개목걸이와 옷핀 같은 소도구를 장신구로 용도 변경함으로써 노동계급 청년의 거친 폭발력을 과시했던 펑크족이 그들이다. 이에 반해 "나는 쇼핑한다 고로 존재한다"를 외치는 「클루리스」의 셰어는 끝없는 소비와 코디네이션을 통해 사춘기의 불안정한 셀프 이미지를 가다듬는 90년대 부유층 십대의 초상이다. 「클루리스」의 비벌리힐스 십대들이 입었던 윤택한 질감과 밝은 색상의 값비싼 기성복들은 같은 해 개봉된 「키즈」의 뉴욕 십대들이 걸친 때묻고 헐렁한 힙합 패션과 모든 면에서 대조를 이루면서 청년문화의 계급적 지역적 차이를 시각적으로 공식화하기도 했다.

십대 문화에서 옷차림은 또래 집단 내 개인의 지위를 결정하는 중요한 변수다. 그러므로 청춘영화의 관객은 영화 속 아이들의 옷매무새만으로 그가 아웃사이더인지, 스포츠맨인지, 선생님의 귀염둥이인지, 학급의 스타인지 가늠할 수 있다. 마이클 레만 감독의 「헤더스」는 색채를 통해 십대 또래 집단 내의 엄격한 권력 서열을 표시하는 재치를 부렸다. 학교의 독재자로 군림하는 인기 있는 여학생 그룹 헤더스의 우두머리는 늘 권력을 뜻하는 빨강 리본을 지니며, 그룹의 2, 3인자들은 질시와 심약함을 뜻하는 녹색과 노란 옷을 입는다. 반면 헤더스를 내심 혐오하는 여주인공 베로니카와 반항적 남자친구 제이디는 주로 반항과 혼돈, 분노의 색인 파랑과 검은 옷을 영화 내내 고수한다. 혁명할 수도, 독립할 수도 없는 처지의 십대들에게 옷차림은 세상을 향한 몇 안 되는 발언 방식 중 하나다. 그래서 청춘영화에서 손수 옷을 변형시키거나 만들어 입는 행위의 의미는 각별하다. 엄마가 사준 붉은 스웨터를 검정으로 물들여 입는 「록시」의 여주인공이나 졸업무도회 드레스를 스스로 바느질해 입는 「프리티 인 핑크」의 가난한 소녀에게 있어 무엇을 어떻게 입을지 결정하는 능력은 곧 그들의 비범한 주체성과 창의력을 뜻한다.

크로싱 : 성별은 우연에 불과해

크로스드레싱Crossdressing은 타고난 생물학적 성性과 다른 성의 소유자로 잠시 또는 영원히 살기를 원하는 이들이 탐닉하는 일종의 가면놀이다. 그것은 「소년은 울지 않는다」나 「크라잉 게임」 같은 퀴어영화에서는 처연한 몸부림이지만, 「투씨」나 「미세스 다웃파이어」에서는 폭소의 뇌관으로 기능한다. 「빅 마마 하우스」도 비슷한 전략을 취한 코미디다. 지난달 미국영화연구소 AFI가 발표한 '사상 최고의 코미디 100편' 목록은 영화가 구사할 수 있는 최고의 익살은 여장 남자라고 공공연히 선언한다. 현실적으로 남녀가 갖는 권력의 격차 때문에 치마 입은 남자는 우스운 존재고 바지 입은 여자는 도전적인 존재라는 생각은 꽤 견고한 통념이 돼버린 것이다. 불편한 속옷과 스커트, 하이힐과 씨름하는 여장 남자들의 곤욕에서 주로 비롯되는 「뜨거운 것이 좋아」나 「미세스 다웃파이어」의 유머는 남성이 여성성을 포용하거나 성별을 초월한 인간으로 살아가는 것이 얼마나 불가능한 미션인지 역설한다.

　반대로 4세기에 걸쳐 한 인물에게 남녀 의상을 갈아입히는 「올랜도」는 크로스드레싱의 아이디어에 숨어 있는 고정된 성 정체성에 대한 회의를 극단까지 밀어붙인 영화다. 자웅동체형 인간 올랜도는 처음 여자로 변신한 뒤 전신경을 물끄러미 바라보며 조용히 뇌까린다. "똑같은 인간이야." 우리는 그저 인간으로 태어나고 성별은 우연에 불과하며 단지 남들이 우리를 어떤 틀로 바라보느냐에 따라 차이를 만들어간다는 원작자 버지니아 울프의 생각에 의하면, 남녀를 엄히 구분하는 복식은 사회가 정한 대로 성 역할을 연기하기 위한 퍼포먼스 의상과 다를 게 없다. 엘리자베스 조의 육중한 망토와 가발을 이고 다니던 남성 올랜도와 폭넓은 치맛자락에 번번이 걸려 넘어지는 18세기의 여성 올랜도에 비하면, 다분히 중성적인 터키 의상을 입은 올랜도나 바지를 입고 바이크를 모는 현대의 올랜도는 날아갈 듯 자유로워 보인다. 크로스드레싱영화들은 성 역할의 집요한 요구 앞에 히스테리를 일으킨 우리를 상냥히 달래고 있는 것처럼 보인다. "걱정하지 마. 별것 아냐. 그냥 갈아입으면 돼."

버림받고 강간당한 소녀 아일린 워노스는 자라서 히치하이킹으로 호객하는 창녀가 된다. 레즈비언 셸비(가명)에게 난생처음 사랑을 느끼고 첫 데이트 비용을 벌러 나간 아일린은 끔찍한 폭행을 당한다. 살기 위해 남자를 쏴 죽인 그날 이후 그녀는 다섯 명의 남자를 더 죽인다. 아일린이 체포되자 셸비는 등을 돌린다. 12년간 복역한 아일린은 2002년 플로리다 주 형무소에서 사형당했다. 영화 「몬스터」의 끝은 아일린의 독백이다.

영화 「몬스터」를 둘러싼 세 여자 이야기

"사람들은 말한다. 사랑은 모든 것을 이긴다고. 믿음은 산도 움직인다고. 아무리 나쁜 일에도 밝은 면이 있다고. 모든 일에는 이유가 있다고. 그래 제기랄, 다들 뭐든 주절거릴 말이 필요했겠지."

「몬스터」는 완패의 기록이며 세계를 움직이는 질서의 본성이 악하다는 가설의 유력한 증명이다. 모파상의 단편처럼 참담한 한 여자의 실화는 세 여자—미모의 할리우드 스타 샤를리즈 테론, 인디 영화의 뮤즈 크리스티나 리치, 신인 감독 패티 젠킨스—에 의해 영화가 되었다. 「몬스터」는 주제와 스타일에서, 여성 영화인들의 합작물이라는 점에서, 같은 소재의 다큐멘터리가 먼저 나왔다는 점에서, 또 오스카 여우주연상을 차지했다는 점에서 킴벌리 피어스의 「소년은 울지 않는다」를 상기시킨다. 그런가 하면 영화 안팎의 여성들이 직간접적으로 경험을 교류했다는 점에서는 「디 아워스」와 비슷하기도 하다. 시드니 루멧 감독은 한 영화에서 작업하는 사람들이 "우리는 같은 영화를 만들고 있다"는 무형의 확신을 가질 때 제대로 된 스타일이 존재하는 영화가 나온다고 쓴 적이 있다. 옳은 말이다. 그러나 그 교감의 현장에 감독과 배우들은 저마다 다른 목적을 품고 도착해서 다시 저마다 다른 것을 얻어 떠난다. 대개의 경우 영화는 정확히 일치하지 않는 여러 개의 의도가 교차하는 하나의 지점이며 우연의 매듭이다. 「몬스터」를 통과한 여자들의 스토리가 여성에 가해진 폭력에 대해 항의하고 전복하기 위해 일치단결한 자매애의 성공담과 일정한 거리를 두고 있다면 그 때문이다. 실망할 일도 아니다. 변하지 않는 것은, 조금씩 다른 그녀들의 야심과 책임감, 신념이 만난 영화를 통해 아일린 워노스의 삶이 최초로 구원받았다는 사실이다.

샤를리즈 테론

　아일린 워노스가 연쇄살인범으로 체포된 1991년, 남아프리카 공화국의 십대 소녀 샤를리즈 테론은 엄마가 정당방위로 아빠를 쏘아 죽이는 현장을 목격했다. 그러나 샤를리즈는 한 번의 악몽이 평생을 망치도록 놓아둘 만큼 약골이 아니었다. 워노스가 방아쇠를 당기며 비로소 되뇌었을 "더 이상 희생자가 되지 않겠어"라는 다짐을 테론은 이때 이미 했을 성싶다. 덤으로 소녀는 몹시 아름다웠다. 남편의 사업을 물려받은 어머니와 모델 생활을 시작한 딸은 서로를 재촉하며 부지런히 살았다. 딸이 무릎 부상으로 발레리나의 꿈을 접자 모녀는 뉴욕에서 캘리포니아로 주저없이 이주했고 테론은 스타가 됐다. 사뭇 시드니 셸던 소설풍의 전개다.

작품 선택도 나쁘지 않았고 인기도 있었지만, 샤를리즈 테론은 "눈부시지만 관객을 연연하게 만들 그 무엇이 부족한 스타"였다. 사람들은 자꾸만 그녀를, 있어주면 고마운 영화의 장식처럼 생각했다. 그것도 아주 우아한 프랑스 요리의 테두리 장식. 안주를 모르는 성격의 테론은, 대단치 않은 역할에도 몸을 던져 전력을 다했다. 그런 노력의 하나였던 1997년 「데블스 에드버킷」의 추한 극접사 숏이 「이탈리안 잡」을 촬영 중인 테론에게 「몬스터」 시나리오를 건넬 용기를 패티 젠킨스 감독에게 심어준 것은 널리 알려진 대로다. 젠킨스는 예스 아니면 노를 요구했을 뿐, 테론을 설득할 마음도 없었다(후문에 의하면 아일린 역을 원한 여배우는 뜻밖에 많았다고 한다). 처음 시나리오를 읽은 테론은 아일린 워노스가 실존 인물이라고 짐작하지 못했다. 이틀 후 테론은 5백만 달러 예산의 「몬스터」에 노 개런티 출연을 승낙했다. 그리고 감독과 워노스의 고향으로 날아가 워노스의 편지와 그녀에 대한 증언을 연구했다.

두말할 것 없이 테론은 영화 「몬스터」의 처음이자 끝이다. 샤를리즈 테론이 공짜로 레즈비언 연쇄살인자를 연기한다는 것만으로 다음 과정은 일사천리였다. 감독의 자평대로 「몬스터」는 묘한 영화다. 레즈비언 연쇄살인자라는 소재는 할리우드의 터부지만 동시에 그 때문에 제작비가 조달됐다. 샤를리즈 테론이 예쁘지 않게 나온다니 무슨 낭비냐 싶지만, 바로 테론의 뚱뚱한 모습 때문에 관객들은 영화를 보고 싶어했다. 평범한 외모를 요하는 역할에 정말 평범한 얼굴의 배우를 택하느니 미인을 망가뜨리는 쪽에 열광하는 할리우드의 습성은 유명한 조롱거리다. 그러나 현실적으로 따져보자. 일급 미녀 배우가 아니라 해도 할리우드의 현업 여배우 중에 아일린 워노스처럼 생긴 여자는 어차피 드물다.

결과론이지만 「몬스터」는 테론에게 용기 있는 희생이라기보다 절호의 기회에 가까웠다. 그녀의 꿀과 크림으로 빚어진 듯한 피부 밑에 도사린 에너지와 기교를 사람들이 마침내 주목하게 하려면, 다량의 지방과 젤라틴을 포함한 초강수가 필요했다. 테론이 「몬스터」에서 얻은 것은 연인 셀비로 분한 크리스티나 리치가 얻은 것과 반대다. 원하는 삶을 스스로 개척하지 못하고 애인 아일린의 손을 더럽히며 기생하는 셀비는, 너무 나약해서 타인을 해치는 여자다. 글렌 클로스와 존 말코비치를 모델로 삼는 연기자답게, 어리석음이나 허위를 못 참는 강한 역, 강한 이미지로 배우 생활을 끌어온 리치는 "약한 인간을 연기하고 싶어서" 「몬스터」를 택했다고 한다. 둘째, 「몬스터」의 연기는 발레리나로서 몸을 혹독하게 통제하는 작업에 익숙한 테론에게 승산 높은 도전이었다. 질병, 시련으로 피폐해진 인물을 연기한 여성 스타들은 많았지만 정신과 더불어 망가질 수밖에 없는 폐인의 육체적 측면을 곧이곧대로 연기한 배우는 많지 않았다. 테론은 여기에 심사숙고의 결과로 보이는 또 하나의 선택을 보탰다. 그녀는 「몬스터」에 출연하면서 어머니에 의한 아버지의 죽음을 공개적으로 언급했다. 그러면서 "남들이 심리치료 받을 시간에 일을 했다"며 워노스와 자신의 공감대를 암시했다. 언론은 테론이 「사이더 하우스」 개봉 무렵만 해도 아버지가 교통사고로 사망했다고 고집했고 「더 야드」 이후로는 중립적인 단어로만 부친의 죽음을 묘사했던 사실을 상기했다. 샤를리즈 테론은 「몬스터」의 영화적 맥락 속에서 민감한 과거의 경험을 편안히 공개했고, 역으로 아무도 폄하할 수 없는 가족사의 아픔을 잇댐으로써 「몬스터」를 미인의 이미지 변신 이벤트 같은 가벼운 조크로 볼 수 없도록 못박은 것이다.

그녀는 현명하고 유능했다. 오스카는 샤를리즈 테론이 「몬스터」로 받은 열다섯번째 연기상이었다. 감사할 사람들의 명단을 읊은 테론은 덧붙였다. "내가 잊은 사람이 있더라도 제발 날 죽이지 말아줘요." 오스카의 청중들은 감격한 테론이 공교롭게도 연쇄살인자 아일린 워노스를 호명하는 것을 깜박 잊었다는 사실에 아이러니를 느꼈다.

패티 젠킨스

　아일린 워노스가 체포된 나이 서른한 살에, 패티 젠킨스 감독은 자신이 연출한 첫 장편영화의 주인공이 오스카 트로피를 안는 달콤한 장관을 감상하는 행운을 누렸다. 서른한 살의 워노스를 젠킨스가 본 것은 대학 신입생 시절이었다. "그녀에겐 눈을 돌릴 수 없는 무섭고 가슴 아픈 것이 있었다. 그녀가 저지른 일이 아니라 살아남았다는 사실이 영웅적이었다." 그러나 젠킨스가 「몬스터」에 착수한 것은 오래된 텔레비전 뉴스의 기억 때문도 닉 브룸필드의 다큐멘터리 「아일린 워노스 : 연쇄살인자 팔아먹기」 때문도 아니었다. 출발은 훨씬 단순했다. 미술에서 영화로 관심을 돌린 패티 젠킨스는 미국영화연구소 감독 프로그램이 끝날 무렵에 만난 프로듀서로부터 연쇄살인자가 등장하는 시리즈물이 블록버스터 비디오 대여점 체인에서 짭짤한 수익을 올린다는 말을 들었다. 말하자면 그런 영화에 돈을 댈 사람은 언제나 있다는 투였고, 제작비만 가질 수 있다면 프로젝트를 가릴 생각 따위는 없었던 젠킨스는 워노스의 스토리에 착안했다. 마침 일련의 연쇄살인극이 쏟아져나오고 있었고, 「미드나잇 카우보이」 「황무지」 「보니 앤 클라이드」 같은 1970년대 영화의 팬인 젠킨스는 워노스의 스토리에서 도덕극으로 흐르기 십상인 보통 연쇄살인극과 차별화된 영화의 가능성을 보았다.

　어쨌거나 기획 단계의 「몬스터」는 비디오 시장으로 직행하는 선정적인 저예산 범죄영화였다. 내심 아일린 워노스의 캐릭터 영화를 목표로 삼았던 젠킨스는 형무소의 워노스와 직접 편지를 주고받기 전까지는 아무튼 장르영화의 게임을 하게 되려니 예상했다. 그러나 펜팔은 그녀를 흔들어놓았다. 다정했다가 다시 불신으로 손톱을 세웠다가 오락가락하는 아일린 워노스의 편지에 젠킨스는 점점 말려들었다. 한쪽에서는 워노스에게 최대한 신실한 답장을 쓰면서, 다른 한쪽으로는 제작사들로부터 "섹시한 애들 섭외해줄게" 같은 이메일을 받았던 젠킨스는 "이런 식으로는 못 찍을 것 같다"고 뜻이 맞지 않는 프로덕션에 통보하고 영화의 방향을 정리했다. "특별히 내가 예술적 신념이 있어서라기보다 (워노스의 이야기가) 내 맘대로 도박할 수 있는 내 판돈이 아니라서였다"고 젠킨스 감독은 야무지게 회고한다. 편지를 통한 의논 작업이 4분의 3쯤 진행됐을 때 갑자기 사형 집행이 결정됐고, 처형 전날 밤 아일린 워노스는 친한 친구 던 보트킨즈에게 보낸 서신을 보트킨즈가 영화 팀에 공개해도 좋다고 허락했다(범죄자가 범죄 회고록으로 돈을 벌 수 없다는 '샘의 아들' 법령에 따라, 제작진은 보트킨즈를 통해 간접적으로 판권을 얻었다).

관객들의 예상과 달리 패티 젠킨스를 만나본 사람들은 그녀의 정치적 견해가 오히려 보수적인 편이라고 말한다. 독극물 주사로 집행된 워노스의 처형에 관해서도 패티 젠킨스는 국선변호의 형편없는 질을 문제삼았을 뿐, 사형의 원칙은 지지했다고 한다. "망가진 삶이다. 구원이 불가능했다"라는 말도 전해진다. 현실주의자로서 패티 젠킨스는 여성 감독이라는 타이틀도 편리하게 '이용'하는 입장에 가깝다. 이런 식이다. 남자 감독이라면 남성으로서의 부채의식 때문에 워노스를 희생자 내지는 페미니스트 영웅으로 그려야 할 것 같은 일말의 강박을 가졌을 테지만, 여자 감독이므로 자유롭다. 예컨대 남자 감독이라면 워노스가 선량한 남자에게 방아쇠를 담기는 마지막 살인 장면을 넣는 것에 정치적 부담을 느낄 테지만 여자 감독은 그렇지 않다. "여성 감독의 여성 이야기로 이 영화를 부르는 것은 내겐 성가신 관점이다. 그러나 확실히 유용한 무기였다"라고 젠킨스는 말한다. 누가 참견을 할라치면 "이래라 저래라 마라. 나도 여자고 샤를리즈도 여자니까 뭘 어떻게 할지 잘 안다"고 일축할 수 있다는 것이다.

젠킨스 감독도 '인디펜던트 스피릿 어워드' 시상식장에서 극찬으로 이 영화를 화제로 만든 『시카고 선타임스』의 로저 에버트에게 감사했지만 아일린에게는 감사를 언급하지 않은 점을 『로스앤젤레스 타임스』는 지적했다. 스스로 페미니스트라 칭하지만 「몬스터」가 페미니스트영화라고 불리는 것은 영화의 의미를 축소하는 일이라고 보는 그녀가 커리어에 대해 갖고 있는 포부는 명료하다. 여성 감독이라고 여성영화를 만들어야 하는 것도 아니고 오기로 액션영화를 만들지도 않겠다는 것이다. 보편적인 영화를 보편적이고 호소력 있는 주인공을 등장시켜 만들려는 젠킨스 감독은 차기작으로 가족 코미디를 준비 중이다.

아일린 워노스

누군가 미시간 주 트로이 출신의 여인 아일린 워노스의 생애를 연보로 만든다면 고문일지처럼 보일 것이다. 워노스에게 열세 살은 강간당하고 임신한 해, 열네 살은 가족에게 쫓겨난 해, 또 어느 해는 자살을 기도한 해로 기억된다. 심지어 처음 사랑에 빠진 사람과의 첫 데이트를 약속한 기념할 만한 날조차 그녀는 의식을 잃을 때까지 맞고 자동차 공구로 성폭행당하고 온몸에 휘발유가 끼얹어졌다. 남자들에게 사랑을 준 대가로 마릴린 먼로가 되길 꿈꾸었지만, 결국 그녀는 도시의 야생동물이 됐다. 변덕스러운 동정과 착취로 연명하고, 덤불과 거리 이곳저곳에서 노숙한 탓에 몸은 동상 자국투성이인.

영화가 중점적으로 묘사한 시기에 아일린 워노스는 셀비 월과 사랑의 도피를 하고 그녀를 먹여 살리고 붙들기 위해 모텔을 전전하며 살인을 계속한다. 그러나 철없는 애인과 그녀는 점점 보통의 지루한 커플처럼 변해간다. 셀비는 왜 빨리 몸을 팔아 돈을 벌어오지 않느냐고 불평하고 아일린은 그녀를 착취한 남자들처럼 말하고 행동하기 시작한다.

어떤 의미에서 아일린 워노스의 삶은 대단히 영화적이었다. 그녀는 사랑에 의해 잠깐 구원받았다가 다시 사랑에 의해 완전히 파괴된다. 때문에 「몬스터」는 두 가지 중 하나의 과정에만 시선을 주는 통상의 영화와 다른 시야를 보여준다. 특정한 몇 가지 습관으로 말하고 움직이며, 진심으로 소통하기보다 항상 뭔가

방어하는 것처럼 행동했던 워노스는 샤를리즈 테론에게 쉽지는 않지만 분명한 연기 모델을 제공했다. 줄담배, 불안한 눈동자, 영역을 확보하듯 어기적거리는 걸음걸이, 과장된 웃음. 불행한 아이들이 증오하는 부모를 닮아가듯, 워노스의 사진과 기록 필름들은 그녀를 학대했을 폭력적이고 자신감이 결여된 남자들을 닮았다. 하지만 워노스의 사진과 영화 속 샤를리즈 테론의 모습을 찬찬히 들여다보며 깨닫게 되는 또 다른 사실은, 그녀가 영화 홍보를 통해 널리 일컬어졌듯 끔찍한 추물은 아니라는 점이다. 아일린 워노스는 아름답지 않을 뿐, 힘들게 산 흉터를 지닌 보통 외모의 여성이다. 스타 테론의 캐스팅과 특수분장을 통해 '괴물'로 변한 것은 사실 샤를리즈 테론이 아니라 아일린 워노스인지도 모른다.

아일린 워노스는 1991년 1월 플로리다에서 체포돼 2002년 10월 처형당했다. 억울함을 호소하던 워노스는 2001년 갑자기 살인을 인정했다. 변호사를 해고하고 지방 검사보에게 "앞으로도 다시 순수한 증오에서 살인을 저지를 것이다"라는 보증까지 했다. 그러나 형이 결정된 후에는 "거짓말했다. 그냥 죽기를 원할 뿐이었다"라고 토로했다. 아일린 워노스가 진정 뭘 말하고 싶어했는지는 끝까지 불분명했다. 패티 젠킨스 감독도 샤를리즈 테론도 편지와 증언을 통해 그녀를 접했을 뿐, 직접 만난 적은 없었다. 언론은 남자를 혐오하는 레즈비언 킬러라고도 부르고 자력구제에 나선 페미니스트 액션 히어로라고도 생각했지만 누구도 워노스의 진의는 몰랐다. 워노스는 자기를 표현하는 요령이 부족한 여자였다. 분노가 많았고 말주변은 없었다. 『할리우드 리포터』에 「몬스터」 프로젝트가 공개된 것은 워노스가 처형된 날이었다고 전해진다.

『뉴요커』의 데이빗 덴비는 「몬스터」를 가리켜 "예술이 다큐멘터리적 진실에 승리를 거둔 경우다. 현실의 워노스는 까다롭고 고집이 세 우리에게 자신의 일면밖에 보여줄 수 없었다. 그녀의 인간성을 입체적으로 보여주기 위해서는 결국 상식적인 사람과 예술가가 필요했다"고 썼다. 아일린 워노스는 두려움과 죄책감을 자아내는 존재였고 친구를 잘 사귀지 못하는 여자였다. 사람들이 그녀의 삶으로부터 시선을 돌리시 않고 지켜보게 하는 데에는, 인간과 인간 사이에 존재하는 사회적 거리를 (안전하게) 파괴하는 영화의 권능이 동원돼야 했다.

■■■■■■■■■ 배우를 국적으로 갈라 연기를 논하는 것은 크리
켓의 규칙을 이해하려는 것만큼 부질없는 노력일지도 모른다.
영국 배우들은 결코 단번에 들이켤 수 있는 한 잔의 홍차가 아니
다. 제레미 아이언스와 휴 그랜트가 데이빗 니븐과 마이클 요크
의 계보를 잇는 영국 귀족신사의 얼굴이라면, 노동계급과 아웃
사이더로 자주 분하는 로버트 칼라일, 크리스토퍼 에클스턴, 데
이빗 튤리스, 이안 하트는 리처드 해리스, 알버트 피니를 위시한
'앵그리 영맨' 세대 배

영국 배우의 힘

우들의 좀더 왜소한 후
배들이라고 부르는 편
이 옳다. 웬만하면 영화
도 문학 각색물을 선호
하는 바네사 레드그레
이브가 있는 반면 연극
에 별로 미련을 두지 않
는 마이클 케인도 있다. 팀 로스와 게리 올드먼은 언제든 대서양
을 건너가 '저수지의 개' 멤버가 될 수 있는 배우이며, 미국인은
물론 동양계로 분해도 아무도 이의를 제기할 수 없는 변신의 귀
재 밥 호스킨스, 벤 킹슬리 같은 배우도 있다. 가장 예외적인 인
물인 숀 코너리는 개인주의적 영웅의 이미지와 육체성을 내세운
다는 점에서 오히려 클린트 이스트우드나 게리 쿠퍼 같은 할리
우드 스타의 풍모를 지녔다. 그럼에도 영국 배우의 집단적 속성
과 힘을 간추릴 수 있는 이유는, 그들이 문학의 전통과 연극, 텔

레비전, 영화의 긴밀한 교류로 이뤄진 특정한 시스템에서 태도와 스타일을 형성한 연기자들이며, 할리우드와 유럽영화에 지속적으로 그 흔적을 남겼기 때문이다. 영국 배우들은 할리우드 스타 시스템과는 또 다른 방식으로 영화 텍스트에 창조적 영향력을 행사하는 연기자 집단이다.

장인으로서의 배우

자국 영화에 대해서는 자조를 넘어 자학을 즐기는 영국인들이지만 배우에 관해서는 다르다. 자긍심이 높다 못해 케빈 스페이시, 글렌 클로즈, 존 말코비치 같은 우수한 미국 배우를 은근히 '명예 영국 배우'로 취급하기도 한다. '영국 배우는 연기를 잘한다'는 널리 유포된 속설은 따지고 보면 그들의 연기가 가장 감쪽같다거나 진정하다는 것과는 조금 다른 의미다. 사실 연기에서 무엇이 리얼하고 무엇이 과장인가의 기준은 시대와 더불어 변하기 마련이다. 당대에 형식 파괴로 불렸던 연기는 수십 년 후 '신파'가 된다(사실 '신파'도 새로운 '新' 자를 쓰는 단어다). 1993년 『인디펜던트』지는, "온전한 문장으로 말할 수 있고, 우스꽝스럽지 않게 시대극의 의상을 소화하며 식탁과 결투의 매너에 통달한 연기"가 미국인들이 영국 배우에 갖는 통념이라고 썼다. 한마디로 영국 배우들은 기교적으로 능란하다. 보잘것없는 영화의 조연으로 나온 그들은 한 손을 등 뒤로 묶어놓은 듯한 가벼운 분위기로 모자람 없이 제 몫을 한다.

영국의 거장 로렌스 올리비에 경과 뉴욕 액터스 스튜디오 출신 더스틴 호프먼이 공연한 「마라톤 맨」(1976년) 촬영현장은 유명한 일화를 남겼다. 극중 인물로 둔갑하는 트릭을 밥 먹듯이 구사해온 올리비에에게 스릴러 「마라톤 맨」은 '일거리' 중 하나일 따름이었다. 그러나 메소드 연기자 호프먼은 느리고 고통스럽게 캐릭터의 진실을 발견해야만 직성이 풀렸다. 극중 인물 토마스가 되기 위해 현장에서 줄곧 달리기를 하는 호프먼에게 올리비에는 말했다. "거, 세트에서 고만 뛰고 그냥 연기나 하는 게 어떻소?" 더스틴 호프먼처럼 훌륭한 메소드 연기자는 아예 그 인물로 살고자 한다. 그러나 연기는 어디까지나 완벽한 모방에 불과하며 배우는 극중 감정과 거리를 유지하는 것이 당연하다고 보는 고전적 배우의 눈에 제2의 자아를 찾기 위한 메소드 배우의 몸부림은 감상적인 호들갑으로 보인 것이다. "배우들은 무대에서 표현하는 감정에서 거리를 둔 냉정한 테크니션이어야 한다"라고 일찍이 설파한 철학자 디드로라면 올리비에 경에게 한 표를 던졌으리라. 고전적으로 훈련된 영국 배우들은 제인 오스틴식으로 말해서 대체로 '합당한agreeable' 연기에 만족하는 것처럼 보인다. 리허설이 일이고 연기는 긴장의 이완이라고 표현한 배우 마이클 케인은 "촬영 중에는 평소에도 캐릭터의 억양을 씁니까?"라는 질문에 "액션 신호가 떨어지기까지는 절대 안 쓴다. 나랑 아무 상관없는 억양이니까"라고 일축한 바 있다. 영국 배우들은 낭만적 예술가나 신적인 스타보다 장인匠人에 가깝다.

앙상블의 기꺼운 동참자들

영국영화는 인적 자원과 자본을 연극과 텔레비전 및 라디오 방송에 크게 빚지고 있다. 물론 부문 간 교류가 비단 영국만의 풍경일 리는 없다. 그러나 한 배우의 일과를 그려보자. 낮에는 시내 스튜디오와 방송국에서 촬영한 다음 저녁에는 웨스트엔드 무대에 설 수도 있는 런던과, 대륙을 횡단해야 브로드웨이에 다다를 수 있는 로스앤젤레스의 환경은 사뭇 다른 것이 당연하다. 영국 배우가 지닌 상대적 강점도 여기서 비롯된다. 연극, 영화, 텔레비전, 라디오, 심지어 잘 다듬어진 발성을 이용하는 오디오북에 이르기까지 영국 배우들은 다재다능하고 활동 영역의 폭이 넓다. 재능의 유연함은 배역의 경중을 대하는 자세에도 적용된다. 1980년 『뉴욕타임스』와 인터뷰에서 알란 베이츠는 "우리는 이번 주에는 셰익스피어 극에서 주연을 했다가 다음 주에 '병사1'을 연기할 수 있도록 훈련받았다. 우리는 영화와 텔레비전에서 주연한 직후 작은 배역을 연구한다고 체면을 잃지 않는다"고 말했고, 존 길거드 경은 "기본적으로 우리는 모두 성격 배우들이다. 1940년에 히치콕이 할리우드로 진출하면서 알려지지 않은 영국 연극배우들을 조연으로 캐스팅한 것은 그들이 섭외를 수락하고 양질의 연기를 보여주리라는 것을 자신했기 때문이다"라고 설명했다.

영국 영화산업은 할리우드처럼 강력한 스타 시스템을 구축하지 못했다. 또, 극단의 단원으로 연기 생활을 시작해 스크린에 진출하고 영화배우가 된 이후에도 극단원의 신분을 유지하는 경우가 흔한 영국 배우는 스타의 에고가 희박하다. 영국 배우들은 할리우드 스타처럼 이미지 관리에 까다롭지 않고 개런티도 훨씬 저렴하다. 자신이 세계의 중심이라고 생각하거나 영화 연기가 위대한 무엇이라고 믿는 영국 배우의 인터뷰를 찾긴 힘들다. 심지어 이런 전통은 「해리 포터」 시리즈 아역 배우들과 만나보아도 확인할 수 있다. 덕분에 관객이 누리는 가외의 축복이 있으니, 영국 배우들의 탁월한 앙상블 연기다. 1천3백만 달러 예산으로 헬렌 미렌, 매기 스미스, 마이클 갬본, 알란 베이츠, 켈리 맥도날드 등 한 무리의 근사한 영국 배우들을 「고스포드 파크」에 집결시킨 로버트 알트먼 감독은 "영국 배우들은 의심의 여지없이 최고다. 훌륭하게 훈련돼 있고 제대로 된 태도를 갖추고 있다"고 예찬했다.

　태생적으로 영국 배우의 집단 캐스팅을 요구하는 고전문학 각색물이나 시대극만 영국 배우의 집회 장소는 아니다. 마이크 리의 사실주의 드라마나 데이빗 마멧의 연극에서 불꽃을 튀기던 영국 배우들은 호그와트 마법 학교나 배트맨의 고담 시에서도 위화감 없이 유려한 화음을 뽑아낸다. 연기 중심으로 영화를 보는 관객에게, 서로의 공력을 음미하고 동행을 즐길 줄 아는 영국 배우들의 앙상블만큼 황홀한 코스요리는 없다.

할리우드의 동경과 배척

제3국 관객에게는 유사 미국 배우로 보이고, 할리우드의 관점에서 보면 이방인을 대표한다는 점이 영국 배우의 역설이다. 할리우드는 영국 배우를 동경하는 동시에 저어한다. '로열' 셰익스피어 극단이 상징하는 고전적 연기의 권위에 대한 존중은 영국 배우와 공연하는 할리우드 배우들의 인터뷰에서 흔히 감지할 수 있다(그들은 연기로 작위도 얻었지 않은가!). 적대적 거리감의 노골적인 예는 마리사 토메이가 바네사 레드그레이브, 주디 덴치, 미란다 리처드슨 같은 영국계 명배우들을 제치고 여우조연상을 차지한 1993년 오스카 시상식일 것이다. 시트콤 「프렌즈」에서 로스가 영국 여자 에밀리와 사귈 때 극중 다섯 친구와 시청자들의 악감정을 상기하면 당시 아카데미 회원들의 기분을 짐작할 수 있지 않을까.

동경과 배척의 공통된 바탕은 거리감인데, 이는 영국 배우의 할리우드 캐스팅에서 상류층과 악당이라는 두 가지 얼굴로 나타났다. 1970년대 미국영화 전성기에 영국 출신 배우들이 미국 배우에게 주연급을 내준 다음 특히 두드러진 현상이다. 2000년 『뉴욕타임스』는 「순수의 시대」에서 뉴욕의 귀족을 다니엘 데이-루이스가 연기하고 「리플리」에서 미국 재벌의 아들을 주드 로가 분한 것을 두고, 이민자 사회 미국의 미묘한 계급의식이라고 풀이하기도 했다. 또 기네스 팰트로의 상류층 연기는 크리스틴 스콧 토마스나 케이트 블란쳇 같은 영연방 배우들의 그것에 비해 왠지 '이미지 흉내'처럼 보인다는 인상기까지 곁들였다. 대중과 친근한 이미지를 지켜야 할 미국 스타로서는 여러모로 다루기 껄끄러운 '귀족성'을 영국 배우에게 맡겨버린다는 해석이었다. 비단 상류층만은 아니다. 영국이 오래된 신분사회라는 것 외에 정확한 이유는 알 수 없지만, 영국 배우들은 경제적인 계층으로서만이 아니라 문화적인 총체로서 계급성을 표현하는 데에 언제나 탁월하다는 평을 듣는다. 그런가 하면 악역은 할리우드 오락영화가 영국 배우들에게 진 가장 큰 빚이다. 영국식 연기의 품위와 정확성은 평면적인 이야기와 캐릭터를 가진 액션영화의 악역에 뉘앙스를 불어넣는다. 나아가 프로젝트의 중량감과 신용을 더하는 기능도 한다. 요컨대 갖은 악행에도 불구하고 왠지 그럴 만한 이유가 있어 보이는 인물을 표현하는 데에 영국 배우들은 적격이다. 신화적인 단순 대립구도와 원형적인 인물, 일상성이 없는 대사 때문에 자칫하면 유치해 보이기 쉬운 판타지 블록버스터에서도 영국 배우들은 드라마의 중심을 단단히 고정하는 역할을 한다. 이쯤 되면 인간적 '특수효과'라고 불러도 좋을 것 같다.

감독과 카메라를 게으르게 하는 유혹자

세상은 넓고 연기는 다양하다. 베르너 헤어조그는 배우들의 몽환적 연기를 위해 최면술을 동원하기도 했다. 「포레스트 검프」 「폴라 익스프레스」에서 디지털 캐릭터를 상대로 열연을 편

톰 행크스가 열렬히 증언하겠지만, 영화 테크놀러지의 발전과 함께 우수한 영화 연기의 정의는 확장되고 있다. 영국 배우들의 우아하고 엄격한 스타일은 좋은 연기의 교범이라고 주장할 수는 없다. 영국 배우에 대한 대표적 불만의 하나는 욕망과 감정의 표현이 딱딱하다는 것이다. 주로 잉글랜드 출신 배우들의 '경직된 윗입술'에 집중되는 이 지적은, 영국영화가 감정적으로 건조하다는 비판과 짝을 이룬다. 그러나 영화학자 리처드 다이어는 『사이트 앤 사운드』에서, 이 비판이 감정과 감정의 표현 방식을 혼동한 결과라고 반론했다. 다이어에 따르면 해머 호러와 '캐리온' 시리즈 같은 소동극 코미디조차 그 절정은 넘치는 리비도와 감정을 감추고 억제하려던 인물이 끝내 실패하는 순간에 있다 (예컨대 늑대인간의 변신은 유예된 욕망의 폭발이다). 어느 나라건 중산층 영화가 드러내는 특징인 감정적 절제를 굳이 '영국적'이라고 부를 수 있을까? 다이어는 가장 먼저 산업화하여 중산층 문화를 형성한 사회가 영국이라는 점에서 부당하지 않다고 덧붙인다.

감정적 규율과 행동의 규약 때문에 영국 배우들은 여자는 차갑게, 남자는 여성적으로 보인다는 평도 듣는다. 상대적으로 모호한 성적 정체성은 할리우드 배우에 비해 스타성이 떨어지는 요인으로 간주되기도 한다. 하지만 히스클리프와 미스터 다아시, 「어나더 컨트리」의 루퍼트 에버렛과 「잉글리시 페이션트」의 크리스틴 스콧 토마스의 섹시함에 전율하는 관객이라면 이에 동의하지 않을 것이다. 영국 배우에 대한 한층 근본적인 비판은

'영화적이지 않다' '목 위쪽으로만 연기한다' 는 것이다. 『영국영화의 현재』에서 줄리언 페틀리는 영국 배우들이 "연기하는 티를 내지 않으면서 어떻게 보일 것인가를 연구해야 할 영화 연기의 엣센스를 모른다"고 불평했다. 이것은 궁극적으로 미장센과 몽타주보다 대사와 인물에 의존하는 영국영화의 전통에 대한 우려와 연결돼 있다. 분명히 영국영화에는 편향이 존재하고 영국 배우들은 그 편향의 축이다. 그러나 확고부동한 단점은 종종 장점의 씨앗이다. 정확하고 좀처럼 감정적 허영에 사로잡히지 않는 영국 배우들의 연기는 제대로 된 안티테제를 만나면 굉장한 합슴을 만들어낼 잠재력이다. 그때까지는 페틀리의 근심에 우리는 전적으로 동의할 수 있다. 감독과 카메라를 게으르게 만들기 쉬운 유혹자라는 점. 그것은 영국 배우들이 지닌 최대의 악덕이다.

그리스 신화의 미소년 아도니스의 피에서 피어났다는 아네모네는 바람이 불면 피고 다시 바람이 불면 지는 덧없는 꽃이다. 그런 연유인지 스크린의 아도니스들 역시 숭배에서 멸시로 변덕스레 치닫는 비탈길을 오르내린다. 빼어나게 예쁘고 섹시한 여배우가 나타났을 때 연기자로서 그녀의 미래를 걱정하는 사람은 아무도 없지만, 좋은 자질을 지녔다 싶은 남자 배우가 별나게 아름다운 얼굴과 몸을 갖고 있다면 사람들은 별안간 미

아도니스의 후예, 그들에게 꽃을 던져라

모가 그의 앞길에 걸림돌이 될 거라며 앞다투어 근심하기 시작한다. '예쁘장한 사내녀석'들은 아무래도 신뢰할 수 없다는 듯.

욕망의 대상으로서 스스로의 육체를 은막에 전시한 최초의 남자 배우는 이탈리아 출신의 루돌프 발렌티노다. 열여덟 살에 혈혈단신 할리우드로 건너온 발렌티노는 MGM의 「묵시록의 네 기수」 「시크」 「피와 모래」 등을 공전의 히트작으로 이끌며 20세기 초 여성 관객의 넋을 빼앗아갔다. 1927년 루린 프루엣은 "만약 지금까지 남성이 여성을 그들의 욕망과 필요를 만족시키는 피조물로 빚어냈다면 이젠 여자들이 그렇게 할 차례"라고 썼다. 이국적 열정이 타오르는 눈빛으로 금지된 에로티시즘의 세계를 암시한 발렌티노의 고공 스타덤은, 19세기

말 여성참정권 운동을 이어받은 당시의 신페미니즘 공기 속에 솟아오른 기념비였다. 당시로선 치명적 꼬리표였던 게이니 성불구자니 지골로니 하는 발렌티노에게 쏟아진 악의적 뒷공론들은, 여성들의 욕망에 물꼬를 튼 그의 '도발'에 대한 무의식적 반발이었는지도 모른다. 이를 반증하듯 많은 영화 속에서 발렌티노의 육체는 징벌이라도 받는 양 숱하게 매맞고 고초를 겪는다. 발렌티노가 요절한 1926년은 이미 그의 인기가 내리막을 걷던 시점이었으나 그의 장례날에는 구름같이 몰려든 여성 팬들로 생난리가 빚어졌다.

미남 스타의 계보, 귀공자풍에서 반항아로

무성영화 시대 '은막의 연인' 왕관은 존 길버트와 존 배리모어(드루 배리모어의 할아버지)에게 계승됐다. 길버트는 그레타 가르보의 상대역으로 유명해진 스타로 발렌티노보다는 덜 위험스러운 매력으로 여성을 사로잡았고, 귀공자풍 완전무결한 옆모습으로 찬탄을 자아낸 배리모어는 연기적 재능 못지않게 부단한 염문과 알코올에 얽힌 스캔들로 대중의 관심 한복판에 머물렀다. 무성영화 스타들의 어딘지 초월적이고 이 세상 것 같지 않은 미는 1927년 사운드 시대가 도래하면서 점차 세속적인 매력으로 대체돼갔다. 특히 여성 스타에 비해 넓은 행동반경을 허락받은 남성 스타들은 스테레오타입 안에서 그나마 다양하게 변주된 캐릭터를 향유할 수 있게 된다.

1930년대 로맨틱한 우상으로 부상해 풍성한 커리어를 일군 게리 쿠퍼는 정의감과 용기 같은 정신적 가치를 섹시함의 범주에 처음 끌어들인 '미남 영웅'의 원형이다. 사색의 표정이 고인 여윈 얼굴로 조용히 움직이는 그는 여성의 존경심과 모성애를 동시에 자극했다. 반면 스크루볼 코미디의 귀재인 '오목턱' 캐리 그랜트는 세련된 바람둥이 역을 힘도 들이지 않고 완벽하게 구현하면서 1950, 60년대 히치콕 영화까지 기운찬 행진을 계속했다. 오뚝한 코와 큰 눈동자, 고른 치열을 찬미한 1940년대는 엄격한 미적 규범이 지배한 시대였다. 「애수」의 로버트 테일러는 결코 여자를 울리거나 배신하지 않을 것처럼 보이는 온화한 미남자의 이미지를 스크린 안팎에서 체현하면서 1930, 40년대 여성 스타들이 선호하는 '무난한' 상대역으로 상종가를 누렸다. 테일러의 후계자는 1950, 60년대 멜로드라마의 흥행 보증수표로 통했던 최후의 '메이드 인 스튜디오' 스타 록 허드슨. 가명에서 결혼까지 모조리 스튜디오에 의해 프로그램된 삶을 산 그는 동성애자로서 정체성을 비밀에 부쳐야 했다. 로맨틱코미디 「필로우 토크」에서 '게이 흉내를 내는 이성애자'를 연기하며 겹겹의 가면을 뒤집어쓴 게이 배우 허드슨의 모습은 오늘날 관객을 서글프게 한다.

1950년대는 미남 배우의 아름다움 속에 가시를 세운 전복의 에너지를 목격했다. 자신의 미모가 성가신 듯 눈살을 찌푸린 액터스 스튜디오 졸업생 제임스 딘과 폴 뉴먼, 말론 브랜도는 여성 관객들에게 꽃다발 대신 뻔뻔하게도 신경쇠약과 성욕, 콤플렉스를 눌러 담은 상자를 내밀었다. "가진 건 이것뿐이니 맘대로 하라"는 식인 그들의 구애는 대단히 성공적이었다. 1960, 70년대에는 스튜디오 체제가 해체되고 에이전트들 중심으로 영화 제작 인력을 규합하는 패키지 시스템이 발전하면서 아예 스타를 염두에 두고 쓰인 영화들이 등장했다. 그러나 이미 1930년대부터 올림포스 신전을 벗어나 한 걸음씩 하산하기 시작한 스타들은 이 무렵 완전히 지상에 발을 디뎠다. 평범한 외모의 안티 히어로들이 중원을 점령한 1960년대 이후로는 폴 뉴먼과 로버트 레드포드 이외에 중요한 미남형 스타를 찾기 어렵다.

스크린 속 남성, 탐한들 어떠리

스타는 동시대를 살아가는 사람들의 욕구와 백일몽을 담은 성궤이며, 이상적인 남성과 여성의 모델을 밝혀 보이는 전광판이다. 그런 의미에서 남성과 여성, 동성애와 이성애, 소년과 성인 남성 사이의 높은 담벼락을 부드럽게 타넘는 미남 스타들은 그들의 의도와 무관하게 지배적인 남성성의 이미지를 교란하고 재구성하는 유혹적인 '게릴라'들이기도 하다.

미모는 그저 피부 한 꺼풀이라는 옛말도, 적어도 영화의 세계에서는 다시 생각해야 할 명제가 아닐까. 관객이 영화를 숨쉬고 체험하는 것은 배우를 통해서이며, 그들은 캐릭터 이전에 우선 하나의 얼굴로서, 몸으로서 우리에게 다가선다. 영화학자 벨라 발라스가 클로즈업의 효과를 분석하며 지적했듯이 얼굴은 언어보다 더 고유하고 개성적인 영혼의 표현이다. 외모가 배우의 연기 인생에 끼치는 위력 역시 크다. 『스크린 연기의 비밀』의 저자 패트릭 터커는 배우의 얼굴에는 이미 연기가 새겨져 있다고 쓴다.

우리의 어머니들이 몽고메리 클리프트를 보러 극장에 가고, 우리가 디카프리오 때문에 「타이타닉」을 두 번 본 것은 창피한 일일까? 장동건에게 반해 「인정사정 볼 것 없다」를 봤다고 말하는 일은 부끄러운 노릇일까? 인간 신체 일부나 사물에 과도한 의미를 부여하는 페티시즘은, 주로 여성을 쾌락의 소재로 착취하는 장치로 악용돼온 탓에, 영화매체가 지닌 악덕 중 하나로 비판받았다. 하지만 원칙적인 의미에서의 관음증이나 페티시즘이 없었다면 도대체 영화가 존재할 수 있었을까. 우리는 모두, 누군가를 혹은 어떤 사물을 경배하고 열망하고 쓰다듬고 싶어하는 '팬'이다. 영화 보기의 그같은 쾌락을 부정한다면, 그는 혹시 지나치게 많이 읽고 쓰느라 보는 법을 잊은 사람이 아닐까. 스크린 위에 거대하게 떠오른 인간의 형상이 너무 아름다워 꽃이라도 던지고 싶은 충동을 느낄 때 우리는 영화의 가장 마술적인 모멘트에 동참하고 있는 것이다.

PLAYERS

유혹자들

세기의 라이벌,
찰리 채플린 vs. 버스터 키튼

Charlie Chaplin vs. Buster Keaton

영화매체가 갓 태어났을 때 코미디는 이미 대중문화의 옥좌에 앉아 있었다. 세기 전환기의 노동 대중은 보드빌 극장에서 뮤직홀에서 서커스 천막에서, 웃음에 목말라했다. 오래지 않아 코미디는 초기 영화를 지탱하는 대들보 장르가 됐다. 문학과 연극의 품격을 빌려 예술로 신분 상승을 꾀하던 서사극이나 시대극과 달리, 무성 코미디는 거리로 뛰쳐나가 20세기 초 산업사회의 일상 속으로 몸을 날렸다. 자동차, 여성참정권 운동, 비행기, 실업 사태. 코미디의 스크린은 금기를 몰랐다. 그 소용돌이 속에서 초기 코미디언들은 물신숭배 시대의 도래에 아랑곳 않고 신나게 기물을 파손했다. 무성영화의 많은 위대한 광대들 중에서도 버스터 키튼과 찰리 채플린은 마임의 리듬을 영화매체의 리듬으로 확장한 두 명의 선구적 천재였다.

　말보다 노래를, 걸음마보다 춤을 먼저 익힌 키튼과 채플린은 모두 보드빌 무대에서 뼈가 굵었다. 채플린은 인물의 성격을 중시하는 영국의 보드빌 극에서, 키튼은 약장사 쇼를 통해 웃음에 인색한 관객과 대결하는 법을 체득했다. 캐릭터 빚기에 공을 들이는 채플린과 스피드와 정밀한 타이밍을 자랑하는 키튼의 차이는 일찌감치 결정된 셈이다.

　1915년 키스톤 스튜디오 분장실에서 채플린이 창조한 '작은 떠돌이'는 20세기를 통틀어 가장 널리 알려지고 깊이 사랑받은 허구의 캐릭터가 되었다. 해진 양복에 콧수염과 지팡이로 점잔을 빼는 떠돌이는, 동정 없는 세상에서 자존을 잃지 않으려고 애쓰는 모든 사람의 초상이었다. 홀대받은 떠돌이의 눈에 슬픔이 살짝 고일 때면 대중의 입가에도 한숨이 흘렀다. 빈곤과 알코올, 정신병으로 얼룩진 유년을 영화에 쏟아넣은 채플린과 달리 키튼은 결코 연민에 호소하지 않았다. 무표정을 석고가면처럼 뒤집어쓴 키튼의 캐릭터는, 언제나 엄청난 재난에 휘말리고도 동요하지 않은 채 이런저런 우연에 힘입어 털끝 하나 안 다치고 살아남았다. 아슬아슬한 곡예를 태연자약하게 해내는 키튼의 세계에서 리얼리티와 판타지는 흔적도 없이 접합됐다. 채플린이 카메라를 자신의 가장 내밀한 곳으로 관객을 청하는 러브레터로 사용했다면, 키튼은 카메라를 자신이 내부에 들어가 함께 작동해야 하는 메커니즘으로 파악하고 그 기계적 속성을 극한까지 밀어붙였다. 이런 이유로 모더니즘 비평이 득세한 1970년대에는 감상적인 채플린보다 키튼에게 후한 점수를 주는 태도가 유행하기도 했다.

사운드 도입이 던진 충격은 두 사람 중 키튼에게 훨씬 가혹했다. 채플린은 "인류 사상 가장 오래된 예술인 무언극을 말살하는" 토키 영화에 불만을 표하면서도 30, 40년대를 당당히 통과했으나, 토키 연기에 적응하지 못한 키튼은 작품에 대한 통제권을 빼앗기고 영화공장 노동자로 전락했다. 채플린이 자유주의 사상을 꼬투리잡혀 선동가들의 표적이 되는 드라마틱한 수난을 겪었다면, 키튼은 망각 속으로 천천히 무화해가는 고통을 지루하게 겪어야 했다. 근근이 연명하던 키튼이 「선셋 대로」에서 잊혀진 무성시대 스타로 잠깐 출연한 장면은 아마 역사상 손꼽히는 가슴 저린 카메오일 것이다.

두 '작은 거인'의 예민하고 유연한 육체와 정신은 20세기의 환부와 아이러니를 누구보다 먼저 예감했다. 초기 영화 연구자 톰 거닝의 관찰대로, 「모던 타임스」의 채플린이 휴머니즘적인 코멘트를 은막 위에 또박또박 새긴 예술가였다면, 키튼은 전능한 기계 앞에서 아이처럼 무력해하면서도 살아남으려면 기계와 동화되는 수밖에 없는 현대의 차가운 패러독스를 몸으로 보인 예술가였다.

키튼과 채플린은 1952년 「라임라이트」 촬영장에서 재회했다. 채플린이 극중 자신의 어시스턴트 역으로 키튼을 고른 것. 톰 다디스의 전기 『키튼』에 의하면 영화에 대한 희망을 거의 버렸던 키튼은 그 제의에 크게 놀랐고, 현장의 스태프들은 그의 시들지 않은 명연에 놀랐다고 한다. 키튼은 출연료가 너무 박하지 않느냐는 주위의 불평에 무보수라도 했을 거라고 조용히 대꾸했다고 전해진다.

작가의 월계관을 비뚜름히 쓴 엔터테이너, 히치콕

Sir Alfred Joseph Hitchcock

어떤 이의 생일파티는 영원히 계속된다. 1999년 8월 13일은 알프레드 히치콕 감독이 태어난 지 백 년 되는 날. 몇 해 전 백 살을 자축했던 영화계는 거장의 한 세기를 기념하느라 다시 들떠 있다. 이미 뉴욕 현대미술관이 미공개 자료 상영을 포함한 행사를 마쳤고, 국제적 히치콕 심포지엄이 오는 10월 뉴욕에서 열린다. 할리우드 영화예술과학아카데미가 기념 이벤트를 준비하고 유니버설영화사는 히치콕 작품 13편을 순회상영하고 있다. 과연 무엇이 이 퇴색하지 않는 매혹을 설명할 수 있을까.

19세기 끄트머리 런던 동부에서 알프레드 히치콕은 태어났다. 무성영화 자막 담당으로 영화계에 입문한 히치콕은 1925년 데뷔 후 오래지 않아, 촉망받는 스릴러 감독으로 부상한다. 그의 영화들은 소비에트 몽타주와 박력 있는 할리우드식 편집, 그리고 독일 표현주의의 그림자로 빚어졌다. 제작자 데이빗 O. 셀즈닉의 부름으로 히치콕이 도미한 해는 1939년. 그러나 할리우드는 그들이 불러들인 재능의 실체를 미처 알지 못했다.

할리우드 입성작 「레베카」(1940년)부터 마지막 영화 「가족 음모」(1976년)에 이르기까지 히치콕은 서스펜스 스릴러 장르를 발명하고 혁신했다. 설정은 언제나 단순했다. 선량한 자가 누명을 썼다. 어떻게 벗어날 것인가. 누군가 사람을 죽였다. 어떻게 벌 받을 것인가. 하지만 그 '어떻게'를 풀어가는 히치콕의 연출은 수학적 정밀함으로 조바심과 쾌감을 유도했다. 교묘한 시점 숏들은 관객을 희생자와 악인, 그리고 훔쳐보는 자 위치로 쉴새 없이 몰고 다니며 도덕적 혼란에 빠뜨렸다.

히치콕은 영화란 대사 도움 없이 이미지 힘으로 승부한다고 믿은 순수주의자였다. 또한 철저히 계산된 촬영으로 제작사의 가위질을 원천봉쇄했다. 그같은 결벽을 고집한 히치콕의 재능은 스튜디오 시스템과 겨루어 결코 꿀리지 않았고, 1950년대 프랑스 평론가들은 그에게 작가 칭호를 바쳤다.

다산형 감독 히치콕에게도 1950년대는 특별히 풍요로웠다. 영화 보는 행위에 숨긴 은밀한 관음증을 고백한 「이창」(1954년)과 존재론적 공포를 다룬 「현기증」(1958년), 서스펜스 편집의 교과서 「사이코」(1960년)가 그 뒤를 밟았다. 거대한 산이 그렇듯 히치콕 영화는 보는 각도와 시점에 따라 새로운 모습을 드러낸다. 그래서인지 영화 이론도 늘상 히치콕에서 다음 갈 길을 보았

다. 그는 작가주의 비평의 언덕이었고 정신분석, 페미니스트 비평에도 글감을 제공했다. 최근에는 히치콕을 역사적 정황 안에서 이해하려는 시도가 활발하다.

히치콕은 작가의 월계관을 비뚜름히 쓴 엔터테이너였다. 위트 넘치는 어록을 남겼고, 수시로 카메오가 돼 '스파이'처럼 자기 영화 속에 숨어들었다. 평론가 앤드루 새리스는 히치콕 영화가 진지한 영화치곤 관객에게 너무 많은 쾌락을 준 '죄'로 홀대받았다고 썼다. 하지만 히치콕은 영화감독이 자아에 충실하면서도 성공할 수 있음을 보여준 인물이기도 했다.

21세기에도 히치콕 영화들은 밀실과 광장에서 현기증을 느끼는 모든 사람 곁을 서성일 것이다.

사라지지 않는 후광,
테렌스 맬릭

Terrence Malick

『유리알 유희』는 노년의 헤르만 헤세가 꿈꾸었던 가상의 종합예술이다. 인류가 학문과 예술에서 거두어들인 다양한 미와 가치를 재료로 삼아 마치 파이프오르간을 다루듯 풍요롭게 '연주'하는 행위가 미래의 이상향에서 즐길 이 유희의 내용이다. 감히 비약을 무릅쓰자면, 감독 테렌스 맬릭의 영화들은 우리가 막연히 상상할 수 있는 '유리알 유희'의 장관을 보여준다. 시와 철학, 그리고 회화와 음악의 언어들이 영화의 큰 품 안에서 그 모든 것을 산술적으로 합한 것보다 더 큰 화음을 어느 순간 이루어 내는 것이다. 단 두 편의 '흥행 실패작'으로 끊겨버린 필모그래피만으로 스무 해의 은둔도 아랑곳없이 미국 영화계에서 신화의 후광을 잃지 않던 이 이상한 감독은, 최근 개봉작「씬 레드 라인」으로 다시 불사조의 깃을 위엄 있게 폈다.

1999년은 미국영화 역사에서도 손꼽히게 풍성한 시절인 1970년대를 풍미한 명장들의 귀환으로 기억될 해. 「아이즈 와이드 셧」의 스탠리 큐브릭, 「스타워즈 에피소드 1」의 조지 루카스, 그리고 테렌스 맬릭이 긴 휴가를 끝냈다. 1960년대 후반, 고전적인 할리우드 시스템과 거장들이 노쇠의 기미를 보이자 스튜디오들은 「이지 라이더」류의 청년영화나 대학가 인구를 겨냥한 예술영화, 블록버스터영화 쪽으로 제작과 마케팅의 초점을 돌렸다. 테렌스 맬릭은 그 지각 변동 속에서 텔레비전, 영화학교, 평단, 그리고 유럽에서 할리우드로 모여든 젊은 감독군의 한 사람이었다.

석유회사 중역의 아들로 태어나 텍사스에서 성장하고 하버드와 옥스퍼드에서 교육을 마친 테렌스 맬릭은 저널리스트로 사회생활을 시작했다. 『뉴스위크』와 『라이프』『뉴요커』에 기고하는 한편 MIT 학생들에게 철학을 가르치던 그가 영화의 부름을 받은 것은, 미국영화연구소의 영화학 코스를 수강하면서부터. 졸업 후 「드라이브, 히 세드」(잭 니콜슨 감독), 「더티 해리」 등 남의 시나리오 작업에 머리를 빌려주던 맬릭은 1973년 35만 달러가 못되는 제작비로 처녀작 「황무지」를 연출했다. 그의 나이 스물아홉이었다.

소녀, 피투성이 소년을 만나다, 「황무지」

「황무지」는, 1958년 찰스 스탁웨더와 카릴 앤 푸게이트라는 커플이 열한 명을 연쇄적으로 살해한 엽기적인 사건에서 영감을 얻은 작품이다. 막 텍사스에서 사우스다코타 주로 이사 온 홀리(시시 스페이섹)는 아버지와 단둘이 사는 열다섯 살 말라깽이 소녀. 아버지는 웨딩 케이크를 냉동실에 얼려둘 만큼 죽은 아내에 대한 집착이 지독한가 하면, 홀리를 벌주려고 딸의 강아지를 쏘아 죽일 수 있는 사람이다. 홀리는 '제임스 딘과 똑 닮은' 이십 대 중반의 쓰레기 청소부 키트(마틴 신)를 만나 가까워지고, 얼마 후 키트는 둘이 함께 떠나자고 홀리에게 말한다. 어느 날 불쑥 찾아온 키트는 홀리의 아버지가 딸을 데려갈 수 없다고 하자 서슴없이 그를 사살하고 불을 지른 다음 황무지를 가로지르는 선혈낭자한 둘만의 여행을 시작한다.

테렌스 맬릭은 이 어린 남녀의 냉혹한 살인 혹은 방조를 정신적 외상이나 압박을 내세워 구차히 설명하려들지 않았다. 커다란 두 눈에 꿈꾸는 표정을 지닌 소녀는 청년의 총에 맞아 숨이 멎어가는 사람들에게 친구처럼 말을 건다. 청년은 체포당하기 직전에 백미러를 보며 헤어스타일을 고친다. 이러한 정서적 진공 상태는 대지와 하늘만이 가늘고 푸른 선으로 나뉘어 끝없이 이어지는 다코타와 텍사스의 황무지로 풍경화되었다(닥 후지모토 외 촬영). 이후로도 인간의 폭력과 그것을 묵묵히 응시하는 대자연의 병치는 테렌스 맬릭 영화의 간판이 되었다.

그러나 「황무지」를 동시대의 어떤 로드무비, 청년영화, 범죄영화와도 묶이기 힘든 독창적인 경험이자 테렌스 맬릭 스타일의 명실상부한 기원으로 자리매김한 형식적 장치는 여주인공의 내레이션이었다. 그녀가 중독되다시피 한 십대 연예잡지의 유치한 문체로 쓰인 일기를 무구한 음성으로 읽어내려가는 내레이션은 사건의 냉혹한 본질 바깥을 맴돎으로써 비극적 정조를 거꾸로 심화했다. 낯선 영화 「황무지」는 극장에서 냉대를 받았지만, 1973년 뉴욕 영화제와 평단은 그때까지 목격한 적이 없는 종류의 재능에 열광했다. 갈채에 대한 답례는 「천국의 나날들」(1978년)로 5년 뒤에야 되돌아왔다.

밀밭의 궁핍한 영혼들, 「천국의 나날들」

테렌스 맬릭은 1차 세계대전 전야 텍사스의 황금빛 밀밭에서 그의 두번째 에덴동산을 발견했다. 시카고의 공장 노동자 빌(리처드 기어)은 말다툼 끝에 우발적으로 윗사람을 살해하고, 어린 동생 린다(린다 맨츠)와 애인 애비(브룩 아담스)를 데리고 서부행 기차에 오른다. 기차를 가득 메운 계절노동자들의 무리에 섞여 밀 농장의 일꾼으로 고용된 빌은 애비가 여동생이라고 남들에게 말한다. 한편 애비를 사랑하게 된 내성적인 농장주(샘 셰퍼드)는 그들이 오누이인 줄로만 알고 청혼하고, 우연히 그가 한 해를 못 넘길 병자라는 이야기를 엿들은 빌은 애비에게 결혼을 권한다.

수확기가 지난 고적한 농장에서 난생처음 허리가 휘는 노동에서 벗어나 행복한 시간을 갖는 세 사람. 그러나 빌과 애비의 연인 관계를 농장주가 눈치채고 메뚜기 떼의 습격이 잇따르면서 천국의 나날은 종말을 맞는다.

「황무지」에 이어 맬릭은 가장 상처 받기 쉬워 보이는 인물이 담담한 화자가 되는 방식을 취했다. 최악의 일에도 놀라지 않는 소녀 린다의 내레이션은 어른들의 생존과 사랑의 문제에 대해 종종 놀랄 만한 통찰을 종알거리는가 하면 때로는 그 바싹 마른 음색만으로도 감독의 미세한 감정을 전달했다. 대사의 조탁도 더욱 엄격해졌다. "가끔은 당신이 내 안에 들어와 있는 것 같소. 혼자 있어도 당신 음성과 숨소리가 들리오"라는 고백이나 "만약 당신이 꽃을 선물한다면 그는 그걸 평생 간직할, 그런 사람이었죠"라는 간결한 성격 묘사에 이르면 시와 영화 대사의 경계는 무상해진다.

「천국의 나날들」은 푸른 하늘 아래 밀밭의 일렁임과 그늘을 절제한 선연한 색감의 촬영(네스토르 알멘드로스)으로 많은 이에게 '생애 가장 황홀한 영화'로 기억됐다. 평론가 제임스 모나코는 큐브릭의 「2001년 스페이스 오디세이」 이후 70mm 필름을 가장 훌륭히 활용한 영화란 찬사를 바쳤고, 촬영 조수로 크레딧에 올랐던 하스켈 웩슬러는 시간까지 측정해 자신이 반 이상을 찍었다며 굳이 '저작권'을 주장하는 해프닝도 벌였다. 또한 내러티브와 무관한 자연의 이미지, 풀포기나 어린 새의 작은 인서트 숏으로 더욱 광범한 주제를 웅변하는 맬릭의 기법은 「씬 레드 라인」으로 확장 계승된다.

　'상실'에 관한 이 매혹적인 엘레지는 테렌스 맬릭 광신도들을 낳기도 했지만 "이미지에 도취된 영화"라는 일부의 비판도 없지 않았고 흥행에도 실패했다. 실망과 피로로 "한 해쯤 쉬고 싶다"며 시작한 맬릭의 휴식은 어느새 20년으로 늘어났다. 덕분에 코폴라 등 '영화 신동' 세대의 동료들이 80, 90년대를 지내며 시시한 작품도 하나둘 이력서에 끼워넣는 동안에도 그는 순결한 전설로 영화청년들의 흠모를 받았다. 병으로 죽어간다는 소문까지 도는 가운데 그는 여행을 다니고 불교를 공부하는 한편 할리우드의 보이지 않는 스크립트 자문 역을 하며 더디게 복귀를 준비했다.

죽음과 생명의 서書,「씬 레드 라인」

　테렌스 맬릭이 1988년부터 구상에 들어간 「씬 레드 라인」은 2차 세계대전 중 일본군이 점령한 남태평양 과달카날 섬의 고지를 탈환하기 위해 파병된 미국 소총 부대원들의 전투를 큰 줄거리로 삼는다. 그러나 「황무지」가 범죄영화가 아니고 「천국의 나날들」에 멜로드라마라는 꼬리표가 거북하듯 「씬 레드 라인」을 전쟁영화라고 잘라 부르는 것은 어딘지 온당치 못해 보인다. 「씬 레드 라인」에서 전쟁은 구체적인 전쟁이라기보다는 전작들에 일관되게 드러난 테렌스 맬릭 특유의 주제 의식과 스타일을 한층 대담하고 집중적으로 실험하기 위해 설정된 일종의 '극한 상황'으로 보이기 때문이다.

맬릭이 즐겨 다루는 인간의 폭력과 자연의 평정은 낙원 풍광을 지닌 섬의 전쟁터에서 전에 없는 선명한 대조를 이룬다. 수풀에 엎드린 젊은 병사는 돌격 몇 초 전의 긴장된 찰나에 무심코 손을 뻗어 여린 잎새를 어루만진다. 또한 특정 인물의 계속되는 내레이션 대신, 액션 속으로 때없이 들고나는 군인들의 마음에서 들려오는 수많은 현재진행형의 심리적 보이스오버는 전작들의 경우와 달리 극 전체를 뒤덮을 뿐 아니라 훨씬 직설적인 메시지를 던진다.

귀가 먹먹한 전장에서 테렌스 맬릭은 어느 때보다도 완숙한 솜씨로 '정적'을 연출한다. 영화 초반의 한 장면에서 중위의 재촉에 등 떠밀려 나간 두 풋내기 척후병들이 짧은 폭음과 함께 쓰러진다. 가슴을 후비는 침묵이 뒤를 따르고 키 큰 풀들이 바람에 눕는 순간 마치 천국의 누군가가 "빛이 있으라"고 한 양, 구름을 벗은 햇빛이 언덕을 고요히 쓰다듬는다. 이명耳鳴과 같은 희미한 울림부터 멜라네시아의 민속음악까지 자유롭게 구사하며 테렌스 맬릭의 '일리아드'를 완성한 작곡가 한스 짐머의 근래 보기 드문 역작도 「천국의 나날들」의 엔니오 모리코네에 부끄러움이 없다.

테렌스 맬릭, 명상의 공간

어느 영화나 그렇듯이 만인이 좋아할 수야 없겠지만 테렌스 맬릭의 영화는 결코 거장이라는 이름의 무게에 눌려 지레 즐거운 감상을 포기해야 할 영화는 아니다. 맬릭의 스토리들은 우리처럼 보고 말하고 느끼는 평범한 사람들이 어떤 상황에서 타인을 다치게 하고 심지어 죽일 수도 있는가에 대한 관찰일 뿐이다. 또 그의 영화가 고상한 명상의 포즈를 취하느라 드라마의 추진력이나 감정의 흐름을 전적으로 희생하는 법은 없다. 다만 테렌스 맬릭은 무엇이 화면 중앙에 찍혀야 하는지, 무엇이 스토리의 마지막 토막이 되어야 하는지 혹은 어떤 이미지가 중간에 끼어들면 안 되는지에 대한 일반 내러티브 영화들의 '다수결'에 따르지 않을 따름이다.

"어떤 이는 죽어가는 새를 보며 우주의 고통을 본다. 다른 이는 같은 새를 보면서 그 너머에서 미소 짓는 어떤 존재를 본다." 「씬 레드 라인」의 독백이다. 회한이건 희열이건 당신은 테렌스 맬릭의 영화 속을 여행하다가 당신의 가장 깊숙한 감정 가운데 하나를 분명히 대면할 수 있을 것이다.

내가 알아야 할 모든 것은 극장에서 배웠다, 배리 소넨필드

Barry Sonnenfeld

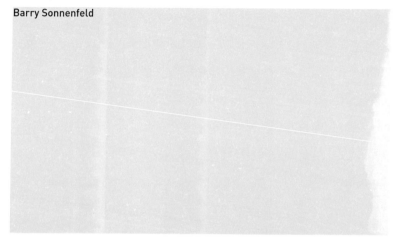

애정이 넘치는 눈길로 남편이 묻는다. "여보, 불행하오?" 만족스러운 미소를 흘리며 아내가 대답한다. "오, 물론이죠." 물구나무 선 세상의 즐거움! 금실 좋은 아담스 부부 고메즈와 모티샤의 대화는 배리 소넨필드의 첫 감독 작품 「아담스 패밀리」가 발휘한 매력의 열쇠다. 이따금 '과연, 사람일까' 싶은 괴짜 이웃이 실은 외계인이라는 「맨 인 블랙」의 폭로는 또 어떠한가. 배리 소넨필드 감독의 세계에서는 검은 옷을 입었다고 해서 악당이 아니다. 뒤집어진 세상의 질서를 관객에게 매끄럽게 설득하는 배리 소넨필드 감독의 천연덕스러움 뒤에는 데이트 한번 제대로 성사시키지 못했던 소심한 소년의 믿기 힘든 할리우드 성공기가 있다.

어린 시절 기억, 지워다오 제발

농담꾼의 운명을 예고하기라도 하듯 배리 소넨필드는 1953년 만우절에 뉴욕 유대계 가정의 외동아들로 태어났다. 본인 회상에 따르면 소년 배리의 모습은 「애니 홀」의 어린 우디 앨런과 상당히 흡사했던 것 같다. 부모의 과보호에 감싸인 깡마르고 낯가림 심한 사내아이였던 배리 소넨필드는 실제로 "우디 앨런의 새 영화 같이 보지 않을래?"라는 특이한 제안으로 여학생들을 데이트에 청하곤 했지만 결과는 거의 언제나 비극적이었다. "미안하지만 안 되겠어. 선물로 준 과자는 고맙게 먹겠지만 그래도 난 아직 네가 약간 얼간이라고 생각하거든" 따위의 대답에 얼굴을 붉히며 소넨필드는 자기가 데이트를 신청했다는 사실을 상대 여학생의 기억에서 지워버릴 수 있다면 얼마나 행복할 것인가를 꿈꾸곤 했다. 배리 소넨필드의 또 다른 치명적 원체험의 무대는 센트럴 파크에서 열린 지미 헨드릭스의 콘서트. 1만6천 명의 청중이 운집한 공연이 무르익을 무렵 장내 방송이 흘러나왔다. "청중 가운데 배리 소넨필드 군 있으면, 엄마한테 전화하시기 바랍니다." 소넨필드는 마흔아홉 살이 된 오늘날도 콘서트 공포증에서 완쾌되지 않고 있다. 하지만 인간만사 새옹지마. 좌절스러운 기억들이 남긴 상처는 먼 훗날 소넨필드가 「맨 인 블랙」의 시나리오에서 '기억제거기neuralizer'라는 편리한 장비를 접하자마자 덥석 연출을 수락하게 만드는 중요한 계기가 된다.

내가 알아야 할 모든 것은 극장에서 배웠다

뉴욕의 틴에이저 배리 소넨필드가 저지른 비행은 수업을 빼먹고 89번가와 브로드웨이의 낡은 영화관 객석에 파묻히는 것이었다. 『뉴욕 타임스』와 가진 인터뷰에서 소넨필드가 추구하는 코미디의 전범으로 예찬한 스탠리 큐브릭의 「닥터 스트레인지러브」와 처음 조우한 것도 이 무렵의 사건이다. 「닥터 스트레인지러브」는 소넨필드에게 두 개의 선물을 남겼다. 우선 "극중 인물 누구도 스스로 코미디 안에 존재한다는 사실을 의식하지 않는 코미디가 뛰어난 코미디"라는 믿음이 하나. 그리고 「아담스 패밀리」와 「맨 인 블랙」 1, 2편을 시작하는 거미줄 같은 필체의 크레딧이 나머지 하나다. 들쭉날쭉 오자가 섞인 「닥터 스트레인지러브」의 '수제' 크레딧에 매료된 소넨필드는 감독이 되자 글씨의 임자인 파블로 페로를 기어이 찾아내 초빙했다.

SF영화, 가까이 하기엔 너무 무서워

사춘기를 영화와 더불어 보낸 소넨필드였지만, 극도로 예민한 그의 신경은 도발적인 이미지로 가득 찬 SF 장르에는 알레르기를 일으켰다. 단두대를 장난감 취급하는 「아담스 패밀리」식 구들이나 「겟 쇼티」에 나오는 폭력배들의 주먹질, 「맨 인 블랙」 시리즈의 기기묘묘한 외계인들을 봐온 관객 입장에서는 어이없는 이야기지만. SF영화에 겁먹는 소년이 호러영화인들 맘 편히 보았을 리 없다. 실제로 오늘날까지도 소넌필드는「엑소시스트」나「샤이닝」을 본 적이 없으며 최근에는 친분이 있는 로렌스 캐스든 감독이 스티븐 킹의 소설『드림캐처』를 영화화한다는 소식을 접하고 캐스든에게 시사회나 촬영현장에 초대할 생각 아예 말라는 통고를 했다고 한다. 아무려면 어떤가? 결과가 좋으면 다 좋다. "SF영화에 대한 나의 무식함이「맨 인 블랙」시리즈의 성공 비결이 아닐까 생각한다"라는 소넌필드의 말대로「맨 인 블랙」시리즈가 상상하는 외계인 상은, 불시착한 우주선에서 연료가 새면 거미가 괴물 왕거미로 변하는 옛날 SF영화의 전통과는 한참 떨어져 있다.「맨 인 블랙」의 외계인들은 오히려 거리에서 마주치는 별난 사람, 이방인에 가깝다. 그건 수많은 민족과 온갖 취향의 소유자가 뒤섞여 웬만큼 이상한 현상에는 아무도 눈길을 주지 않는 뉴욕에서 살아온 소넌필드가 세상을 보는 방식이기도 하다. 하지만 소넌필드는 어디까지나 세련된 코스모폴리탄이 아니라 '다름'에 집착하는 관찰자다. 소심한 유대계 남자로 살아온 소넌필드에게 '다름'은 평생의 생각거리이며 그러한 집착은「와일드 와일드 웨스트」에서 논란을 빚은 인종차별적 조크와 같은 부작용을 빚기도 했다.

코언 형제와 함께 차차차!

배리 소넨필드는 코언 형제의 촬영감독이라는 직함으로 1984년 처음 영화팬들에게 명함을 내밀었다. 시작은 단순하기 짝이 없었다. "카메라를 갖고 있으면 스스로 카메라맨이라고 부를 수 있지 않을까?" 뉴욕대 필름 스쿨을 졸업한 소넨필드는 그런 발상으로 친구와 돈을 합쳐 16mm 카메라를 샀다. 확실히 무리한 지출이었다. 소넨필드의 친구는 어느 포르노 영화 제작자로부터 9일 동안 카메라를 빌려주고 촬영까지 맡아주면 카메라 값의 4분의 1에 해당하는 돈을 주겠다는 달콤한 제의를 받아 왔고 소넨필드는 응했다. 그렇게 9일 동안 찍어낸 9편의 장편 포르노영화가 소넨필드의 첫 경험이었다. 약 13년 뒤 「부기 나이트」라는 영화가 빛을 보았을 때 소넨필드는 세상에서 가장 잘 찍을 수 있는 영화의 선수를 빼앗긴 점을 개탄했다. 소넨필드가 살색보다 다양한 색상을 렌즈에 담은 정식 데뷔작을 낼 기회는 뜻밖에도 얼떨결에 초대받은 질식할 만큼 우아한 파티에서 찾아왔다. 온통 앵글로색슨계 손님들만 북적이는 방 안에서 소넨필드와 서로를 알아본 유일한 유대계 청년은 다름 아닌 뉴욕대 필름 스쿨 동창인 조엘 코언이었다. 영화를 둘러싼 수다를 한바탕 나눈 다음, 조엘 코언은 동생 에단과 함께 쓴 시나리오의 제작비가 없다며 마치 완성된 영화인 양 예고편부터 찍어 제작비를 조달해보려는 계략을 소넨필드에게 털어놓았다. 문제의 영화는 「분노의 저격자」였고, 소넨필드는 무엇보다 카메라를 소유하고 있다는 이유로 그날 밤 당장 고용됐다.

사랑하는 내 마누라, 내 자신감의 원천

　「블러드 심플」「아리조나 유괴사건」「밀러스 크로싱」으로 스
타일을 인정받은 배리 소넨필드는 할리우드 메인스트림 영화의
촬영감독을 거쳐 「아담스 패밀리」로 유망주 감독 대열에 끼어들
었다. 그리고 급기야 1996년 스티븐 스필버그가 제의한 「맨 인
블랙」을 위트와 개성까지 겸비한 희귀한 여름 액션영화로 만들
어내면서 할리우드 스튜디오가 찾는 'A급 감독 클럽'에 가입했
다. 할리우드 명예의 사다리를 무사히 타고 오르는 데 성공한 배
리 소넨필드가 난생처음 삶의 자신감을 얻은 순간은 뭇 사람의
짐작과 달리 「맨 인 블랙」이 2억5천만 달러의 박스오피스 기록
을 세우며 「쥬라기 공원 2」를 추월한 1997년 여름이 아니라 아
내 수잔이 프로포즈를 수락한 1989년의 어느 날이다. "이렇게
자신만만하고 아름답고 똑똑한 여자가 나와 결혼해주기로 했다
면, 내가 알지 못하는 괜찮은 면이 내게 있는지도 모른다고 생각
했다"고 소넨필드는 회상한다. 평소 '스위티'라고 부르는 아내
에 대한 소넨필드의 신뢰와 애정은 어머니와 아들의 유대를 연
상시킨다. 소넨필드가의 침실 풍경 하나. 벽장문이 열려 있으면
잠을 못 이룰 만큼 여전히 겁이 많은 소넨필드는 바람소리나 난
방장치 소음에 잠이 깰 때면, 아내를 깨워 아래층에 내려 보낸

다음 담요를 뒤집어쓰고 아내가 돌아오기만 기다린다고 한다. 이러한 소넨필드 내외의 일상은 「겟 쇼티」의 한 장면에 고스란히 반영돼 있다. 「맨 인 블랙」의 캐스팅에 결정적 입김을 끼친 것도 수잔 소넨필드. 침대에 나란히 누워 각자 시나리오를 읽은 배리 소넨필드와 수잔 소넨필드는 동시에 겉장을 덮으며 각각 "토미 리 존스!"와 "윌 스미스!"를 외쳤다고 전해진다. 이쯤 되면 「아담스 패밀리」의 고메즈와 모티샤가 자랑하는 닭살스러운 부부애도, 예의범절과 옷차림의 코드가 뒤집혀 있을 뿐 결국 핵가족 찬가인 「아담스 패밀리」의 기묘한 온건함(외양이 비슷한 팀 버튼 영화와 대조되는)도 설명이 된다. 「아담스 패밀리 2」에서 잠시 방황하던 삼촌 페스터가 돌아와 가족과 재결합하는 장면은 어느 할리우드 가족영화의 피날레 못지않게 간지럽다.

나, 억세게 운 좋은 사나이라고나 할까

그렇다면 뉴욕 출신의 심약한 감독은 살벌한 톱니바퀴가 즐비한 할리우드의 블록버스터 제조 컨베이어 벨트를 어떻게 통과하는가? 지금 와서는 믿기 힘들지만 「맨 인 블랙」은 두 명의 백인 스타를 위한 시나리오였고 소니픽처스가 고집했던 J요원 후보는 크리스 오도넬이었다. 내심 윌 스미스를 점찍었던 소넨필드는 그러나, 예술가의 권리를 옹호하며 제작자들과 의협심에 찬 전투를 벌이는 대신 배우들에게 자기의 무능함을 내세우는 작전을 택했다. 크리스 오도넬을 만난 자리에서 J요원 역이 약하지 않은가라는 오도넬의 의구심에 맞장구를 치며 "시나리오가 별로죠? 그런데 나도 그 시나리오를 더 낫게 만들 자신은 없어요"라고 고백했고, 오도넬 다음으로 물망에 오른 시트콤 「프렌즈」의 세 남자가 찾아오자 차에 태워 한가하게 드라이브만 하다가 돌려보냈다. 스튜디오가 지쳐갈 무렵 소넨필드는 윌 스미스를 제작을 지휘한 스필버그의 집으로 보냈다. 스필버그의 자녀들이 윌 스미스에게 홀딱 반해 아빠를 졸라댈 거라는 확신은 며칠 뒤 현실이 됐다. 그렇다 해도 갈 데 없는 스트레스를 배리 소넨필드는 어떻게 극복할까? 정답은 '극복하지 않는다'이다. 소넨필드는 자신의 약함을 이용한다. 「아담스 패밀리」 촬영현장에서 혼절한 적도 있는 배리 소넨필드는 심장이 약하다. 적어도 심장이 약하다고 스스로 늘 믿는다. 1편의 성공으로 말미암아 바윗덩어리 같은 부담을 안았던 「맨 인 블랙 2」 촬영이 2주째에 접어든 어느 날 배리 소넨필드는 자정을 넘겨 점심을 먹은 다음 온몸이 마비되며 쓰러졌다. 벨뷰의 정신병원으로 데려가달라 소리를 질러 실려 가면서 소넨필드는 이것이야말로 '윈윈 상황'이라고 내심 좋아했다고 한다. 심장마비가 아니면 더 살 수 있을 테니 좋고, 죽게 되면 이 영화를 안 찍어도 되니까 잘됐다고. 소넨필드의 낙관은 옳았다. 마비 소동 이후 회의에서 제작자들은 소넨필드에게 한결 친절해졌고 퇴짜 놓았던 그의 제안을 받아들였다. "난 신경증이나 고통을 의연하게 숨기려 하지 않고 그냥 드러내요. 나의 비밀 무기죠." 정글에서 살아남는 법은 여러 가지다. 10년에 조금 모자란 촬영감독 생활과 10년이 조금 넘는 감독 경력을 통해 배리 소넨필드는 불안과 번민, 노이로제 등의 연약함을 통해 벼려지는 강인함을 신봉하게 됐다. 생존 전략치고는 너무 부실하지 않느냐고? 최근 배리 소넨필드는 5중충돌 착륙 사고를 낸 비행기에 타고도 멀쩡히 살아났다. 이 정도로 억센 운이라면 한번 해볼 만한 게임 아니겠는가?

이반의 도발,
데릭 자만

Derek Jarman

에이즈 합병증으로 숨지기 일 년 전, 데릭 자만은 BBC의 인터뷰에 응했다. "당신이 어떻게 기억되길 원하나요?" 이미 쇠약해진 감독은 예사롭지 않은 마지막 질문에 이렇게 답했다. "글쎄요, 증발하는 것도 근사할 것 같습니다. 내가 자아낸 거미줄을 다 갖고 사라지고 싶어요. 완전한 소멸, 그것이 나의 소망입니다."

하지만 흔적 없이 잊혀지는 것은 이 다재다능한 예술가가 제대로 해낼 수 없는 몇 안 되는 일 중 하나였다. 실험, 반골, 액티비스트…… 데릭 자만을 요약하는 수사들은 하나같이 뜨겁기만 했다. 자만은 투사였다. 20여 년의 커리어를 통틀어 주류 영화산업 외곽에 머물며 영화문법을 실험했고, 영국 사회의 동성애 혐오증을 영화로 공격하는 동시에 대처 정권의 동성애자 탄압에 저항하는 데모 대열에도 앞장섰다. 그가 싸우는 방식은 단호했다. 영국의 국가적 정체성에 이의가 있으면 아예 권위의 심장부인 교회와 왕조의 역사를 게이의 시선으로 고쳐 썼고, 주류 내러티브 영화형식에 대한 도전은 마지막 작품 「블루」에서 급기야 75분의 코발트색 화면과 내레이션으로 수렴됐다. 그러나 데릭 자만을 전통에 침뱉은 반항아로만 규정하는 것은, 심각한 오해로 이어질 수 있다. 전통은 자만에게 영감의 저수지였다. '르네상스 삼부작'으로 불리는 「희년」 「템페스트」 「에드워드 2세」를 비롯한 그의 영화들은, 르네상스 회화, 셰익스피어와 크리스토퍼 말로의 문학, 벤자민 브리튼의 음악, 대영제국 수립 이전의 영국 역사와 풍광에 거의 전적으로 소재를 의존한다. 자만은 자본주의가 황폐화하기 이전의 잉글랜드를 그리워했고 엘리트 예술을 사랑했다. "나는 만들어진 가짜 혁명가다. 나이 먹을수록 점점 더 전통을 믿게 된다. 나는 강간당한 전원과 도시보다, 관목과 꽃이 우거진 옛날의 들판을 믿는다"라고 말했던 데릭 자만의 낙원을 지탱하는 두 기둥은 언뜻 반목할 것처럼 보이는, 퀴어 감수성과 노스탤지어였다. 데릭 자만은 급진적인 동시에 근본주의자였다는 점에서 충실한 래디컬radical이었다.

커밍아웃 그리고 사실적 회화에의 정착 : 성장기

데릭 자만은 1942년 런던 교외 노스우드에서 태어났다. 아버지가 영국 공군 소속 폭격기 조종사였기에 가족은 공군 기지에서 살았다. 갇혔다고는 말할 수 없어도 철조망으로 둘러싸인 기지 생활은 고립된 것이었다. 아버지는 특별한 증세는 없었지만 전쟁을 통해 알게 모르게 훼손된 사나이였고 어머니는 단조로운 일상을 깨는 일이라면 뭐든 반기는 성품이었다. 데릭 자만이 특히 좋아한 식구는 할머니였는데, 할머니가 고아로 자라 어디에서 왔는지 알 수 없다는 점 때문이었다. 자만의 회고에 따르면 그는 네 살부터 정원 가꾸기에 몰두했고 일고여덟 살 무렵 게이 성향을 깨달았다. 자만은 학교에서 미술 공부를 시작했는데, 화실이 학교 본관에서 물리적으로 떨어진 건물에 있었던 까닭에 은연중 예술가라는 직업에 도피의 의미를 부여했다고 회고하기도 했다. 1950년대의 커밍아웃은 상상하기 힘든 일이었다. 자만은 이십대 초반 성적 취향이 같은 친구들을 만났고 이들과 이내 '게이 마피아' 같은 친근한 동아리를 이뤘고 런던으로 이주했다. 모더니즘이 유행하던 시기에 슬레이드 미술학교에서 공부한 화가 데릭 자만은 미술 사조란 사조는 다 맛본 끝에 결국 사실적인 잉글랜드 풍경화에 정착했다. 고교회파High Church의 화려한 예배의식에 매혹되고 장식 취향이 강했던 그에게 추상회화의 세계는 참을 수 없이 건조하게 느껴졌다. 데릭 자만은 훗날 사회비판적 영화, 반문화적 영화를 만든 감독 중에서도 사회주의 리얼리

즘과 아방가르드 모더니즘 어느 쪽에도 기울지 않은 특수한 사례로 주목받았다. '진짜' 세계와의 접촉, 감촉할 수 있는 구체적인 사물의 아름다움은 자만에게 처음부터 중요한 것이었다. 발레와 오페라의 무대미술감독으로 일하던 자만은 켄 러셀 감독의 「악마들」「잔혹한 메시아」의 디자이너로 영화계에 입문했다. 그리고 누군가 들고 온 홈무비카메라로 파티의 여흥삼아 찍어본 3분짜리 비디오를 계기로 영화감독의 길에 들어섰다. 물론 이후로도 그림을 팔아 영화 제작비를 충당하는 일은 있었다.

예술은 창작자의 사적인 일기 : 아마추어리즘

1976년 첫 장편 「세바스티안」을 연출했을 때 데릭 자만은 장편영화 만들기 공정에 밝지 못했다. 그러나 데릭 자만은 개의치 않았다. 슈퍼 8mm 비디오로 6년간 작업한 자만의 미학은 홈무비의 그것이었다. 첨단기술의 고급스러운 구현이나 상업영화의 매끈하고 자신만만한 제작 과정은 마지막까지 그의 관심사가 아니었다. 그는 스탠 브래키지가 그러했듯 영화를 사적인 일기처럼 여겼고, 배우부터 스태프까지 정해진 몇몇 친구들과 일하는 친밀한 작업을 즐겼다(사실 스태프가 곧 배우인 경우도 흔했다). 「세바스티안」 촬영 당시, 데릭 자만과 친구들은 이탈리아 로케이션 촬영으로 예산을 다 써버린 상태에서 디오클레티아누스 황제의 생일 연회를 찍어야 했다. 친구 집으로 몰려간 일동은 런던의 아파트를 순식간에 로마 궁전으로 바꿔놓았다. 벽에는 폼페이 벽화를 그리고, 바닥은 핑크빛 대리석처럼 보이도록 칠했고 의상은 입을 사람들이 준비했으며 귀족의 장신구는 빌리거나 가짜로 만들었다. 한편 일기를 적듯 8mm 비디오에 스케치한 자만의 일상은, 「대영제국의 몰락」「천사의 대화」「가든」처럼 영상시映像詩에 가까운 스토리 없는 작품 속에 콜라주됐다. "예술은 무엇보다 예술가가 직면한 상황에 대한 즉각적이고 개인적인 반응"이라고 믿었던 데릭 자만의 예술관은, 대량생산체제에 반대했던 아트 앤 크래프트 운동의 윌리엄 모리스나, 존 러스킨, 윌리엄 블레이크 같은 낭만주의자들의 철학과 상통하는 면이 있다. 자만은 예술은 관객보다 창작 주체에게 덕을 입히는 행위라고 생각했고, 예술작품의 평가 기준을 그것을 만든 사람들이 창작의 필요를 얼마나 절실히 느꼈는가에서 찾았다. "꿈을 꾸지 마라, 스스로 꿈이 되어라"라는 「희년」의 아밀이 외치는 대사는 노동과 유희, 삶과 예술이 합일했던 시대를 그리워한 데릭 자만의 육성이나 다름없다.

이성애적 지배질서에 대한 도발 : 동성애 성정치학

데릭 자만에게 퀴어정치학은 지배질서에 대한 비판의 포인트였다. 그리고 호모에로티시즘의 희열과 고통으로 뒤틀린 남성의 육체는, 그의 전작을 통틀어 스크린을 압도하는 이미지다. 그중에서도 데릭 자만이 견지한 퀴어정치학의 정수를 직설적으로 담은 작품은 「에드워드 2세」다. '무능, 음모, 폭력의 군주'로 정사에 기록된 에드워드 2세를 권력 심장부에서 이성애적 지배질서와 충돌한 게이로 해석한 「에드워드 2세」를 두고, 데릭 자만은 "순전히 주제 때문에 선택한 작품"이라고 주저없이 고백한 바 있다. 자만은 촬영 뒤 펴낸 책 『퀴어 에드워드 2세』를 1980년대 중반 대처 정권이 입법한 반게이법령(동성애의 공공연한 프로모션을 금한 28조 법령)의 폐지운동에 헌정했다. 호모포비아를 국가권력 차원에서 부추긴 정권에 대한 공격이 바닥에 깔린 「에드워드 2세」는 정치색이 대단히 노골적이다. 프랑스 출신인 왕의 애인 가베스통을 영국 북부 노동계급 출신으로 바꿔 계급 권력과 섹슈얼리티의 관련을 부각시켰고, 에드워드 2세를 폐위시키는 이성애 커플 이사벨라 왕비와 모티머에게는 파시스트의 옷을 입혔다. 마거릿 대처가 모델이라는 설이 나돌았던 이사벨라 왕비는 심지어 흡혈귀의 형상으로 둔갑해 여성혐오증이라는 비판까지 받았다. 자만에게 호모섹슈얼리티를 공표하는 일은 단순히 마이너리티를 대변하는 것 이상의 의미가 있었다. 엘리자베스 1세 치세의 르네상스기를 사회적 성역할이 고착되지 않은 황금시대로 바라본 데릭 자만은 현대 영국의 정체성이 단일한 것도 영원불변한 것도 아님을 주장했다. 엘리자베스 1세의 시간여행을 그린 「희년」에서, 여왕 역의 배우가 전통적 성역할이 전복된 게이, 펑크로커 패거리의 우두머리로 1인 2역을 맡은 사실은 눈여겨볼 만하다.

미니멀한 소품과 로케이션의 충격 : 빈곤의 미학

문학, 회화, 음악에 걸쳐 잉글랜드의 문화유산을 이용하고 역사에 대한 집단적 기억을 건드려 눈을 사로잡는다는 면에서 데릭 자만의 많은 작품은 「전망 좋은 방」 「불의 전차」와 같은 영국의 주류 유산영화들과 동류다. 더 살 만했던 시절로 과거를 그리는 정서도 같다. 그러나 데릭 자만의 '누추한' 코스튬드라마들은 시대극 장르의 팬들에게 흥미로운 신천지를 열어 보인다. 데릭 자만의 영화는 가난하고 아름답다. 저택부터 소품까지 완벽한 패키지로 채운 화면을 카메라로 천천히 훑어보며 페티시즘을 자극하는 주류 유산영화의 전략은 찾을 수 없다. 어차피 상품이 될 만한 구경거리 자체도 없다. 런던의 아파트나 사원 지하굴로 중세 궁전을 재현하고 수도사에게 더플코트를 입히는 자만의 시대극에서 스펙터클이란 지독히 단순하면서도 충격적인 로케이션, 미니멀한 의상과 소품이다. 데릭 자만에게 고증의 정확성이란 과거를 실물 크기로 복제한다는 의미가 아니라, 과거의 파편을 요령껏 이용해 시대적 공기를 포착한 영화적 공간을 만들어내는 것이다. 여기서 불가피하게 동원되는 것이 시대착오의 미학이다. 왜 타자기나 트레이닝복이 중세에 등장하느냐고 따지다가는 진도가 안 나간다. 요컨대 빈민의 살림도 그림처럼 예쁘게 찍는 유산영화가 낯선 것을 친숙하게 만드는 키치의 효과에 기댄다면, 데릭 자만은 익숙한 것을 낯설게 만들어 관객을 설득하는 셈이다. 이는 '예산이 곧 미학'이라는 격언의 실례일 수도 있다. 실제로 자만은 자신의 해체적 내러티브에 대해 "극심한 저예산으로는 강력한 내러티브를 찍기 힘들다"고 토로한 적도 있다. 그러나 자만은 제작비가 더 있었더라면 세트가 아니라 촬영 기간을 늘리는 데에 썼을 거라는 말도 남겼다. 예의 연극적인 아트디렉션이 궁여지책 이상임을 짐작할 수 있는 근거는, 훨씬 윤택한 스타일로 아트하우스 시대극을 만든 피터 그리너웨이와 비교하는 질문에 대한 자만의 자부 어린 대답에서도 찾을 수 있다. "내 영화는 예술이고 그의 영화는 예술을 흉내낸 것이다."

역사의 진보를 회의한 사람치고는 지나치게 치열하고 생산적인 삶을 살았던 데릭 자만은, 세상의 가장자리 같은 황무지에 지은 프로스펙트장표에서 라벤더와 수선화를 가꾸고 일출과 일몰을 지켜보며 말년을 보냈다. 그리고 자신의 영화를 보러 극장에 오는 관객보다 훨씬 다양한 계층의 사람들이 주말마다 정원을 찾아오는 사실을 기뻐했다. 시시한 공화국의 예술가보다 위대한 왕국의 정원사가 되기를 원했던 남자. 그것이 데릭 자만이었는지도 모른다.

할리우드보다 더 할리우드적인,
피터 위어

Peter Lindsay Weir

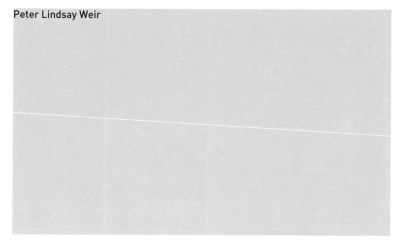

「위대한 정복자」는 늙은 항해사처럼 완고한 영화다. 명색이 해양액션 블록버스터인데 1억3천5백만 달러를 웃도는 제작비를 메우겠다는, 품어 마땅한 조바심은 보이지 않는다. 캐치프레이즈는 "러셀 크로 선장의 영웅담"인데 두 시간이 넘는 러닝타임은 19세기 영국 해군의 생활상과 교전 절차에 더욱 애착하고 있다. 물결에 편승하는 듯 자세를 취하면서, 고집을 관철한다. 쌓아올리는 데에도 즐기는 데에도 시간이 걸리는 구식의 재미를 굳게 믿는 이 영화의 감독은 피터 위어다.

피터 위어는 언제나 자신이 만든 영화보다 덜 유명한 감독이었다. 오랜 경력에도 불구하고 위어의 초상을 뭐라고 딱 꼬집어 기억하기 어려운 이유의 하나는 그가 교차로에 서 있는 감독이기 때문이다. 1970년대 중반 유럽 예술영화의 기운이 물씬한 스타일로 호주 특유의 자연과 정서를 포착한 「행잉록에서의 소풍」으로 호주 뉴웨이브의 첫 파도를 일으킨 피터 위어는 미국으로 건너갔다. 그리고 「위트니스」「죽은 시인의 사회」「트루먼 쇼」등의 주류 히트작을 내며 순항했다. 무릇 절충주의는 저널리즘의 구미를 강하게 자극하지 못하는 법. 각국의 내셔널 시네마를 논할 때에는, 흔히 '할리우드영화와 어떻게 다른지'를 기준으로 정체성을 규정하기 마련인데, 난처하게도 피터 위어의 영화는 호주 뉴웨이브 동기인 조지 밀러, 질리언 암스트롱 등에 비해 고전적 할리우드영화 문법에 깊숙이 안겨 있다. 아니, 심지어 동시대 미국 감독이 만든 영화보다도 스토리텔링의 황금기에 만들어졌던 할리우드 고전 장르영화와 더 닮아 있다(하다못해 섹스의 결벽스러운 묘사까지도 옛날 할리우드 윤리 강령인 헤이스 코드에 충실하다는 평판마저 있다). 결국 위어에게 가장 자주 따라붙는 별칭은 "까다로운 소재로 돈도 버는 감독" "사려 깊은 상업감독"이다. 그렇다면 그들이 말하는 피터 위어의 '사려'와 '상업성'은 어떻게 형성되었을까.

호주 뉴웨이브의 기수

피터 위어는 미스터리와 정체불명의 사물에 한없이 이끌리는 소년이었다. 해머 호러영화를 좋아했고 누군가의 비밀이 감춰져 있을 듯한 지하실과 창고 뒤지기가 취미였다. 그러나 1950 년대 시드니 주택가와 스코틀랜드에서 건너온 지 3대째라는 사실 외에는 드라마가 없는 위어 집안에는 이야깃거리가 철저히 부족했다. 2차 세계대전에 참전한 아저씨 정도가 그나마 흥미로운 식구였다. 넓은 세상을 보기 위해 대학을 때려치우고 「갈리폴리」의 주인공처럼 무작정 배에 올랐을 때 피터 위어는 스무 살이었다. 당시 피터 위어의 갈증은 모든 호주인의 보편적 갈증과 닿아 있다. 서구로부터의 지리적 고립, 식민의 경험으로 인한 역사의 부재, 수입 대중문화로 채워진 미디어는 피터 위어를 답답하게 했고 '무엇이든 가능하다'는 1960년대 청년 문화의 약속은 그의 기약 없는 유럽 여행을 부추겼다.

영화는 애초 위어의 관심사가 아니었다. 그러나 일 년 반의 런던 체류를 마칠 즈음 피터 위어는 엔터테인먼트업계에 취직하자고 결심했다. "당신이 발언하고 싶은 내용을 카메라로 찍을 수 있다면 당신은 그 문제에 대해 뭔가 행한 것이다"라는 식의 시대정신은 피터 위어의 관심을 영화로 돌려놓았다. 때마침 1960년대 말과 70년대 초는 영화제가 융성해 다양한 영화가 소개되고 호주 정부가 자국 영화지원책을 가동한 시기였다. 피터 위어는 방송사 '채널 세븐'의 무대감독으로 출퇴근하면서 밤과 주말을 이용해 각본과 연기, 연출을 독학했고 단편 코미디를 찍었다. 그러나 위어가 진심으로 즐긴 작업은 연출로, 연기와 시나리오는 "달리 할 사람이 없어서" 하는 정도였다.

피터 위어는 한 시간짜리 흑백영화 「홈즈데일」로 이십대 중반에 입봉했다. 주말 싱글 투숙객만 받는 외딴 섬 여관에서 벌어진 불의의 살인사건을 그린 「홈즈데일」에 이어, 피터 위어는 교통사고를 고의로 유발해 얻은 폐차의 부품을 시 재정의 주요 수입원으로 삼는 기막힌 도시 이야기 「파리를 삼킨 자동차」로 주목받았다. 차곡차곡 쌓아올린 드라마의 설득력을 깨뜨리지 않으면서도 초현실을 자연스럽게 가미하는 위어의 이같은 재능은 「모스키토 코스트」「공포 탈출」「트루먼 쇼」로 이어진다.

피터 위어에게 호주 뉴웨이브의 깃발을 쥐어준 작품은, 「행잉록에서의 소풍」과 살인혐의로 기소된 호주 원주민의 사건을 맡은 백인 변호사의 고투를 그린 「라스트 웨이브」였다. 알 수 없는 내력을 지닌 호주의 자연과 토착민 앞에서 백인 이주민들이 느끼는 위화감과 매혹을 보여주는 두 영화를 피터 위어는 "하나의 아이디어를 실현하는 데에는 종종 두 편의 영화가 소요된다"는 말로 한데 묶기도 했다. 「행잉록에서의 소풍」은 피터 위어에게 처음으로 세계적 명성을 안겨주었다. 1900년 밸런타인데이에 벌어진 세 여학생과 한 여교사의 기괴한 실종사건을 다룬 이 영화는 행방불명의 수수께끼를 끝까지 미결로 내버려둠으로써 모나리자의 미소와 같은 마력을 발했다(미국의 한 배급업자는 시간을 낭비한 분풀이로 영화 말미에 커피잔을 스크린에 내던졌다고 한다). 「행잉록에서의 소풍」은 호러 아닌 호러다. 초당 32 내지 43 프레임으로 촬영한 화면 안에서 움직이는 소녀들은 라파엘 전파의 그림 속 여자들처럼 연약하고도 위험스러워 보이며, 팬플루트와 미세한 노이즈로 전율하는 사운드트랙은 흥분과 불안을 같이 자아낸다. 섹슈얼리티의 위협과 소녀들의 집단 패닉은 25년 뒤 우리 공포영화 「여고괴담 두번째 이야기」와 「장화, 홍련」까지 흘러들었다.

그러나 「행잉록에서의 소풍」을 봉인하는 장면은 소녀 미란다가 실종되기 직전 교사를 돌아보는 얼굴로 돌아가 정지하는 마지막 프레임이다. 순간 사태는 갑자기 분명해진다. 사람들은 어떤 식으로든—살아 있건 죽어 있건—우리 곁에서 사라져간다. 따라서 실종은 메타포일 뿐이고 시체를 확인하는 일은 중요하지 않다. 청춘의 꽃이 지는 찰나는, 피터 위어 감독이 사랑해 마지않는 영화의 마침표다. 적진으로 전력질주하다 총탄에 꿰뚫려 공중에 못박힌 청년의 아름다운 상체에서 숨을 멈추는 「갈리폴리」나 책상에 올라서서 선생님을 배웅하는 소년 에단 호크의 롱 숏에서 눈길을 거두는 「죽은 시인의 사회」의 엔딩은 특정한 스토리의 결론을 넘어, 생의 시간을 바라보는 피터 위어의 어떤 감각과 태도를 드러낸다.

'성장영화'의 장인

피터 위어는 파라마운트에 의해 배급된 「갈리폴리」와 MGM의 부분투자로 제작된 「가장 위험한 해」를 거쳐 「위트니스」로 할리우드에 안착했다. 모략을 피해 아미시 공동체에 몸을 숨긴 강직한 경찰의 모험과 로맨스를 그린 「위트니스」에서 피터 위어는 현대 범죄스릴러의 서스펜스와 액션을 서부극의 구조와 모럴에 결합해 흥행과 비평에서 안심할 만한 성과를 냈다. 「위트니스」에서 보통의 미국인을 양키와 영국인이라 부르며 고립된 생활을 영위하는—그래서 호주를 연상하게 만드는—아미시 공동체는 해리슨 포드로 인해 크게 변하지 않는다. 일을 바로잡은 형사는 도시로 돌아가고 여자는 마을에 남는다. 이질적인 두 개의 문화는 충돌의 기억을 안고 다시 각자의 길을 간다. "미국의 중부 지역은 미스터리가 남아 있는 공간이다"라고 말한 바 있는 피터 위어가 오랜 시간 할리우드영화를 만들면서도 「그린 카드」 정도를 제외하면 영화 속 미국의 이미지를 대표하는 뉴욕이나 로스앤젤레스를 좀처럼 스크린에 끌어들이지 않았다는 점은 기억할 만하다.

「행잉록에서의 소풍」과 「라스트 웨이브」가 한 쌍이라면, 「모스키토 코스트」는 1993년 작 「공포 탈출」과 묶인다. 「모스키토 코스트」에서 현대 미국 사회를 부정하고 순결한 문명을 건설하겠다며 정글로 들어간 과대망상적 발명가 앨리와 「공포 탈출」에서 거대한 재난을 경험한 뒤 내면의 다른 소리를 듣는 맥스는 모두 강박적으로 진실을 찾아 헤매는 인간이다. 그리고 그로 말미암아 가족과 지인에게 고통을 안긴다. 어떻게 살고 죽을 것인가를 묻지만 정답은 던져주지 않은 두 영화는 모두 박스오피스에서 환영받지 못했다. 장르와 인물의 연령을 막론하고 대부분의 작품을 '성장영화'로 만들어온 피터 위어는 「죽은 시인의 사회」에 이르러 엘리트 사립학교를 무대로 택해 「행잉록에서의 소풍」

에서 그린 사춘기의 폐소공포증을 선명한 대립구도로 단순화했다. 로빈 윌리엄스가 분한 키팅 선생님의 수업은 지금 와서 보면 자율 교육이라기보다 스파르타식 감수성 교육처럼 보이기도 하지만, 피터 위어 스타일의 몇몇 요소는 위어의 어느 작품보다 감상적인 「죽은 시인의 사회」에서 잘 드러난다. 호주 시절의 초기작부터 「위대한 정복자」까지 촬영감독 러셀 보이드와 보이드의 조수로 출발한 존 실이 도맡아온 피터 위어 영화의 카메라는 종종 자연의 풍경을 감정 표현의 도구로 능숙히 끌어들인다. 자연에 대해 이와 비슷한 감각을 보여주는 미국영화로는 테렌스 맬릭의 작품 정도를 꼽을 수 있을 것이다. 널리 알려진 고전음악을 감상적으로 구사하는 것도 위어의 연출 습관. 「죽은 시인의 사회」를 본 관객이라면 휘트먼의 시구는 잊어도, 친구의 자살을 전해 들은 소년이 구토하던 순백의 눈밭과 백파이프 소리는 잊기 힘들 것이다.

할리우드에서 아쉬운 점은 돈보다 아이디어

수작이었으나, 피터 위어의 영화라기보다 작가 앤드루 니콜(「가타카」「시몬」의 감독) 영화에 가까워 보였던 「트루먼 쇼」 이후, 5년 만에 발표한 「위대한 정복자」는 초기작 「갈리폴리」의 세계로 돌아간 것처럼 보인다. 경쟁, 복종, 존중으로 엮인 인간관계의 파노라마와, 삶을 파괴하는 것이 아니라 지탱하기 위한 액션이 펼쳐지는 세계로. 2003년 10월 「위대한 정복자」의 월드 프리미어에 참석한 피터 위어 감독은 온화하고도 단호하게 말했다. "할리우드 감독이란 말의 의미가 타협하는 감독이라면 나는 해당 없다. 내게는 트랙 레코드(과거 흥행성적)가 있고 덕분에 계약에 최종편집권을 명시할 수 있다. 할리우드에서 아쉬운 점은 돈이 아니라 아이디어다." 이러한 자부심과 자신감은 어떻게 가능할까. 어쩌면 간단한 이야기다. 미스터리, 자연의 풍광, 품위 있는 인간의 존중할 만한 투쟁, 성장드라마. 피터 위어가 애호하는 테마들은 할리우드의 해묵은 취향과 일치한다. 그 고전적 이야기를 옛 장인의 방식으로 정면 돌파하고 싶어하는 피터 위어는 할리우드보다 더 할리우드적이라서 두드러지는 이방의 감독이다. 할리우드와 관객의 입맛이 변한 뒤에도 아마 피터 위어는 쉽사리 변하지 않을 것이다.

영화적 순수를 향해 전진하는 카메라, 거스 반 산트

Gus van Sant

썩 무섭지는 않지만, 항간에는 거스 반 산트 감독이 두 명이라는 괴담이 있었다. 요컨대 「드럭스토어 카우보이」와 「아이다호」를 만든 거스 반 산트와, 「카우걸 블루스」「싸이코」를 만든 거스 반 산트가 따로 있다는 가설이다. 심지어 반 산트가 주류 할리우드로 가 낳은 쌍둥이로 통하는 「굿 윌 헌팅」과 「파인딩 포레스터」도 한 편은 그럭저럭 호평받고 한 편은 욕을 먹는 갈림길을 걸었다. 하지만 그를 조롱하는 것은 너무 수월해서 석연치 않은 일이었다. "다른 사람이 장차 리메이크할 필요가 없도록"이라는 어처구니없는 이유를 대며 걸작을 베껴낸 「싸이코」부터, 반 산트는 알면서도 딴 목적을 위해 일부러 그러는 투였다. 여러 설정이 비슷해 「굿 윌 헌팅」의 브롱크스판이냐고 놀림 받은 「파인딩 포레스터」 말미에는 아예 맷 데이먼이 등장했다. 마치 "당분간 독창성 신경 안 씁니다. 관람에 불편을 드려 죄송합니다. 감독 백"이라고 서명하듯. 급기야 「제이 앤 사일런트 밥」에서 거스 반 산트는 「굿 윌 헌팅 2」 촬영장에서 연출보다 돈 세기에 여념 없는 감독으로 기꺼이 카메오 출연했다.

관습의 거부, 「엘리펀트」

여기서 「엘리펀트」로 건너뛰자. 이 영화가 뜻모를 총탄에 죽어간 소년(가해자를 포함한)과 소녀들에게 헌정된 얼마나 아름다운 진혼곡인지에 관해서는 말을 줄이기로 한다. 「엘리펀트」는 무엇보다 거부의 의지가 단호한 영화다. 반 산트는 35mm 극영화의 크고 작은 습관을 대단히 냉정하게 내친다. 알려진 대로 「엘리펀트」는 두 소년의 무차별 총격으로 무덤이 된 한 고등학교의 마지막 16분을 반추한다. 어린 킬러들에 관한 플래시백이 만드는 '균열'을 제외하면, 카메라는 관객이 도면을 그릴 수 있을 때까지 학교를 맴돌며 아이들을 번갈아 뒤따른다. 「엘리펀트」는 16mm 영화나 옛날 35mm 영화들이 쓴 1.33 대 1 비율의 프레임을 택했는데 이는 자동차 운전석과 조수석도 한꺼번에 안 잡히는 갑갑한 크기다. 렌즈를 바꾼다 해도 전체를 파악하려면 움직일 도리밖에 없다. 텔레비전용 영화라 해도 많은 감독이 와이드스크린 포맷을 선호하는 것을 생각하면, 분명 의도적인 선택에 대해 반 산트는 "줄곧 등장하는 복도를 잡기에 적절하고, 고교생들이 보는 교육영화의 사이즈이기도 하다"라고 해명했다.

「엘리펀트」는 극영화 내러티브의 기본을 간단히 무시한다. 거스 반 산트는 컬트 작가 J. T. 르로이에게 받은 시나리오 「토미건」이 너무 관습적이라고 생각했다. "플롯도 클리셰도 다 내다버리자"고 큰소리치고 프로듀서가 나가떨어지기만 기다렸는데 덜컥 오케이가 났다. 결국 이야기는 오디션으로 선발된 진짜 십대들의 체험과 즉흥 대사로 빚어졌다. 같은 소재를 수다스럽게 다룬 「볼링 포 콜럼바인」이 입증하듯 '왜?'라는 질문의 십자포화 중앙에 있음에도 불구하고 「엘리펀트」는 인과관계를 무시한다. 반 산트는 다양한 분석 중 특정한 한 가지를 들이대는 순간 거대한 비극의 핵심에 들어앉은 미스터리의 중량을 존중할 수 없다고 믿는 것 같다. 그가 인과의 함수를 거부하는 방법은 신랄하고 짓궂다. 「엘리펀트」는 총기를 난사한 두 소년 주변에 상투적인 혐의를 잔뜩 깔아놓는다. 둘은 왕따였고, 부모가 냉담했고, 폭력적인 비디오 게임을 즐겼고, 나치 다큐멘터리를 보았고, 성 정체성 혼란에 빠져 있었고, 총기를 쉽게 구했다. 그런데 영화는, 점만 찍고 그것들을 잇지 않는다. 모두가 원인처럼 보이지만 결정적인 원인은 찾을 수 없다. 모든 것을 나열하고 '그래서'라는 접속사를 빼는 것, 「엘리펀트」는 그것이 영화로 문장을 쓰는 올바른 방법이라고 본다. 그렇다면, 같은 장면을 다른 시점으로 되풀이해서 보여주는 구조와 아이들의 우연한 스쳐감이 인과관계를 대신할까? 그도 아니다. 다중 시점을 쓰는 대다수 영화와 달리 「엘리펀트」의 다른 앵글들은 더 큰 진실을 드러내지 않는다. 그 냥 교차한다. 관습의 거부는 마지막에 구세주처럼 보이는 캐릭 터를 어이없이 쓰러뜨림으로써 철저히 마무리된다.

"폭력은 자체가 지나치게 섹시한 드라마다. 복수, 열정, 에너 지, 정의가 불가피하게 포함된"이라고 말하는 거스 반 산트 감독 은 컬럼바인 참사의 세부를 보도하고 전문가가 분석하고 『타임』 표지에 범인의 얼굴을 올리는 행동이 거꾸로 폭력을 기념하게 된다고 생각한다. 반 산트 영화의 트레이드마크인 저속 촬영된 하늘은 「엘리펀트」에서 새로운 의미를 얻는데, 그것은 이 모든 비극이 흐르는 구름처럼 손댈 수 없는 '현상'이라는 시선이다 (『버라이어티』의 토드 매카시는 「엘리펀트」를 "좋게 말해서 요점 없고 나쁘게 말해서 무책임한 영화"라고 혹평했다). 거스 반 산트에게 이 잔인한 아이들은 악당이 아니라 이벤트다. 우리 모두의 내면에 있는 처치 곤란한 코끼리, 전체를 파악하기 힘든 죽음과 파괴를 향한 본능을 불시에 드러낸 이벤트다.

단순화의 과정, 「제리」

그렇다면 거스 반 산트는 언제 이렇게 완고해진 것일까? 「굿 윌 헌팅」 「싸이코」 「파인딩 포레스터」의 친절한 반 산트 씨는 어 디로 간 걸까? 「파인딩 포레스터」와 「엘리펀트」 사이에 우리가 빼먹은 징검돌이 하나 있다. 바로 제한된 규모로 배급된 2002년 작 「제리」다. 이 영화는 「엘리펀트」와 마찬가지로 길을 잃은 두 여행자 중 한 남자가 동행을 죽였다는 뉴스 헤드라인에 착안한 영화다. 제리라고 서로를 부르는 두 청년 맷 데이먼과 케이시 애플렉은 도로를 달리다 말고 갑자기 차를 세우고 정체 모를 '그것'을 찾아 산과 사막을 헤매는 도보여행을 시작한다. 배낭 하나 없이 며칠씩 산을 타고 모닥불을 피우고 사막을 가로지르는 두 남자와 함께 관객은 지독한 갈증과 피로를 느낀다. 50분이 넘어서면 보는 눈에도 신기루가 끼면서 슬슬 이 둘이 동일인물은 아닐까 의심하는 지경에 이른다. '걷는 인간을 찍는 100가지 방법'쯤의 부제를 진정 달아주고 싶은 이 영화는 「엘리펀트」의 극단적인 원형이다. 캐스팅부터 하고 배우와 함께 시나리오를 쓰는 「엘리펀트」의 방식도 「제리」에서 시작됐다. 인물들의 대화는 내러티브가 아니라 인물 간의 관계만 짐작하게 한다. 그간 번 돈으로 제약 없이 「제리」를 찍은 거스 반 산트는 「제리」의 작업을 "단순화의 과정"이라고 표현했다. 메이크업, 미술, 조명, 의상을 버렸고 어느 추운 밤에는 그나마 있던 얇은 시나리오도 불쏘시개로 태워버렸다. 영화는 그저 하늘과 대지와 시간과 두 사람 사이에서 카메라가 할 수 있는 모든 일을 시도하는 것처럼 보인다.

독립영화 전문지 『필름메이커』와 가진 인터뷰에서 반 산트는 「제리」를 연출할 당시의 생각을 이렇게 회고했다. "예컨대 스티브 마틴의 코미디 같은 시나리오나 영화를 보면 숏의 언어를 의식하지 않으면서 쓰고 있으며 영화의 '시네마적' 측면을 단지 유머나 감정, 스토리를 실어나르는 도구로만 이용한다는 생각을 떨칠 수 없었다." 그리고 반 산트는 그 고민은 계속 진행 중이며 당분간은 「제리」와 「엘리펀트」같은 방식의 작업을 계속하고 싶다고 말했다. 따라서 「제리」는 사치스러운 실험이 아니라 「엘리펀트」로 이어진 새 장의 첫 문단인 셈이다.

변화를 위해, 다양함을 경험했던 것

거스 반 산트는 초기작에 대한 애착을 숨기지 않는다. 2만5천 달러로 찍은 데뷔작 「말라 노체」가 그립다고 말하고 「엘리펀트」의 화면비율도 16mm 단편에 대한 향수에서 나왔다고 밝힌다. 그렇다면 그의 행보는 한마디로 유턴일까? 그러나 「제리」와 「엘리펀트」는 「굿 윌 헌팅」과 다른 만큼 「드럭스토어 카우보이」 등 초기작의 현란한 스타일과도 다르다. 주삿바늘이 떠오르고 소가 날아다니고 집이 날아가는 가짜 홈비디오가 난무하는 옛 영화들이 그려낸, 달리와 샤갈의 그림 같은 무의식의 상상도가 「제리」와 「엘리펀트」에는 빠져 있다. 반 산트의 근작은 인간을 포함한 피사체와 카메라 사이의 아무것도 개재되지 않은 순수한 관계에 훨씬 매혹되어 있는 것처럼 보인다. 오히려 반 산트는 본인의 초기작보다 훨씬 먼 지점으로 유턴하고 있다. 최근 인터뷰에서 그가 자주 언급하는 영향은 영화의 산업화 이전 시대를 상기시키는 영화들, 삶의 자연스러운 리듬을 방해하는 리액션 숏

까지 배제하는 벨라 타르의 영화, 키아로스타미의 영화다.

또 섣불리 물어보자. 혹시 주류 할리우드의 경험이 안긴 환멸이 거스 반 산트를 근본주의자로 만든 것일까? 2004년 1월 『가디언』의 인터뷰는 자신의 영화 이력에 대한 반 산트의 흥미로운 지론을 보여준다. 메인스트림 영화의 부유함에 유혹당한 것이 아니냐는 질문에 감독은 당시 「굿 윌 헌팅」은 스타도 없고 연출료도 낮은 영화였음을 상기시킨다. 그리고 "주류영화를 한 것은 내가 변화를 만들기 위해서는 무엇이 바뀌어야 하는지 알아야 바꿀 수 있었기 때문이다. 메인스트림 영화는 학습이었다"고 말한다. 또한 미술학교 출신답게, 역사적으로 처음에는 공동체를 위해, 다음에는 후원자를 위해, 마침내 스스로를 위해 창작하게 된 화가에 자신을 비교한다. 그래서 「굿 윌 헌팅」과 「파인딩 포레스터」는 그에게 센티멘털한 대중예술을 실현하는 가장 실험적인 영화였다고 주장한다. 그렇다면 「싸이코」는? 물론, 대가의 작품을 모사하는 미술학도들의 공인된 훈련방식이다! 속편이 할리우드의 유행이라면 그 유행을 좀 사치스럽게 이용한들 대수냐고 반 산트는 반문한다. 거스 반 산트의 요즘 꿈은 모든 비계를 빼고 뼈와 살만 남은 영화, 감독과 카메라맨, 음향 담당만으로 가능한 영화다. 무엇을 변화시킬지 알기 위해 다양한 영화 만들기를 경험했고 "내러티브 영화에 관심이 사라졌다"는 결론에 다다랐지만, 인터뷰에서 그는 한 가지 불안도 숨기지 않았다. 그건, 진정한 변화란 그 변화를 일으키는 사람이 아예 다른 방식을 알지 못할 때 일어난다는 예술사의 경험적 진실이다(서글프지만 그 생각이 맞을 것이다). 그러나 어쩌랴. 거스 반 산트는 다른 방식을 보았고 그래서 그 길을 두 발로 확인해야만 했다. 하늘과 길과 외로운 청년들만이 처음처럼 그의 영화 속에 남았다. 그리고 새로운 지평선을 향한 거스 반 산트의 트래킹은 계속된다.

영화는 세계를 어떻게 재현해야 하는가, 올리비에 아사야스

Olivier Assayas

「클린」은 우리나라에서 극장 개봉하는 올리비에 아사야스 감독의 첫번째 영화다. 영화제를 제외하면 1996년작 「이마 베프」의 비디오 출시가 국내 관객과 아사야스의 유일한 대면이었으니, 배우 장만옥은 그와 한국 관객 사이의 가느다란 징검다리인 셈이다(두 사람은 1994년 베니스 영화제에서 만나 2편의 영화와 2년 반의 결혼생활을 함께했다). 올리비에 아사야스는, 경솔한 작명을 즐기는 언론에 의해 '누벨 누벨바그'로 불렸던 프랑스 감독군의 일원으로 세상에 알려졌다. 파리의 지도를 펴놓고 더듬어보자면 필립 가렐, 앙드레 테시네, 브누아 자코, 클레어 드니 등이 아사야스의 동지로 거명되는 감독들이고, 변두리 뒷골목을 서성이며 지루한 (프랑스)영화에 대한 염증을 표명해온 마티외 카소비츠, 가스파 노에가 이들과 적대적 긴장을 형성하는 감독들이다. 그리고 아사야스는 그가 존경하는 에릭 로메르, 클로드 샤브롤, 프랑수아 트뤼포가 그랬듯『카이에 뒤 시네마』의 필자 출신이다. 허우샤오시엔의 중요한 연구자이며 잉마르 베리만의 훌륭한 인터뷰어로 기억되는 아사야스는 앙드레 테시네와 더불어 프랑스 영화계에서 지금은 사멸한 비평과 창작을 통합하는 전통의 상속자다(프랑스의 비평가들은 아직도 그에 대해 동료를 말하듯 이야기한다). 창작, 비평, 산업이 완전히 이질적인 감각과 신념으로 수행되는 지금, 올리비에 아사야스의 입지는 쓸쓸하면서도 특권적이다.

비평에서 창작으로
"영화로 세계를 어떻게 재현해야 하는가"

1999년 봄 파리에서『씨네21』의 인터뷰에 응한 아사야스는, 영화에 매료된 경위를 묻자 오히려 영화에 무심했던 때가 언제였는지 기억하느라 애를 먹었다. 부모의 이혼 뒤 시나리오 작가 아버지 곁에서 성장한 그에게 영화는 거실의 가구처럼 확고한 일상이었다. 영화의 생산 과정을 늘 지켜보는 환경은 소년 아사야스가 관객으로서 '구경하는' 영화와 '만들어야 하는' 영화를 은연중에 구분해서 사고하도록 만들었다. 불문학 석사를 마치고 에콜 드 보자르에서 회화를 공부한 아사야스는, 1979년 단편영화 입문과 동시에 화가 수련을 접었다. 그리고 이듬해부터 세르주 다네 편집장의 권유로 『카이에 뒤 시네마』에 평론을 기고하기 시작했다. 평론은 아사야스에게 일대일 지도를 받는 영화 사관학교나 같았다. 테크닉은 세트에서 배웠지만, 아사야스에게 기술적 수련 못지않게 실용적인 레슨은, 직관을 어떻게 실물로 바꿔내고 배우와 어떻게 작업하고, 왜 영화를 만드는지에 대한 답이었기 때문이다. "평론가로서 존경하는 감독들을 만나 문답할 수 있었던 것은 큰 행운이었다. 영화를 찍으면서 나는 다른 감독에게 던졌던 질문을 그대로 자문하고 있었다." 비평의 힐문들이 역순으로 되돌아와 자기검증의 문항이 된 것이다.

비평에서 창작으로 옮아간 과정에 대한 아사야스의 회고는 흥미롭다. "단편을 찍을 때는 그렇지 않았는데 장편을 찍기 시작하면서 그 뒤에 깔린 이론에 괘념하지 않게 됐다. 테크닉, 형식, 추상적 개념을 망각하기 시작했을 때 진짜 필름메이커가 된 것 같다. 내가 신경 쓴 문제는 단지 내가 느낀 감정을 재창조할 수 있을까, 내가 보는 세계를 보여줄 수 있을까였다." 그러나 이 말은 이론 전반에 대한 회의라기보다 다른 언어를 통해 고민하기 시작했다는 뜻에 가깝다. 또한 인용의 뒷부분은 아사야스가 예술로서 영화가 세계를 어떻게 재현해야 하는가라는 질문을 사적인 과제로 받아들이고 있음을 보여준다. 록밴드 멤버들의 우발적 살인을 그린 장편 데뷔작 「혼란」부터 십대 커플의 일탈을 묘사한 「차가운 물」까지 아사야스의 초기작들은, 발버둥치는 청춘남녀에 집중됐다. 본인이 익히 아는 좁은 세계에서 출발한 것이다. 아사야스는 이 영화들을 통해, 방향성을 상실한 젊은이들의 노이로제에 주목한 미국 X세대 영화와 달리 현대 사회에 대한 근본적 비판에 도달하려 했다. "사회는 개인성에 적대적이고 개인이 공동空洞이 될 것을 기대한다. 지금 젊은이들에겐 공산주의자가 될 선택의 여지도 없다. 그들이 각자의 이야기를 보존하면서 사회 속에 살아갈 방법을 찾는 과정 자체가 일종의 투쟁이다."

'영화에 관한 영화'의 명작 「이마 베프」

1996년 겨울 100만 달러 예산으로 4주간 촬영된 「이마 베프」는, 그를 위해 예비된 것이 아무것도 없는 상황에 던져진 인물을 중심에 놓았다는 점에서 아사야스의 초기 영화들과 연결된다. 영화 탄생 100년에 즈음해 발표된 이 작품은 '영화에 관한 영화'의 명작으로 평가받으며 올리비에 아사야스를 세계 영화 지도 위에 올려놓았다. 홍콩 스타 장만옥은 영락한 누벨바그 감독이 찍는 무성영화 리메이크의 주연으로 캐스팅돼 파리에 오지만 그녀를 맞이하는 것은 지친 감독과 스태프들의 자괴감과 분열뿐이다. 인터뷰하러 온 기자는 본분을 잊고 "제 배꼽만 응시하는 프랑스 지식인 영화"를 욕하고 할리우드 액션영화 예찬에 침을 튀긴다. 프로덕션은 아수라장으로 치닫고 몇 가닥의 내러티브는 맺어진다기보다 각각의 길로 해산한다. 일단 「이마 베프」는 영화의 현실에 대한 아사야스 감독의 양가감정이 드러난 일종의 에세이로 관심을 끌었다. 여기서 아사야스는 '액션의 영화'만이 보고 만들 가치가 있다는 합의에 저항하면서도, 자신이 속한 작가영화의 세계를 씁쓸히 자조하고 있다. 그러나 「이마 베프」의 절정은 도중하차한 감독의 편집본을 영사하는 결말부에 있다. 지리멸렬한 아귀다툼 속에 엉터리로 찍고 붙여낸 필름 속에서 한순간 이해 불가능한 아름다움이 현현한다. 아사야스는 마치 "이 기적을 위해 우리가 영화를 찍고 있지 않는가?"라고 말하는 것 같다. 「이마 베프」에서 드러나는 아사야스 감독의 또 다른 관심사는 언어의 작동 방식이다. 프랑스어가 서툰 장만옥과 광둥어를 모르는 프랑스 스태프들은 제3의 언어인 영어로 더듬거리며 대화하고 때로 상대가 모르는 언어로 푸념한다. 「이마 베프」를 찍을 당시 "우리는 외국어를 말할 때 좀더 모호하고 거칠게 말하며, 때로는 모국어로는 털어놓지 않을 이야기를 털어놓는다"고 지적한 아사야스 감독은 이후 「데몬 러버」 「클린」에서 두 가지 이상의 언어를 사용하며 실험을 계속한다.

무엇보다 「이마 베프」는, 홀로 끝없이 움직이는 현대의 개인들이 서로 영향을 끼치고 모종의 관계를 형성하는 미묘한 양상을 스케치하는 아사야스의 재능을 과시했다. 통상 소설이 가장 잘하는 이 작업을 영화로 해낸 집중력에 대해 평론가 마놀라 다지스는 "단 하나의 틀린 음정도, 낭비된 이미지도, 잉여분의 카메라워크도 없다"고 감탄했다. 이 미덕을 직접적으로 이어받은 1998년작 「8월말 9월초」는 한 작가의 죽음이 그의 주변에 끼친 여파에 대한 일지다. 아사야스는 1980년대 말부터 90년대 초까지 세 친구를 에이즈로 잃고 지인들 사이에 오간 대화에서 이 영화를 착안했다. 죽은 자가 주인공이었다면 필시 멜로드라마가 됐을 「8월말 9월초」는, 대신 그들에게 가깝지도 멀지도 않은 작가의 쇠락과 죽음을 지켜보며 일 년 동안 실연하고 아파트와 직장을 바꾸는 파리 남녀의 일상을 좇음으로써, 집단적 자서전의 문체를 획득한다. 「8월말 9월초」를 지배하는 정서는 에릭 로메르식의 아이러니가 아니라 감정이입인데 이같은 동화 작용은 기묘하게도 조용한 페이드아웃과 자막으로 구성된 분절 형식을 통해 작동한다. 하루, 한 달, 반년 등 불규칙한 간격으로 배치된 여백은, 몰입을 억제하기는커녕 관객이 극중 인물이 그간 통과한 심리적 흐름을 상상하면서 감응하게 만든다.

웅장한 대하극 「감정의 운명」, 난해한 스릴러 「데몬 러버」

몇 번의 포기와 기다림 끝에 2000년 완성된 대작 「감정의 운명」은 올리비에 아사야스와 무관해 보였던 요소들―거대 예산, 국제적 스타(에마뉘엘 베아르, 이자벨 위페르), 시대극―의 결정체였다. 자크 샤르동의 대하소설을 각색해 현대 자본주의 사회의 여명기를 통해 감정의 생로병사를 그린 이 작품은 그 위용이 토마스 만의 『부덴브로크가의 사람들』, 마리오 푸조의 『대부』, 혹은 오슨 웰스의 「시민 케인」을 연상시킨다. 20세기 초 프랑스 리모쥬에서 도자기 공장으로 부를 축적한 신교도 바르네리 가문의 아들로 태어난 장은 목회자의 길을 택하지만 첫 아내와의 불화와 두번째 아내가 가져다준 필생의 사랑은 그를 낭만적 은둔자의 삶으로 이끈다. 그러나 부친의 죽음과 공장의 위기는 그를 다시 자본가의 자리로 불러들이고 전쟁과 대공황을 겪으며 임종의 침상에 누운 그에게 남은 것은 아내의 손과 어린 날 소꿉놀이에 접시로 쓴 꽃잎과 닮은 아름다운 도자기다. 겉보기의 육중한 무게감에도 불구하고 「감정의 운명」은 아사야스가 가장 자유롭게 만든 영화처럼 보인다. 아사야스는 줄곧 동세대 이야기에 매달려온 자신을 "개방하고 확장하기 위해" 각색을 택했고 「겨울의 심장」의 작가 자크 피에쉬의 도움을 받았다. 미더운 원작에 스토리텔링의 부담을 넘기고 '작은' 영화에서 발휘한 아사야스의 장기를 감정과 시간의 영화적 재현에 집중시킨 결과물은 황홀하다. 현대극처럼 긴장이 흐르는 대사는 느즈러진 노스탤지어를 허용하지 않고, 모럴과 관능을 상징하는 위페르와 베아르는 당대 회화 속 모델들처럼 프레임을 사로잡으며, 「8월말 9월초」에 선보였던 비약과 생략의 분절 양식은 좀더 웅장한 톤으로 구사된다. 화면이 암전되었다 밝아질 때마다 관객은 가족 중 누군가가 사라졌음을, 생동하던 사랑과 증오가 소멸했음을 발견한다.

　통틀어 8년을 쏟아부어 급기야 "전생처럼 느껴진다"고 토로하기에 이르렀던 영화 「감정의 운명」에서 벗어나자, 아사야스는 그간 이루어진 21세기의 변화를 한달음에 따라잡으려는 듯 산업

스파이에 관한 사이버스릴러 「데몬 러버」를 내놓았다. 그러나 2002년 칸 영화제에 열린 프리미어는 스캔들이었다. 「데몬 러버」는 일본 성인 아니메의 세계 배급권을 협상하는 프랑스 다국적 기업의 여성 간부가 거대 인터넷 기업의 사주를 받아 스파이 활동을 하며 야심을 키우다가 온라인 SM클럽의 노예로 전락한다는 이야기. "사람들은 유럽영화가 관객을 잃었다고 불평하지만 할리우드가 현대적 삶의 에너지를 보여준다는 사실은 간과한다. 이 에너지를 독립영화에도 불어넣을 수 없을까?"라고 고민했던 아사야스는 「데몬 러버」에서 전반부에 할리우드 스릴러의 자극과 파괴력을 끌어들인 다음, 영화의 뒷부분에서 스릴러의 모든 구조를 해체하고 날려버리는 전략을 택했다. 심지어 막판에 이르면 캐릭터의 성격이나 성적 취향조차 게임 캐릭터처럼 갈아치워버린다. 그러나 관객과 평론가들은 「데몬 러버」의 형식적 '자폭'을 달가워하지 않았고 영화가 포르노적 이미지를 비판하는 것인지 탐닉하는 것인지 불분명하다고 꼬집었다. 아사야스의 대응도 전례 없이 공격적이었다. 인터뷰에서 그는 「마지막 수업」 같은 다큐멘터리를 예로 들며 "노스탤지어에 호소하는 최근의 독립영화들은 현대 사회로부터의 도피처 역할이나 하고 있다. 「파이트 클럽」 같은 주류영화가 오히려 눈여겨볼 만하다. 복잡해진 오늘의 세계에서 단순화의 미학은 사기다"라고 강변했다. 어쨌거나 「데몬 러버」는, 사람들이 상상하는 '비평가가 만들 수 있는 최악의 영화' 청사진에 딱 들어맞는, 다시 말해 감독의 해설 없이는 온전히 이해할 수 없는 불운한 영화였다.

한 여인을 묘사한 세심한 손길, 「클린」

「데몬 러버」의 소동 이후 2년 만에 나온 「클린」은 음악산업의 주변부에서 청춘을 탕진한 여인이 느리고 고통스럽게 마약중독에서 벗어나는 이야기다. 스토리로 치면 평범하다 못해 진부한 할리우드 갱생드라마의 내러티브와 다를 게 없다. 기다려도 소용없다. 기발한 대사, 쿨한 정서, 반전의 역습은 등장하지 않는다. 에밀리 역의 장만옥과 주변 사람들은 꺼낼 만한 대사를 그럴 만한 타이밍에 말하고, 예측 가능한 행동을 그럴 만한 시점에 취한다. 영화는 온타리오, 파리, 런던, 샌프란시스코를 유랑하고, 에밀리는 그네를 바꿔 타듯 다른 언어와 도시 속으로 투신하며 여성복 판매원, 엄마, 웨이트리스의 아이덴티티를 갈아입는다. 유일하게 지속되는 것은 감정이다. 「클린」은 이상한 영화다. 회화의 이미지, 문학의 이야기와 경쟁하는 데에 처음부터 관심을 끊고 영화만이 가진 무기로 무모한 승부를 건다. 그 무기는 시간과 감정의 퇴적이다. 에밀리가 고통 받고 객기를 부리고 모욕당하는 「클린」의 시퀀스들은, 매번 음악으로 치면 '벗어난마침'으로 석연치 않게 종결되며 찌꺼기를 남긴다. 아사야스 감독은 자기혐오와 모멸감과 피로를 해소시키지 않은 채 축적해나간다. 그래서 마침내 환각을 이기고 현실과의 관계를 회복한 에밀리가 갓 태어난 아기 같은 눈으로 커피잔을 응시하는 순간, 감정의 모래시계는 마지막 알갱이를 떨어뜨리고 툭 기울어진다. 그때 관객은 에밀리와 함께 심호흡을 하며 심장에서 손끝으로 혈관을 타고 번져가는 맑아지는 생의 조짐을 교감한다.

「클린」은 너무 강조하면 사라져버리는 종류의 진실을 붙잡기 위해 손의 힘을 세심히 조절하며 한 여자의 살갗을 더듬는 영화다. 「이마 베프」「8월말 9월초」「감정의 운명」을 거쳐 「클린」에서 하나의 포즈에 다다른 이 태도는 올리비에 아사야스가 「감정의 운명」 발표 직후 인터뷰에서 예찬했던 인상주의 미학을 상기하게 만든다. "누구나 인상파는 알지만 그 의미는 잊고 있다. 인상주의는 세계와 자연과 감정을 바라보는 직접적이고 단순하며 깊고 아름다운 방식이다. 나는 인상주의의 가치로 돌아가는 영화를 만들고 싶다. 모든 예술의 목적은 그러한 수월함과 가벼움을 성취하는 것이다." 두 시간의 인내 끝에 터져나오는 한 번의 심호흡을 가장 자연스럽게 만드는 한없이 가벼운 터치. 그것이 지금 올리비에 아사야스가 구하는 영화예술의 경지인 듯하다.

스티븐 스필버그의 돌연변이 후계자, 브라이언 싱어

Bryan Singer

차마 연인에게 작별인사도 못하고 고난의 여행을 떠났던 남자가 살아 돌아온다. 그러나 다섯 살짜리 아들의 엄마로 변한 사랑하는 여자는 아이가 '아빠'라고 부르는 다른 남자와 한집에 살고 있다. 단란한 가족의 정경을 숨죽여 바라보던 남자는 말없이 발길을 돌린다. 테니슨의 시 『이녹 아든』과 똑같은 이야기지만, 이 경우는 남자가 창밖 허공에 떠올라 벽 너머 대화를 보고 듣는다는 점이 약간 다르다. 뭇사람들이 아는 그의 이름은 수퍼맨(브랜든 라우스). 일명 클라크 켄트 혹은 칼 엘이다. 브라이언 싱어 감독의 「수퍼맨 리턴즈」는 초인의 멜로드라마다. 클라크가 엘리베이터에 오른 로이스의 얼굴을 몇 초라도 더 보고 싶어할 때 철문은 우리의 시선을 통과시킨다. 돌아온 수퍼맨의 초능력은 무기일 뿐 아니라 감정의 하인이다. 한때 게이 잡지 『에드버킷』은 게이 감독 브라이언 싱어의 수퍼맨이—속눈썹이 예쁘고 이중생활을 한다는 이유로—게이 아이콘이 되지 않을까 예측했으나, 결과적으로 새로운 수퍼맨은 여성 관객들이 꿈꾸는 남자친구에 가까운 캐릭터로 판명됐다.

브라이언 싱어 감독의 수퍼맨은 연약한 모습으로 영화에 처음 등장한다. 켄트 농장에 다시 착륙한 그는 늙은 어머니의 품 안에 쓰러진다. 아틀라스처럼 땅덩이를 들어올려 재앙을 막은 그는 탈진하여 한 잎의 낙엽처럼 우주의 검은 어둠 속으로 느리게 추락한다. 「엑스맨」의 팬이라면 강력한 자기장을 생성한 매그니토가 기진한 몸을 떨구던 장면을 추억할 것이다. 인간 혹은 초인들이 육체를 가진 존재이기 때문에 겪는 고난은 언제나 브라이언 싱어 감독의 주요 관심사다. 「엑스맨」 연작에서 시각적 특수효과의 다수가 육체의 변형 및 변질을 묘사하는 데에 사용되는 점은 특기할 만하다. 동시에 「수퍼맨 리턴즈」는 아무리 인간적이라고 해도 수퍼맨이 영원히 인간과 다른 존재임을 인지한다. 그에게 능력은 저주는 아닐지언정 숙명이다. "세상도 나도 구세주는 필요 없다"고 쏘아붙이는 로이스를 데리고 수퍼맨은 지구가 내려다보이는 곳으로 날아오른다. 세계 곳곳 무수한 인간들의 신음이 뒤섞여 먼 시냇물 소리처럼 들려온다. 그는 변명한다. "사람들은 더 이상 영웅이 필요 없다지만 내겐 매일 영웅을 찾는 절규가 들려요." 이것은 완전무결하고 모호한 구석이라곤 없는 주류 영웅을 지금 다시 이야기하는 이유에 대한, 브라이언 싱어 감독의 영리한 답이기도 하다.

독창적인 액션과 생동하는 심리, 유창한 시각적 화술로「엑스맨」시리즈의 브랜드 가치를 높인 브라이언 싱어 감독은 더 큰 물적 지원을 업은「수퍼맨 리턴즈」에서 원없이 재주를 펼친다.「유주얼 서스펙트」와「죽음보다 무서운 비밀」의 브라이언 싱어가 만화 원작 여름영화를 만든다고 했을 때 의아했던 이들이「엑스맨」1, 2편을 본 후 설복당했듯,「엑스맨」시리즈를 브랫 래트너의 현관 앞에 업둥이로 맡기고 싱어가 주류 미국 사회의 이상적 영웅 전설에 가담했다는 뉴스에 눈썹을 치켜올렸던 사람들은「수퍼맨 리턴즈」를 보고 납득할 것이다. 브라이언 싱어의 우주는 야금야금 팽창하고 있다.

시청자 참여 프로그램을 통해 한 남자가 마을의 비밀을 들쑤시는 사건을 그린 브라이언 싱어의 장편 데뷔작「퍼블릭 액세스」는 선댄스 영화제 심사위원 대상작을 탔다. '선댄스 키드'가 되기 전 싱어는 서던캘리포니아 영화학교 연출 과정에 입학을 거절당하고 영화학 전공으로 편입한 덕택에, 무수한 영화를 볼 수 있었던 학생이었고, 그보다 더 거슬러 올라가면「스타트렉」방영 내내 스피커폰을 켜놓고 친구와 전화로 주석을 다는 고교생이었다. 소년은 가능하다면, 조지 루카스나 스티븐 스필버그가 되고 싶었다. 영화 만드는 일 외에 다른 일은 안하고 살 방법이 없을까 궁리했다. "(감독이 알아야 할) 모든 비밀은 오리지널「스타트렉」시리즈와「죠스」에 있다. 나는 그 작품들로부터 시각적 스토리텔링, 신화, 윤리적 딜레마, 정의와 사랑, 삶과 죽음을 배웠다"고 싱어는 요즘도 공언한다.

　　그의 두번째 장편 「유주얼 서스펙트」는 기껏 도착해보니 덫이 기다리는 교묘한 미로와 같았다. 사람들은 쾌감의 비명을 질렀고, 싱어는 복잡한 플롯과 앙상블 연기를 건사하는 연출 솜씨를 입증했다. "「저수지의 개들」이후 가장 완성도 높고 흥분되는 시나리오"라는 중평을 얻은 미스터리 스릴러 「유주얼 서스펙트」는 영화 팬들 사이에 스포일러 공포증을 만연시키며 아카데미에서 각본상과 조연상(케빈 스페이시)을 획득하는 성과를 올렸다. 세번째 작품 「죽음보다 무서운 비밀」부터 싱어는 사적인 동기와 자신의 정체성이 깊숙이 개입된 영화를 만들기 시작한다. 「죽음보다 무서운 비밀」에서 2차 세계대전 역사에 사로잡힌 결벽한 우등생 소년(브래드 랜프로)은 가짜 신분으로 숨어 사는 늙은 전범(이안 맥켈런)을 협박한다. 그가 원하는 대가는 오직 홀로코스트의 잔인한 세부를 들려달라는 것이다. 「유주얼 서스펙트」와 마찬가지로 감독은 '이야기'의 가공할 권력을 강조한다. 역습을 꾀하는 노인은 소년의 추락한 성적을 약점으로 잡는다. 그러나 여기서 성적은 은유일 뿐, 소년의 진짜 비밀은 사춘기를 맞아 발견하는 게이의 정체성이다. 이 영화는 미성년자 엑스트라들의 샤워 신 때문에 소송을 겪었는데 『뉴욕 타임스』의 재닛 매슬린은 "그러나 그 장면은 전체 이야기에서 진정 중요한 은밀한 시퀀스"라고 평했다. 학교 최고의 미녀에게 "난 네가 전교에서 내게 잘 보이려들지 않는 유일한 남자애라 관심이 간다"는 말을 듣는 조숙한 주인공은, 아마도 브라이언 싱어의 자화상일 것이다.

유대계 혈통의 브라이언 싱어 감독은 철모르는 어린 시절 비유대계 친구들과 '나치 클럽'을 만들어 놀았다. 특이하게도 상대방 가학자의 시점에서 출발해 거꾸로 정체성을 형성한 셈인데, 이는 인간의 악함을 거듭 탐구하는 싱어 영화의 습성과 연결된 듯하다. 그의 영화에서 선과 악, 강자와 약자는 엎치락뒤치락 자리를 바꾸는가 하면 동일한 목표를 위해 종종 상이한 방법을 택한다. 하지만 싱어는 도덕적 모호함과는 선을 긋는 사람이다. "우리가 '악'이라고 부르는 것들이 늘 존중받을 만한 가치가 있는 것은 아니다. 다만 우리는 악의 복잡함을 인식해야 한다. 더 잘 이해해서 막을 수 있도록." 이것이 「수퍼맨」 프로젝트에 싱어가 진심으로 헌신할 수 있던 근거일 것이다. 나치의 맹목적인 차별주의와 살의라는 주제는, 아우슈비츠에서 초능력을 발견하는 매그니토의 과거를 담은 「엑스맨」의 매혹적인 프롤로그에서 재림한다. 7천5백만 달러의 상대적으로 저렴한 예산으로 「퍼펙트 스톰」 「미션 임파서블 2」 등과 당당히 경쟁한 「엑스맨」과 한층 진보한 속편은 대중적 성공까지 거두며 게이를 비롯한 모든 잠재적 소수자들의 환상 속에 『일리아스』처럼 새겨졌다. 이즈음 싱어는 개인과 사회의 딜레마를 소재로 어둡고 세련된 엔터테인먼트를 만드는 감독으로 명성을 굳혔다.

브라이언 싱어의 가장 가볍고 로맨틱한 영화인 「수퍼맨 리턴즈」의 바닥에도 근원에 대한 물음이 계속된다. 영화는 수퍼맨이 5년 동안 고향 크립톤 행성의 폐허에 다녀왔다고 전제한다. 이미 거대한 묘지가 된 행성에서 수퍼맨은 자신을 닮은 존재와 가족의 흔적을 애타게 찾았다. 이는 과거 「수퍼맨」 영화에 없었던 욕구다. 돌아보면 「엑스맨」 시리즈의 울버린도 지워진 기억의 부름에 끌려 비슷한 여행길에 올랐다. 입양아인 브라이언 싱어는 이들의 여정이, 양부모를 사랑하면서도 삶의 뿌리를 정확히 지적하지 못하는 자신에게 있어서 매우 사적인 의미가 있다고 거듭 밝힌 바 있다. 수퍼맨이 "미국적 영웅일 뿐 아니라, 이민자의 대표"라는 점을 환기하기도 했다.

지금도 제임스 카메론 감독을 만나면 사인을 받고 기념사진을 찍는 '동심'의 소유자지만 어느새 브라이언 싱어의 이력과 재능은 스티븐 스필버그의 그것을 비슷한 경로로 뒤쫓고 있다(브라이언 싱어의 제작사 '배드해트해리' 프로덕션은 「죠스」의 마지막 대사 "That's one bad hat, Harry"에서 회사 이름을 착안했다). 학창 시절 열등생이었던 두 사람은 십대 초반에 생애 첫 영화를 만들었고 출세작이 스토리텔링의 새로운 유행의 효시가 됐다. SF와 판타지 장르에 대한 열정도 공통적이다. 브라이언 싱어는 "SF와 판타지는 언제나 편협함과 완고함에 대해, 전체주의 정부에 대해, 섹스와 젠더의 전복적인 화제를 이야기할 수 있도록 만든다. 「스타트렉」은 다른 인종 간의 키스를 텔레비전에서 처음 보여주었다. 현란한 모험이 간혹 메시지를 집어삼키기도 하지만, 메시지는 여전히 거기 존재하는 것이다"라고 해명한다. 무엇보다 두 유대인 감독의 영화에는 언젠가 학살자가 한밤중에 문을 노크하고 종말을 통고할지 모른다는 두려움이 서려 있다. 싱어는 "세상

어딘가에는 내가 단지 내 자신이라는 이유만으로 나를 파괴하려는 자가 있을 수 있다. 이 생각 자체가 너무 두려워 나는 끝없이 파고들 수밖에 없다"고 한때 고백했다. 스필버그와 싱어는 사적인 공포와 환상이 투영된 블록버스터의 연출자이며, 생존을 위한 투쟁의 이미지에 시정詩情을 불어넣을 수 있는 감독들이다. 할리우드는 그가 현재 누구보다 흥분을 자아내는 재능을 가진 대중영화 감독이라는 점에 동의한다. 한 인터뷰에서 브라이언 싱어는 흔쾌히 인정했다. "개인의 내밀한 문제를 터뜨리고, 온 세상에 슬쩍 팔아넘기는 데에 있어 여름 액션 이벤트영화보다 더 좋은 방법을 알지 못한다. (웃음) 그 점에 대해서는 사과한다." 천만의 말씀이다. 그런 거래라면 우리는 항상 관심을 가질 용의가 있다.

신의 아이, 길 위에 잠들다,
리버 피닉스

River Jude Phoenix

10월의 마지막 날은, 대다수의 사람에게는 그저 한 달의 말일이고 일부 젊은이에게는 할로윈이라는 이국의 축제일이며 극소수의 사람에게는 '리버 피닉스'라는 동화 속 인물 같은 이름으로 불렸던 한 청년의 기일忌日이다. 7년 전 그 밤(이 글은 2000년 10월에 씌어졌다), 할로윈 파티로 들썩이던 선셋 대로변에서 리버는 숨졌고, 그 시간 이탈리아에서는 영화로 평생을 꿈꾸었던 또 한 사람의 몽상가 페데리코 펠리니가 운명했다

세상에는 놓아주기가 유난히도 힘겨운 이들이 있다. 그리고 리버 피닉스는 그런 사람 중 하나였다. 노랑머리, 초록 눈의 할리우드 스타가 네 인생과 무슨 상관이냐고 누군가 묻는다면 막막한 노릇이지만, 리버는 의심할 여지없이 아름답고 재능 있는

배우였으나, 「KGB의 아들」「지미의 사춘기」 같은 지리멸렬한 영화도 찍었고 「스니커즈」나 「바람둥이 길들이기」처럼 십대 관객을 끄는 미끼로 그를 이용한 듯한 영화에도 출연했다. 아마 죽지 않았다면 내리막길이 그를 기다렸을지도 모른다. 그러나 리버는 분명 살아 있는 동안 특별했고 사라짐으로써 그 특별함을 불멸한 것으로 만들었다. 영화에 대한 풋사랑에 눈뜰 무렵 우연처럼 또래의 그를 만나고 한 시절을 함께 보낸 세대한테 그는 친구였고 위로였다. 리버 피닉스를 좋아했던 '우리'는 마치 멀리 있는 친구에게서 이따금 안부 편지를 받는 기분으로 해마다 그의 새 영화를 보곤 했다. 그래, 너 그렇게 크고 있구나. 나? 나도 그럭저럭. 그러나 '우리'가 어른들 세상에 나가 무엇을 할지 고민하기 시작한 그해 가을에 그는 편지가 아닌 부고를 보내왔다. 영화 속에서 나와 함께 자라는 친구를 바라보는 일은, 더 이상 바랄 수 없는 행복이 돼버렸다. 결국은 그리 될 일이었다고 스스로를 타이르기도 했다. 어른이 된 우리는 어차피 더 성장하지 않았을 테니까.

영화 「스탠 바이 미」에서, 조숙한 문학소년 고디는 함께 도보 여행을 떠난 친구들이 곤한 잠에 빠진 새벽에 혼자 깨어 아기 사슴 한 마리와 마주친다. 소년과 사슴은 누가 먼저랄 것 없이 시선을 맞추고, 바람도 숨죽인 영원 같은 한순간이 지나자 사슴은 몸을 돌려 사라진다. 그리고 이젠 나이 먹어 소설가가 된 고디의 내레이션이 깔린다. "나는 누구에게도 그 일을 말하거나 쓰지 않았다. 그것은 지금까지 나 혼자만 간직하고 있는 한 가지다."

리버 피닉스에 대해 글을 쓰지 못할 것이라고 마음먹었다면 아마 비슷한 이유였으리라. 그러나 시간은 모든 것을 희미하게 한다. 다짐도, 그 다짐의 이유도. 살았다면 리버 피닉스는 이제 서른. 남은 그의 옛 팬들도 서른 언저리를 서성이고 있다. 어느 소설가는 '서른 살'을 가리켜 고함치는 능력을 잃는 대신, 기억의 그물을 던져 과거의 자신과 자신이 속했던 공간을 끌어올리는 것이 가능해지는 나이라고 썼다. 그가 남긴 영화와 그가 간 뒤 이곳저곳에서 찾아낸 '쪽지' 조각들을 모아 다시 그리는 한 배우의 초상은, 특정한 세대에겐 바람 많은 한 시절과의 재회일지도 모른다. 끝내 땅 위에 둥지를 틀지 못했던 발 없는 새의 이름을, 바람 위에 다시 쓴다.

구걸하는 신의 아이

리버 피닉스는, 머리에 꽃을 꽂고 이상향을 찾아 헤매던 히피 부부 존과 알린의 맏아들로 태어났다. 1970년 여름. 오리건 주의 히피 공동체에서 생활하던 그의 어머니는 의사를 거부한 채 집에서 그를 낳았고, 당시 코뮌 멤버들이 읽고 있던 『싯다르타』에 나오는 '생명의 강'을 따 아기의 이름을 지었다. 이같은 '탄생 설화'는 후일 스타 리버 피닉스에게 신비한 후광을 드리웠으나, 실상은 그리 로맨틱하지만은 않았다. 리버가 두 살 때부터 6년간 그의 가족은 '신의 아이들'이라는 소수 기독교 집단에 귀의해 남미를 방랑하며 전도 활동을 벌였다. 끼니와 전도를 위해 베네수엘라의 먼지 이는 길모퉁이에서 노래 부르며 구걸을 시작했을 때 리버는 네 살이었다. 또한 섹스를 인간 해방으로 본 '신의 아이들'의 교리에 따라 아주 어린 나이에 성 경험을 강요받았으리라 추측된다. 저널리스트들은 이 충격적인 원체험이 사춘기 이후 리버를 뒤흔든 혼돈의 뿌리에 웅크리고 있었으리라 짐작한다.

지독하게 가난한 '유목민'의 자식으로 자랐지만, 리버와 남매들은 부모가 쏟아부은 애정과 이상주의의 세례 속에서 비참을 몰랐다. 리버는 아주 어릴 적부터 "너는 세계를 구원해야 할 소명이 있다"는 가르침을 받았고 그것은 착하고 예민한 소년의 머릿속에 부모의 기대보다 더 깊숙이 달라붙었다. 1978년 교주의 부도덕한 행각에 환멸을 느낀 리버의 부모는 플로리다로 돌아와, 성을 '피닉스'로 바꿨다. 현대 사회의 잿더미에서 부활한다는 의미였다. 가족 밖의 사회생활에 무지했던, 여덟 살의 리버는 생전 처음 간 학교에서 스스로를 방어하는 법을 몰라 고초를 겪었다. '리버'라는 이름부터 놀림감이었고, "나는 세상을 바꾸고 싶어" 같은 말을 입 밖에 내 비웃음을 샀다. 자신은 물론 아이들의 삶을 통해 꿈꾸기를 멈추지 않았던 부모의 고집은 리버의 일부가 됐다. 극단적인 순수는 아름답지만 때로 독이 되기도 한다는 점을 미리 경계하기에 그는 턱없이 어렸다.

학교생활은 짧았다. 리버와 맏딸 레인을 연예계에 진출시키기로 결심한 어머니는 1979년 파라마운트의 오디션 초청을 받자 일가를 이끌고 할리우드로 갔다. 피닉스 부부는 아이들의 비범함에 확신이 있었고, 스타덤의 언덕을 타고 히피 운동의 메시지를 전파하려 했다. 영악한 순발력이라곤 없는데다, 동물보호주의자로서 가리는 상품도 많았던 리버는 CF 모델로서 출발이 부진했으나 오래지 않아 텔레비전에서 두드러지는 아역 배우로 떠올랐고 영화계로 활동 영역을 옮겼다. 1985년작 「스탠 바이 미」는 리버의 출세작일 뿐 아니라 연기 스타일의 틀까지 잡은 영화였다. '아주 연한 속살을 품은 강렬함'으로 요약되는 그의 연기는 열다섯이라는 어린 나이에도 불구하고 평론가들에 의해 스티브 매퀸, 몽고메리 클리프트와 비교당하는 영예를 누렸다. 마을의 문제아면서도 친구들을 돌보고 피스메이커 노릇을 하는 크리스 역은 평생 리버 피닉스를 따라다닌 기이하리만큼 본인과 닮은 캐릭터들 중 첫번째다. 어떤 일에도 변명하지 않는 소년, "네 부모가 너를 못 지켜준다면 내가 해야겠어!"라고 친구에게 소리치는 크리스는, 온 세상을 여린 어깨에 지고 살아온 조숙한 열다섯 살의 리버 그대로다. 「스탠 바이 미」를 찍으며 리버는 처음 맥주와 담배를 맛보았다. 또래 문화를 모르고 자란 그는 촬영장에서 친구를 사귀었고 영화가 끝나 그들과 헤어지는 날이면 어김없이 마음이 부서져 눈물을 쏟았다. 자식들의 연예 활동에 점점 회의적이 된 아버지가 가족과 멀어지면서 리버는 영화를 찍을 때마다 선배 배우들로부터 '아버지'를 구했다. 「모스키토 코스트」의 해리슨 포드, 「KGB의 아들」의 시드니 포이티어, 「스니커즈」의 댄 아이크로이드 등에게 리버는 크게 의지했고 늘 그들이 심심한지 아픈지 세심히 챙겼다. 유작 「사일런트 텅」에서 공연한 리처드 해리스는, "늦은 밤 리버는 종종 문을 노크하고 들어와 소파에 웅크려 잠들곤 했다"라고 회상했다.

고통을 목발질하며 달리다

독학을 계속했지만 유년기의 교육과 놀이를 박탈당한 리버는 여전히 다른 십대들의 상식에 무지했다. 역대 대통령 이름이나 역사에 까막눈이었던 리버는 대본에 고유명사가 나오면 정확한 발음을 몰라 혼자 고민했고, 가정교사는 오래지 않아 그의 난독증을 발견했다. 자연스러운 유머를 배우지 못한 리버의 농담과 진담은 자주 구분하기 힘들었고, 조크는 빗나가기 일쑤였다. 그 모든 것을 새로 익히기에 부모와 동생의 꿈과 생계를 건사하는 소년가장은 너무 바빴는지도 모른다.

중미 밀림에 유토피아를 건설하려 한 과대망상적 남자와 그 아들의 이야기인 「모스키토 코스트」에 리버는 비슷한 성장기를 지냈다는 이유로 캐스팅돼, 아버지를 묵묵히 존경하고 다시 증오하는 소년 찰리 역을 호연했다. 열일곱 살에 찍은 「허공에의 질주」에서는 1960년대적 가치를 고수하며 도망자의 삶을 사는 부모의 맏아들 대니로 분해, 자신을 필요로 하는 사람들을 위해 소망과 고통을 내색하지 않는, 너무 어른스러워 가슴을 쓰리게 하는 소년의 연기를 완벽히 해냈다. 음악적 재능, 소년과 청년 사이에 머문 용모, 진짜 남자처럼 어머니의 어깨를 감싸안는 사려 깊음. 대니의 캐릭터는 열일곱 살 리버 피닉스가 내비친 모든 '빛'을 필름에 또박또박 새겨넣었다. 리버 피닉스는 전세계 십대 소녀가 가장 원하는 남자친구가 되었다. 맥풀린 동작, 내리깐 눈길, 웅얼거리는 말투는 제임스 딘에 비교됐고 그의 채식주의와 예절바른 '효자' 이미지는, 문제아 숀 펜, 로브 로의 '브랫팩'과 대조를 이루며 호감을 샀다. 「허공에의 질주」가 끝나고, 할리우드라는 허영의 소돔에 아들이 오염될 걸 염려한 피닉스 가족은 미캐노피에 '캠프 피닉스'라는 보금자리를 만들고 정주해 자연친화적 생활을 시작했다. 이제 캠프에 몰린 군식구까지 부양하게 된 '장남' 리버는 쉬지 않고 일했고, 그가 몸담은 두 세계, 할리우드 스타덤과 '캠프 피닉스' 공동체 사이의 골짜기는 위태롭게 깊어가고 있었다.

베트남 파병 해병과 웨이트리스 사이의 세상에서 가장 아름다운 '원나이트 스탠드'를 그린 영화 「샌프란시스코에서 하룻밤」에 출연할 즈음, 리버는 연기를 통해 리버 피닉스가 아닌 다른 사람이 돼 멀리 달아날 수 있음을 간파하고 탐닉했다. 본인과 닮은 역을 줄곧 연기한 탓도 있겠으나 연기와 현실을 구분 못하는 증상은 심해졌다. 거친 해병으로 분한 「샌프란시스코에서 하룻밤」의 촬영 중에는 경찰이 동원될 만큼 난폭한 소동을 주동하기도 했고, 촬영 뒤 본디 성격으로 돌아오는 데 한 달 이상이 걸려 주위를 놀라게 했다. 1991년작 「아이다호」의 스태프들도 "초췌해진 리버는 동료 배우의 발치에 자주 누워 있었다. 카메라가 돌건 안 돌건 그의 모습은 비슷했다"고 회상한다. 베니스 남우주연상을 안긴 「아이다호」에서 리버는 남창 마이크가 스콧에게 사랑을 고백하는 모닥불 장면의 대사를 써서 생애 최고의 신을 직접 만들었다. "너를 사랑해. 그치만 내게 돈 주지 않아도 돼."

눈을 감으면 초현실적 풍경화가, 눈을 뜨면 다큐멘터리적 상황이 펼쳐지는 「아이다호」의 스타일은 이미 남몰래 알코올과 약물로 고통 받고 있던 리버의 상태와 유사했다. 그러나 리버가 돌연사한 뒤 「아이다호」는 팬들에게 있어 한번 보려면 큰 용기가 필요한 영화가 돼버렸다. 툭 하면 길 위에 쓰러져 날개 꺾인 새처럼 푸드덕거리는 기면발작증 환자 마이크의 모습에 차가운 보도블록 위에 쓰러진 리버의 최후가 포개지는 까닭이다. 이 무렵부터 카메라에 잡힌 리버의 눈은 몇 번씩 깜박여야 초점을 하나로 맞출 수 있었다. 그는 마치 천국과 지옥을 동시에 보고 있는 사람 같았다. 하지만 그의 엉킨 머리, 흐린 시선, 후줄근한 옷차림은 모조리 근사한 패션으로 숭배됐다. 이 무렵, 코스타리카에 은둔한 아버지를 만나고 돌아오던 리버는 비행기에서 상영한 「사랑의 기적」(로빈 윌리엄스, 로버트 드니로 주연)을 보며 내내 느꼈다고 전해진다. 약의 도움으로 혼수상태에서 깨어나지만, 현실에 적응할 즈음 약이 효험을 잃어 다시 잠에 빠지는 남자의 이야기. 그는 거기서 무엇을 본 걸까.

329

날개 꺾인 새, 길 위에 잠들다

생의 마지막 몇 해 동안 리버는 천재 시인 랭보의 이야기에 빠져들었다. 세상의 모든 독과 과즙을 맛보고 죽으려 한 랭보를 따르듯, 이때의 리버는 한번 스위치를 내리면 영영 불이 꺼질 것을 겁내기라도 하듯 뭐든 탈진할 때까지 계속했다. 자신의 밴드 '알레카즈 애틱'의 음반 녹음에 착수한 그는 미친 듯이 멤버들을 몰아세워 지상에 존재한 적 없는 음악을 만들겠다고 몸부림쳤다. "그는 언제나 깨어 있었다. 연기를 하고 있지 않으면 기타를 연주했고 그것도 아니면 누군가에게 조언을 하고 있었다"고 측근은 회고했다.

애인 수 솔고트와 결별한 리버는 헤어진 여자친구 마사 플림턴에게 전화를 걸곤 했다. 그는 취한 채 자기가 만든 단어와 논리로 밑도 끝도 없이 주절거렸고, 플림턴이 무슨 말인지 모르겠다고 하면 "그건 네가 충분히 잘 듣지 않아서 그래"라며 서운해했다. 놀랍게도 이런 정신적 고열 속에서도 리버의 '천사병'은 낫지 않았다. 조부모에겐 새 집을, 아버지에게는 숲을, 에이전트를 위해서는 블록버스터 출연을 선물하고 싶어했고 습관처럼 남을 먼저 생각했지만, 약물에 갉아먹히고 있던 본인 문제에 이르면 별것 아니라는 부정으로 일관했다. 하지만 「콜 잇 러브」에서 보여준 고르지 못한 연기 탓에 리버의 건강하지 못한 상태는 더 이상 비밀이 아니었다. 스물세번째 생일을 지낸 리버는 「사일런트 텅」 촬영까지 어떤 것에도 취하지 않은 채 맑은 정신으로 버텼다. 「사일런트 텅」 현장에서 그는 귀기 어린 연기로 감탄을 샀고, 샘 셰퍼드 감독과 주디 데이비스가 신경전을 벌이자 타고난 '중재자' 답게 중간에 개입해 속을 태우기도 했다. 샘 셰퍼드는 촬영 일정 중 하루가 비자 리버에게 휴가를 주었다. 리버는 "나, 아주아주 나쁜 도시로 돌아가요"라고 어린아이처럼 말하며 할리우드로 향했다. 6주간의 금욕과 긴장에서 풀려난 리버는 왓킨 피닉스, 사만다 마티스 등과 어울려 조니 뎁이 경영하는 '바이퍼 룸'을 찾았고, 자정께 누군가가 리버에게 헤로인과 코카인을 섞은 마약 '페르시아 브라운'을 건넸다. 새벽 1시경 바이퍼 룸 바깥 인도에 쓰러진 리버는 발작과 마비를 반복하다 싸늘히 굳어갔다. "파파라치는 안 돼!"라는 희미한 외마디 소리가 잠시 의식을 회복한 그의 마지막 말이었다.

그러나 마약을 검출한 검시 보고서가 나오자 파파라치는 안치실까지 숨어들었다. 그의 선행들은 잊혀졌고 보수 인사들은 "리버 피닉스란 이름부터 글렀다. 정신 나간 히피의 자식 아니냐"며 혐구하기도 했다. 팬들이 시와 꽃으로 바이퍼 룸을 덮고 제임스 딘 신화의 재연에 대중이 흥분하는 가운데 몇몇 배우들은 「뱀파이어와의 인터뷰」에서 리버가 맡기로 했던 역을 따내기 위해 다이얼을 돌렸다. 그러나 다행히도 이 아수라장은 이미 자유로워진 리버를 더 이상 할퀴지 못했다.

"나 아주 돌아가요"

　리버 피닉스의 생애는 패딩턴의 북극 탐험기에 나오는 아이러니컬한 이야기를 상기시킨다. 이글루 안에 갇힌 한 남자가 내쉬는 숨마다 입김이 얼어붙어 결국 점점 다가든 벽에 갇혀 죽었다는 일화. 아주 어릴 적부터 세계를 구원하려 했던 리버는 그것이 불가능한 사명임을 알아가며 서서히 절망했지만 내색하지 않으려 애썼고 그 안간힘은 돌이 되어 그의 심장 위에 하나씩 얹혔다. 60년대 아이였던 그의 부모는 희망을 향해 나아갈 수 있는 역동적인 세상을 아들에게 가르쳤으나 90년대 청년 리버를 둘러싼 세계는 강고하고 무감동했다. 혹자는 요절한 그를 순결한 반항아라고 추앙했고 혹자는 마약에 중독된 깜찍한 위선자였다고 침을 뱉었으나, 리버 피닉스는 그저 못다 핀 배우였고 착하고 총명했으나 치명적인 실수를 피하지 못한 젊은이였을 뿐이다. 어떤 이들은 그가 몇 해만 무사히 넘겼다면 한 시대를 풍미한 연기자가 될 수 있었을 거라 아쉬워한다. 그러나 그가 살아 더 위대한 배우가 됐다 해도 열다섯 살에서 스물세 살까지 그를 알았던 동세대 관객과 나눈 교감과 맞바꿀 만한 이력은 생기지 않았을 것이다. 피터 위어 감독의 말대로 젊은 리버가 가졌던 것은 로렌스 올리비에도 갖지 못한 연기력 이외의 무엇이었으므로.

카메라를 숨죽인 눈동자,
에드 해리스

Edward Allen Harris

스물다섯에 만난 연인의 열아홉, 스무 살 모습을 보지 못한 것이 억울해 속앓이를 해본 적이 있는지. 누군가를 사랑하면, 한 인간에게 매혹당하면 내가 알지 못하는 그의 시간을 시샘하게 된다. 에드 해리스는 이를테면, 관객에게 그와 비슷한 감정을 품게 하는 배우다. 그가 너무 늦게 우리에게 온 탓이다. 샘 셰퍼드의 연극으로 배우 인생을 시작한 해리스는 1978년에야 영화에 데뷔했고 「필사의 도전」으로 겨우 얼굴을 알렸으며 삼십대가 이울어가던 무렵에 이르러서야 「어비스」로 알려진 배우 대열에 들었다. 에드 해리스는 그렇게 생의 여름을 보낸 뒤 완숙되고 군데군데 근사하게 마모된 모습으로 우리 시야에 들어왔다. 끌로 깎은 듯한 턱, 윗입술을 슬쩍 밀어올리는 사려 깊은 미소, 세월로 적당히 바랜 남성의 섹시함. 그리고 무엇보다 명철한 눈동자. '진짜 푸른' '완벽하게 충실한'이라는 뜻을 가진 트루─블루true-blue라는 형용사는 에드 해리스의 눈을 위해 태어난 단어일 것이다. 과대망상형 프로듀서 크리스토프로 분한 「트루먼 쇼」에서 전능한 신의 시선이 되어 피조물 트루먼을 가엾게 내려다보던 그 눈은, 「에너미 앳 더 게이트」에서 영화의 심장을 관통한다. 극접사로 찍은 독일 장교 해리스와 러시아 저격수 주드 로의 눈동자를 잇는 선을 축으로 영화는 팽팽하게 진동한다.

1990년대 이후 해리스는 톰 행크스, 니콜라스 케이지 같은 스타들이 고삐를 쥔 할리우드 대작에서 미더운 조역을 전담했다. 연기를 가리켜 "나의 굶주림을 완벽하게 채워준 무엇"이라고 표현한 적 있는 그는 보은이라도 하듯 각 영화의 허기를 완벽히 채워냈다. 일촉즉발 위기의 연쇄 속에 자칫하면 인물의 성격을 놓아버리기 쉬운 액션 블록버스터영화 속에서도 해리스는 카메라가 초점을 맞추지 않는 프레임 뒤쪽에서 꾸준히 '예술'을 했다. 니콜라스 케이지가 없는 「더 록」은 상상할 수 있지만 장대비 내리는 묘지에서 아내의 비석에 훈장을 벗어놓고 돌아서던 험멜 장군 없는 「더 록」은 무감동한 돌덩어리였을지도 모른다. 에드 해리스는 그러나 지극히 위험한 배우다. 악과 교만도 그의 육신을 빌면 어느새 정당성을 얻기 때문이다. 자기가 하는 일의 어리석음과 야만성을 알고 있으면서도 주어진 길을 걸을 수밖에 없는 숙명을 지닌 에드 해리스의 캐릭터들은 하나같이 엄격하고 의연하여, 영화의 레벨도 극중 인물의 도덕적 평가도 초월해버린다. 그래서 마침내 연쇄살인범이냐 영웅이냐의 문제도 한 인간의 본질적 품위와는 혹시 무관한 게 아닐까 하는 아슬아슬한 생각까지 하게 만든다. 이는 배우 에드 해리스의 위치와도 통한다. "할리우드에서는 많은 일들이 꼬이고 결국은 한 꾸러미의 절망으로 뭉뚱그려지기도 한다. 하지만 내가 원하는 것은 연기하는 것뿐이다. 무책임해지고 싶은 건 아니지만 생각하기 시작하면 너무나 괴로워서 아예 생각을 하지 않으려 한다."

군복을 입은 에드 해리스는 그 모습만으로 심장 박동을 군가의 리듬으로 바꿔놓는 1인 스펙터클이다. 최근 개봉작 「에너미 앳 더 게이트」에서도 해리스의 미혹은 어김없이 작동한다. 히틀러의 어리석고 소모적인 전투에서 아들을 잃은 코닉 중령은 깊은 정치적 회의를 딱딱한 군복 속에 감추고 러시아 저격수 자이세프를 제거하기 위해 스탈린그라드의 폐허에 입성한다. 미동조차 하지 않은 채 점프한 적을 쏘아 떨어뜨리는 중령은 에드 해리스와 닮았다. 카메라 앞의 해리스는 때로 움직일 필요조차 없어 보인다. 머릿속에 생각을 지나가게 하는 것만으로도 그는 관객을 숨죽이게 한다. 10년간의 준비 끝에 첫 메가폰을 잡고 오스카 주연상 노미네이션까지 따낸 「폴락」 이후에도 해리스는 뚜벅뚜벅 고요한 걸음을 계속하고 있다.

네 가지 키워드로 읽는
휴 그랜트의 매력

Hugh John Mungo Grant

서른 넘긴 지 오래인 남녀에게 요정 애칭이 거북살스럽긴 하지만, 줄리아 로버츠가 로맨틱코미디의 팅커벨이라면 휴 그랜트는 오베론쯤으로 불려도 무방할 것이다. 현재 은막에서 휴 그랜트보다 로맨틱한 코미디언, 혹은 그보다 코믹한 연인을 찾기란 쉽지 않다. 그러나 왕도 왕 나름. 요정의 왕이라고 한들 로맨틱 코미디 장르의 왕에게는 경배하는 백성이 따르지 않는다. 하긴 휴 그랜트와 자주 비교되는 선배 캐리 그랜트도 비슷했다. 마치 이름이 정한 팔자인 양 두 사람의 그랜트는 언제나, 당연히, 지척에 있는 스타로 여겨질지언정GRANTED, 존재해주어서 고맙다는 따위의 감격 어린 치사를 받는 부류에 속하지 않았다. 배우로서 쓸쓸한 노릇 아닌가, 라고 굳이 염려해줄 필요는 없다. '배우 휴 그랜트'의 소명을 누구보다 가볍게 여기는 것은 휴 그랜트 본인이기 때문이다. 어느 명사보다 재미있는 인터뷰를 남기면서도 의미심장한 인물로 여겨지기를 한사코 거부하는 연기 경력 20년의 배우. 어록을 뒤적이다보면, 그라면 「투 윅스 노티스」의 제목처럼 2주 전 통보 정도로 큰 소동 없이 은퇴할 수도 있겠다 싶을 정도다. 배우 휴 그랜트와 그의 영화적 자아들은 비슷비슷하게 게으르고 세상사에 시큰둥하고 얼마간 경박하다. 그런데 우리는 대체 왜 이 가벼운 남자를 미워할 수 없는 것일까.

게으름뱅이

휴 그랜트는 게으르다. 도서관에서 닭고기 샌드위치를 씹으며 권태를 소재로 한 소설을 습작하는(그는 옥스퍼드에서 영문학을 전공했다) 꽤 한가한 배우였던 그를 '월드 스타'로 키운 「네번의 결혼식과 한번의 장례식」에서부터 휴 그랜트는 늦잠꾸러기였다. 결혼식 들러리 주제에 늦잠을 잔 찰스는 영국판 쿠엔틴 타란티노 영화의 주연 같은 억양으로 아홉 번이나 "F***!"이라고 절규하며 식장에 도착한다. 현실에서도 휴 그랜트는 미적거린다. 연기생활 20년이 지난 요즘에도, 어쩌다 발이 미끄러져 배우가 직업이 되었다고 믿는 까닭에, 폭과 높이를 계획해 커리어의 금자탑을 척척 쌓아올린다기보다 어디 멋진 샛길이 없을까 두리번거리며 산다. "별로 선택한 건 아니다. 그렇다고 일할 때 열심히 안하는 것은 아니지만 뭔가 잘못됐다는 느낌이 늘상 들러붙어 있다. 영화 촬영은 머리가 돌아버릴 정도로 느린 지루한 작업이다."

휴 그랜트는 좀더 창의적인 소설, 시나리오 집필이 꿈이라고 버릇처럼 말하지만 그렇다고 결의에 불타는 재야 작가도 아니다. "뭐니뭐니 해도 게으른 가난뱅이가 게으른 부자가 된 거다. 창피하지만 나라는 인간은 도무지 규율이 없어서 무시무시한 마감에 목이 졸리지 않는 한 아마 못 쓸 것 같다!" 이처럼 나태한 천성의 그가 응급실에서 동분서주하는 의사로 분했던 「휴 그랜트의 선택」이 매우 어색한 그림을 보여준 것도 당연하다. 일하기 싫어하는 휴 그랜트는 당연히 100편의 시나리오가 오면 99개는 거절한다. 사람들은 그가 로맨틱코미디만 덥석덥석 계약한다고 여기지만, 실은 그랜트는 지구상에서 가장 많은 로맨틱코미디영화를 거절한 배우이기도 하다. "연기를 사랑해서 일하고픈 열정으로 온몸이 불타는 배우들은 본인 역을 뺀 나머지 부분의 난센스를 못 본다. 하나 나로 말하자면 기본적으로 일하기가 싫기 때문에 눈에 불을 켜고 이 영화를 안할 핑계, 결점만 찾게 된다." 결과적으로, 게으름뱅이 휴 그랜트는 여왕처럼 스크립트를 고르고 작가를 닦달해 퇴고를 거듭하는 바람에 로맨틱코미디에 관한 높은 타율을 유지한다.

13년간 반려자 관계를 유지한 엘리자베스 헐리와 결별 뒤에도 동료로서 옷차림과 농담에 대한 조언자로 머물고 있는 휴 그랜트는 사랑에 빠지는 데에도 상당히 게으르다. 물론 단기 데이트에는 부지런하다는 평판이지만. 진정한 사랑을 가리켜 "매우 희귀하지만 나는 그 새를 본 적이 있다"고 표현하는 휴 그랜트는 그러나 다시 사랑이라는 대역사를 시작한다는 생각만으로도 끔찍해한다. 귀찮으니까.

세속적 이기주의자

나태한 휴 그랜트가 시종일관 성실하게 멀리하는 가치가 있다면 '심오함'을 꼽을 수 있을 것이다. "언제 연기의 열병에 감염되셨나요?" 『피츠프레스』의 인터뷰어가 던진 진지한 질문에 그는 그런 병력은 없다고 대답했다. "학교 때는 여학교 학생들과 무대에 같이 오르고 남들이 나에게 호감을 표하는 것이 기뻐서 연기를 했다. 나는 온갖 올바르지 못한 동기로, 돈과 명성과 얄팍한 재미 때문에 이 직업을 좋아한다." 여러 미녀들과 스페인의 섬에서 몇 주를 지낼 수 있으리라는 기대로 영화를 고른 적도 있는 휴 그랜트는 「어바웃 어 보이」의 귀족급 백수 윌과 세계관을 같이하는 남자다. 성가신 파파라치는 혐오하지만, "로맨틱코미디의 왕자"니 "가장 섹시한 수입품"이니 하는 언론이 붙여준 타이틀과 트로피에 대해서는 진지한 연기자 이미지를 해치건 말건 환영이다. 상이라면 밥상이건 뭐건 받는 편이 낫다는 주의. '깊이에의 강요'를 얼마나 싫어하냐면, 만의 하나 자신에게 잠재된 심오한 일면을 자극할까봐 클래식 음악도 일부러 듣지 않을 정도다.

신인 시절부터 딱히 대의를 숭상하는 박애주의자를 연기한 일이 없긴 하지만, 속된 이기주의자의 까칠한 면모를 완곡어법을 쓰지 않고 드러낼 수 있었던 「브리짓 존스의 일기」의 바람둥이 다니엘 클리버는 휴 그랜트 입장에서 상당히 고마운 친구였다. "그맘때 나는 착한 남자 역할이 좀 지겨워졌고 세상 사람들도 착한 남자 휴 그랜트에 대해 약간씩 위장에 거북함을 느끼기 시작했다." 과연 다니엘은 얼마나 나쁜 남자인가? 이 질문에 대한 휴 그랜트의 답은 본인의 초상과도 아귀가 맞는다. "다니엘이 악한가? 나는 잘 모르겠다. 그는 십대와 대학 시절, 사회생활을 하는 내내 머리 좋고 매력 있고 유머 감각이 있는 인기 있는 남자였을 거다. 그러니까 여자들을 사귀기도 쉬웠을 것이고. 하지만 그에게도 인생의 가을이 온 거다." 휴 그랜트가 볼 때 다니엘을 총체적으로 얄팍한 인간이라 부르는 일은 부당하다. 예컨대 편집인 다니엘은 아마 문학에 관해서는 진지한 전문가일 것이다. 휴 그랜트 본인처럼.

여성 관객이 보기에 휴 그랜트는 확실히 깊이가 없지만, 대신 깊이를 강요해 그와 관계를 맺는 상대를 익사시킬 위험도 없는 남자다. 정복해야 할 희망봉이 없기 때문에 그의 연인은 '원정대원'이 돼 고난을 같이 극복할 일도 없다. 휴 그랜트와의 연애는 삶의 보험을 들어주지는 않지만 위험한 보증도 아닐 것처럼 보인다. 그는 "있는 그대로의 당신 전부를 사랑한다"는 약속은 여자에게 주지 못해도 "나 바람둥이다. 그런데 당신과는 좀더 노력할 용의가 있다. 당신이랑 잘 안 되면 나는 누구하고도 안 될 것이다"라고 그의 브리짓에게 말할 타입이다.

엘리자베스 헐리와 휴 그랜트는 커플 시절 서로를 믿지 않는다고 공언하곤 했다. "우리처럼 서로 많이 좋아하면 상대를 부끄럽게 만들 일은 하지 않게 된다"고 말했을 뿐이다. 5년째부터 "이러다가 자칫하면, 부부처럼 되고 말겠다"고 비명을 지르면서도 그로부터 10년을 더 결혼반지 없이 함께했는데, 휴 그랜트가 밝힌 결혼의 이상을 보면 이해가 쉽다. "결혼에 대한 나의 이상은 「사운드 오브 뮤직」의 폰 트랩가다. 아내와 서로 피해 다니기 충분할 만큼 널찍한 성에 살면서 아이들은 유모가 말끔히 거두고 저녁이면 세일러복을 입혀 (기왕이면 계단에서) 사열한 뒤 잠자리로 보내면 되는. 하지만 내가 현실의 좁은 집에서 아이를 들쳐업고 어질러진 장난감에 둘러싸여 있는 건 싫다. 그나저나 장난감들의 원색은 정말 눈에 거슬린다. 이기적이라고? 나도 안다."

회의주의자

휴 그랜트는 이기적이긴 하지만, 천성적으로 우주가 자기를 중심으로 돈다고 믿지 않는다. 순정만화적인 외모를 지닌 로맨틱코미디의 히어로이면서도 남성 관객에게 별다른 반감을 사지 않는 데에는 그런 까닭도 있을 것이다. "휴 그랜트에게는 진지하고 심각한 비즈니스에 참여하고 있다는 의식이 없다. 그는 테이크가 끝날 때마다 '난 세계 최악의 배우야'라고 기분 좋게 말한다. 나는 휴의 그런 무책임함을 사랑한다." 「네번의 결혼식과 한번의 장례식」 「노팅 힐」 「브리짓 존스의 일기」의 작가 리처드 커티스의 말이다. 영화 속에서나 인터뷰에서나 그랜트는 빠른 머리회전과 위트를 내비치는 조크를 대수롭지 않게 흐린 말꼬리에 슬쩍 붙이고는 농담이 효과를 거두었는지 여부는 신경 쓰지 않는다. 비난을 하면 딴청을 피우고("댁은 그러고도 잠이 오우?" "아, 전 파도소리를 틀어놓고 자는데요."—「투 윅스 노티스」에서), 칭찬을 하면 김을 뺀다("「어바웃 어 보이」를 보면서 아내가 울다가 웃다가 하더군요. 코미디가 구하는 눈물과 웃음을 당신은 성취했군요." "그래요…… 그런데 혹시, 부인께서 신경쇠약이신가요?"—'스튜디오 LA'와 인터뷰에서). 이는 실패를 끝없이 곱씹는 장광설을 도락으로 삼는 반면, 열심히 노력해서 성취했다는 사실은 겸연쩍어하는 영국인 특유의 제스처이기도 하다.

초기작 「사이렌」의 존 듀이건 감독은 "휴 그랜트가 지닌 최고의 상업성은 스스로를 비웃을 수 있는 능력"이라고 지적한다. 실제로 휴 그랜트는 귀공자 같은 얼굴을 하고서는 천연덕스럽게 자신이 겪은 우스꽝스러운 망신이나 진짜 명예와 무관한 사소한 모욕의 경험(국제영화제에서 바지 지퍼를 연 채 기립박수에 화답했다든가 하는)을 화제로 삼는다. 삶에서 정말 정색하고 엄숙히 취급해야 할 문제는 사실 우리가 생각하는 것보다 훨씬 적다고 말하듯이.

이 세상에 배우 휴 그랜트를 둘러싼 진지한 토론이 하나 존재한다면 아마 타이프 캐스팅(한번 굳은 이미지로 비슷한 역할에 계속 캐스팅되는 방식)과 장르적 한계에 관한 논란일 거다. 하지만 휴 그랜트는 특별히 살인마 연기를 하고 싶어서 불면증에 걸린 것이 아니며 자신은 스테레오타입의 사슬에 묶여 고통 받는 위대한 배우도 아니라는 입장을 줄곧 밝혀왔다. "일정한 나이에 다다르면 내가 무엇을 할 수 있고 어떤 인물이 될 수 있는지 한계를 자연히 알게 된다." 그렇게 직업적 야심이 소박해서 좋은 배우가 되겠냐고 혀를 차면 그랜트는 이렇게 응수한다. "수많은 인간이 타고난 소명이 아닌 일로 먹고살지만, 여전히 최선을 다하며 때로는 제법 능숙해지기도 한다. 우리 아버지도 특별히 카펫을 사랑하진 않으셨지만 팔아치우는 데에는 훌륭한 솜씨를 발휘하셨다."

하지만 휴 그랜트의 냉소는 다정하다. 이 따뜻한 회의주의는 리처드 커티스가 쓴 휴 그랜트 3부작과 「어바웃 어 보이」의 메시지이기도 하다. 삶이 조금 허접스러워도 괜찮다고, 빚이 늘고 골초가 돼 눈총 받아도 자기 페이스만 유지할 수 있다면 세상의 끝이 아니라고 격려하는.

'내추럴'형의 유혹자

로버트 그린이 쓴 『유혹의 기술』의 분류를 응용하자면, 휴 그랜트는 '내추럴'형의 유혹자다. '내추럴'은 자연스럽고 천진난만하며 자신의 행위가 야기할 파장에 상대적으로 무심하며 스스로의 결함과 약점을 최대한 간접적인 방식으로 전해 연민을 불러일으키는 유혹자. 「네번의 결혼식과 한번의 장례식」 오디션 장에서 "배우는 성인의 직업이 아니다"라고 스스로 말한 바 있는 휴 그랜트의 가슴에는 듬뿍 사랑받고 자란 소년이 들어앉아 있다. 좋은 머리와 귀여운 외모로 얻는 호의와 사회적 혜택을 익숙하게 받아들이고 집에 돌아와서 엄마가 없으면 불안해서 눈꺼풀에 경련을 일으키는 소년. 1994년 매춘 스캔들이 솔직한 사과 한마디로 대중에게 쉽게 용서된 것도 돈 많은 스타의 추태가 아니라 사춘기 남학생의 철없는 탈선으로 비쳐진 덕택이 컸다.

"어머니는 나와 형에게 애정을 퍼부었다. 넉넉히 사랑받으면 사랑을 공기처럼 당연시하게 된다. 문을 열고 나가 사랑을 찾아 헤매고 싶은 욕구를 전혀 배양하지 않는 것이다." 그래서 휴 그랜트는 사랑에 눈물짓고 피 흘리는 멜로드라마가 아니라 웃기 위해 사랑하는 로맨틱코미디의 연인일 수밖에 없다. 우리는 사랑이 절절한 무엇이기를 바라지만, 홍해가 갈라지고 아마존 밀림이 쓰러지는 위대한 연애만 평생 하다가는 모두 심장이 졸아붙어 죽게 될 것이다. 남성들의 판타지에서 '귀여운 여인'의 입지가 절대적이라면 여자들에게도 '귀여운 남자'가 필요하다. 연인을 엄마로 아는 마마보이가 아니라 진정으로 귀여운 성인 남자, 두 명의 어른으로서 대화가 가능하고 작은 문제는 서툴지언정 큰 문제에 대한 판단은 믿을 수 있는 남자. 그것이 배우 휴 그랜트를 위해 마련된 소파다.

샌드라 불럭과 호흡을 맞춘 「투 윅스 노티스」는 워킹타이틀에서 만든 휴 그랜트 연작에 비하면 구태의연하고, 자유주의자 여성과 재벌 2세의 만남에서 빚어지는 컬처쇼크를 포착하는 손 끝은 「미키 블루 아이즈」보다 둔하다. 하지만 「투 윅스 노티스」는 휴 그랜트의 입가 잔주름이 스크린에 붉거지는 마지막 키스로 영화를 끝내지 않을 정도의 센스는 발휘한다. 진심을 확인한 두 사람은 샌드라 불럭의 집으로 와 고백의 여운을 다정하게 곱씹고자 한다. 전화를 들고 난골 중국집에 요리를 주문하는 샌드라 불럭의 등 뒤에서 서민 가정에 처음 초대받은 백만장자 남자 친구 휴 그랜트는 번잡하게 서성이며 중얼거린다.

(충격받은 듯) "음, 사실 쇼킹하오. 집이 이렇게 좁을 수가?"
(샌드라 불럭, 무시한다.)
(긍정적인 점을 발견하고) "흠, 부모님이 외출하셨기에 망정이지 더 좁을 뻔했네."
(여자, 무시하며 통화를 계속한다.)
(급기야 신이 나서) "여기 봐! 정말 끝에서 끝까지 딱 여섯 걸음이야!"

피식. 스크린 위의 샌드라 불럭이 끝내 미소를 흘리고 만다. 온 세상 여자들이 그녀와 함께 미소 짓는다.

영혼을 당기는 자석,
이안 맥켈런

Ian Murray Mckellen

이안 맥켈런의 매그니토(『엑스맨』)는 인간의 형상을 한 자석이다. 플라스틱 감옥에서 수모를 겪던 그가 우매한 인간의 피를 마에스트로의 손짓으로 빨아내 탄환을 빚어내고 장엄하게 탈옥하는 순간, 호모 사피엔스인 우리의 심장을 도는 피도 종족을 배신하고 매그니토의 손끝을 향해 들끓는다. "전쟁은 시작됐다"고 뇌까리며 고문에 지친 눈을 희번덕거리면, 건공중을 휘젓는 그의 눈길을 따라 지축이 삐걱거린다. 그런 매그니토가 간수에게 얻어맞는 장면은 어떤 선한 엑스맨이 공격당하는 순간보다 보기 괴롭다. 그는 지구를 집어삼키려는 동기가 '과대망상' 네 글자로 일축되는 뭇 악당과는 리그가 다르다. 어린 시절 유대인 포로수용소의 지옥에서 벼려진 그의 인간혐오는 만만히 반박당할 수 없는 신념이며 그의 격문은 귀에 달라붙는다. "인간들이 어느 날 당신과 아이들을 죽이러 들이닥칠지 모른다는 생각에 한밤중에 소스라쳐 깬 적 없나?" 원한의 발로만은 아니다. 그는 돌연변이가 역사법칙에 의해 도래할 사회구성체의 주역이라 믿고 행동하는 진보사관의 신봉자다.

이안 맥켈런이 연기의 자력을 처음 몸 안에 들인 것은 맨체스터 오페라 하우스에서 「피터 팬」을 관람한 세 살의 어느 날이었다. 본인이 자주 분하는 호전적인 인물들과 딴판으로 다툼을 싫어하는 맥켈런은 열 살 되던 해 학교 운동장에서 생애 마지막 싸움을 치렀다. 여럿의 주먹에 홀로 맞선 소년은 바닥에 드러누워 울어버리는 것으로 방어를 대신했다. 아이들은 가짜 눈물이라며 욕설을 퍼부었다. "하지만 내 눈물은 진짜였다. 그 힘들었던 날, 나는 연기의 핵심을 터득했다. 진짜 감정이 어떤 관객에겐 가짜 눈물만큼 설득력이 없을 수도 있다는 사실을." 열세 살에 「십이야」의 맬볼리오 역으로 셰익스피어극에 입문한 이후 한 번도 발을 헛딛지 않고 로렌스 올리비에의 상속자로 일컬어진 이안 맥켈런에게, 무대는 '거기 있는 한 아무것도 잘못될 수 없는' 자궁 같은 장소다. 소소한 영화배역을 거쳐 「리처드 3세」 이후에야 본격적으로 영화 커리어를 재개했을 때 이안 맥켈런은 카메라에 적응하기 힘들었다고 말한다. 설마! 그래봤자 바람처럼 빠른 신 머큐리의 발목에 모래주머니가 달린 정도의 불편이었으리라. 카메라를 무릎 꿇린 노장은 「엑스맨」과 「반지의 제왕」에서는 블루 스크린과 모형을 때려눕혔다. 아니, 블루 스크린과 마네킹이 그의 앞에 서면 주디 덴치나 크리스토퍼 리가 부럽지 않은 명우로 둔갑했다.

돌연변이가 어떤 존재냐고 묻는 「엑스맨」 DVD의 인터뷰에서 이안 맥켈런은 이렇게 답했다. "나, 이안 맥켈런이 바로 뮤턴트요." 1988년 커밍아웃한 이후 게이 액티비스트로 살아온 예술가의 대답은 그 한마디로 족하다. 누구도 따로 묻지 않았기에 마흔아홉 살까지 성적 정체성을 서랍 속에 보관했던 맥켈런은, 마거릿 대처 정부가 '섹션 28' 입법으로 동성애의 공론화를 범죄로 규정하려 하자 BBC 라디오를 통해 커밍아웃하고 인권단체 '스톤월'을 공동설립했다. 그로부터 15년이 흐른 요즘 맥켈런은 "가끔 조용한 벽장 속으로 돌아가고 싶다. 하지만 그 안은 다른 배우들로 꽉 차서 끼어들 틈이 없다"는 농담을 입에 올리기도 한다. 모든 돌연변이 중 자기의 초능력과 가장 평화롭게 공존하는 매그니토처럼, 맥켈런은 커밍아웃 이후 더욱 유창한 배우가 됐다. 그리고 그즈음 안온한 무대를 벗어나 험하고 넓은 할리우드 탐험을 시작했다. 맥켈런이 인정하듯 그가 카메라 앞에서 완전한 제임스 웨일, 완전한 간달프가 될 수 있었다면 그건 카메라 밖에서 그가 완전한 이안 맥켈런으로 살 수 있게 됐기 때문이다. 영화가 너무 늦기 전에 이안 맥켈런을 얻은 것은 다행스러운 일이다. 그의 연기를 후세에 보여줄 수 있게 됐으니까. 그렇다면 본인의 의견은? "편하지요. 셰익스피어 연극에서는 왕 역할이 아닌 다음에야 세 시간을 내리 서 있기 일쑤니까요." 그렇다면, 만장일치다.

우울한 천재 소년의 성인식,
맷 데이먼

Matthew Paige Damon

운도 없다. 맷 데이먼은 열여덟에 시작한 배우 인생의 5할 이상을, 하염없이 자기 정체성을 찾아 헤매는 젊은이를 연기하며 보냈다. 「레인메이커」의 신참 변호사, 「굿 윌 헌팅」의 소극적 천재, 「리플리」의 애성결핍증 사기꾼은 하나같이 "나는 누구인가?"라고 들릴락 말락 묻는다. 진보적인 어머니의 건실한 가치관을 익히고 열여섯 살부터 스스로 오디션에 줄 설 만큼 일찍부터 인생 계획이 또렷했던 맷 데이먼이라 더욱 역설적이다. 아무리 연기지만 남들보다 몇 배로 연장된 사춘기를 사는 일이 왜 고역이 아니겠는가. 그러니 "미연방정부 소유 재산"이라는 명명백백한 정체성에다 임무에 대한 반문이 아예 금지된 「본 아이덴티티」의 CIA 비밀요원의 역할은 어쩌면 맷 데이먼에겐 반가운 뉴

349

스였을 것이다. 그런데 그만! 기껏 자아투철했던 제이슨 본 요원이 작전 수행 중 사고로 말미암아 자신의 관등성명을 포함해 만사를 잊어버리고 만다. 정말 운도 없다.

그처럼 유난히 느리고 신중하게 나이 먹는 맷 데이먼에게서, 지금까지 사람들은 약속이나 한 듯 '그늘진 천재'의 얼굴을 보았다. MIT의 수학 천재 청소부, 욕망하는 상대로 변신하는 살인자는 말할 것도 없고 「라운더스」의 탁월한 도박꾼 마이크, 아버지의 명성에 눌린 「오션스 일레븐」의 소매치기 라이너스는 어떤가. 그들은 둘 중 하나다. 재능 자체가 어둠이거나, 누군가 떠밀지 않으면 자신의 재능을 냄새나는 봇짐처럼 끌어안고 컴컴한 삼등칸 구석에 웅크리려 한다. 심지어 패럴리 형제 코미디 「붙어야 산다」에서도 맷 데이먼은 배우 지망생 샴쌍둥이 탓에 그림자의 의상을 입고 무대 위에서 딱한 식은땀을 흘렸다. 맷 데이먼의 출연료를 처음 1천만 달러대로 밀어올린 「본 아이덴티티」와 속편 「본 슈프리머시」에서도 그는 동네 이발소에서 자른 듯한 머리에 무채색 옷을 걸치고 군중 속으로 스르륵 사라진다. 벤 애플렉이라면 값비싼 액션영화가 제격이지만 맷 데이먼은 아니라는 생각은 단견이다. 사실주의 노선이 뚜렷한 「본 아이덴티티」 연작이 요구하는 스파이로 맷 데이먼은 제격이다. 미남 007이 마티니를 들이켜며 사방 1킬로미터의 이목을 모으고 있는 동안, 보이지 않는 음지에서 암약하며 중대한 실무를 척척 처리하는 것은 제이슨 본 같은 요원일 것 같지 않은가.

「본 슈프리머시」에서 맷 데이먼은 부쩍 달라 보인다. 우리가 익히 알고 있는 '천재 소년의 우울'을 간직한 채 성숙한 남자가 돼버린 느낌이다. 그는 더 이상, 갓 제대해 번화가에 나선 병장처럼 눈을 끔벅이지 않는다. 적게 말하고 빨리 움직인다. 「본 아이덴티티」의 정당방위가 「본 슈프리머시」에 이르러 복수가 되고 나아가 속죄로 변모하면서 그의 턱은 점점 굳어지고 눈은 깊어진다.

2002년 「본 아이덴티티」의 개봉과 동시에 침체기에 종지부를 찍은 맷 데이먼의 현실도 그 못지않게 숨가쁘다. "서른세 살인데 침대에서 베게 안고 뒹굴 수만은 없지 않은가?"라고 반문하는 그는 「본 슈프리머시」와 「오션스 트웰브」, 테리 길리엄 감독의 「그림 형제」를 유럽에서 찍느라 근 일 년 동안 집에 일주일 이상 머물지 못했다. 잠깐의 카메오를 위해 삭발을 하는가 하면 열두 시간 특수분장을 하고 다섯 시간 촬영하는 강행군에 관해 "이만한 보수를 받는 데 그 정도 노동은 당연하다"는 덤덤한 의견을 피력했다. 신인 영화감독과 작가의 고군분투를 그린 리얼리티 쇼로 벤 애플렉과 함께 제작하는 「프로젝트 그린리이트」도 2005년 초 세번째 시즌을 맞고, 바텐더 애인과 그녀의 다섯 살배기 딸과의 관계도 9개월째 지속 중이다. 인생에서 진실로 구하는 바를 일찍 깨달은 남자에게 어울리는 삼십대 중반이다.

맷 데이먼의 예전 캐릭터들과 달리 제이슨 본은 자기의 정체성을 군이 알고 싶어하지 않는다. 알지 못하는 과거의 정체성이 그를 찾아와 물고 늘어진다. 미래가 아닌 과거의 선택과 과오가 삶을 밀어가는 것, 내가 누구건 살아야 하기에 누가 다가와 '너

는 이런 인간'이라고 가르쳐준들 고맙지 않은 것, 그것이 중년의
시작이 아닐까. 맷 데이먼의 근황은 그런 상념을 품게 한다.

이 소녀는 누가 꾸는 꿈입니까?
다코타 패닝에 관한 소묘

Hannah Dakota Fanning

예쁜 소녀를 미소 짓게 하고 싶어 안달 난 어른들은 그녀에게 종종 썰렁한 첫인사를 건넨다. "너, 노스다코타니, 사우스다코타니?" 대답은 물론·남쪽이다. 2005년 현재 열한 살의 다코타 패닝은 배우로서 따스한 볕이 내리고 초록 산들바람이 부는 땅에 서 있다. 실질적 영화 데뷔작 「아이 엠 샘」으로 최연소 배우 조합상SAG Award 후보에 올랐고 몇 년 뒤 다른 시상식에서는 올랜도 블룸에게 안아 올려져 수상소감을 발표했다. 「맨 온 파이어」의 토니 스콧 감독은 다코타 패닝에게 오디션을 요구하는 것을 결례라고 판단했고, 「숨바꼭질」의 북미 포스터는 로버트 드 니로가 아닌 패닝의 이미지가 압도했다. 아역 보는 혜안을 지닌 스티븐 스필버그는 「테이큰」과 「우주전쟁」의 '요정'을 누구로 할지 망설이지 않았다. 드림웍스의 신작 「드리머」는 원래 아버지와 아들의 이야기였으나 패닝의 합류가 가능해지자 부녀의 스토리로 바뀌었다. 미국 밖의 관객은 힐러리 더프나 린제이 로한은 몰라도 이 소녀는 알아본다. 하지만 그녀는 매컬리 컬킨과 다르다. 컬킨은 귀여운 얼굴을 내민다는 사실 하나로 표를 팔았지만, 패닝을 보기 위해 표를 사는 관객은 없다. 그러나 패닝은 감독과 투자자를 안심시킨다. 그녀를 기다리는 스튜디오의 줄은 줄어들지 않는다. 저널리스트들은 미간에 주름을 잡게 됐다. 이 꼬마 명배우는 할리 조엘 오스먼트의 다음 주자인가? 드루 배리모어, 아니면 조디 포스터가 될 것인가? 그중 친절한 이들은 염려한다. 유년기를 잃어버린 소녀는 행복할까? 그중 회의적인 사람들은 의심도 한다. 행복이야 하겠지. 그보다 어린아이인 건 확실한 거야? 혹시 외계인은 아닐까? 미리 알리자면 이것은 할리우드 아역배우 계보의 마지막 줄을 새로 쓰려는 의도의 글이 아니다. 패닝의 앞길에 대한 근심도 아니다. 그 문제는 총명한 그녀와 부모, 에이전트에 맡겨두라. 이 글은 그저, 지금 할리우드에서 가장 젊고, 가장 기묘한 배우의 이미지에 대한 소묘다.

말씀드렸던가요? 저는 그 애의 비명을 듣는 것이 너무도 괴로웠습니다. 「우주전쟁」에서 그 아이가 눈가를 붉히며 악을 쓰면 머리카락 뿌리가 바늘처럼 곤두섰습니다. 톰 크루즈의 열 살배기 딸을 연기한 배우 다코타 패닝. 그 애는 조그만 마녀입니다. 피난민 부녀를 거둬준 생면부지의 아저씨 팀 로빈스가 대뜸

꼬마에게 구애하는 꼴을 보라죠. "아빠한테 무슨 일이 생기면 내가 널 돌봐줄게." 「우주전쟁」은 달리 말하면, 입 벌린 지옥 앞에서 어린 딸의 눈을 가리기 위한 사투입니다. 딸과 함께 살아남기 위해 아빠가 문 뒤에서 살인하는 동안, 아빠가 눈을 동여매준 검은 천 아래에서 소녀는 울면서 노래합니다. 문을 닫았는데 눈은 왜 또 가렸냐고요? 그것도 어쩌면 다코타이기 때문이 아닐까 생각했습니다. 비틀스가 「루시 인 더 스카이 위드 다이아몬즈Lucy in the sky with diamonds」에서 노래했듯이 이 아이는 온갖 형상이 보이는 만화경 같은 눈동자를 갖고 있으니까요. 우주에서 내려다본 지구가 꼭 저렇게 푸르지 않을까 싶은 눈동자. 양손과 혼을 더럽힌 아빠는 돌아와 냄새나는 짐승처럼 멀찌감치 웅크립니다. 딸은 그 곁으로 주저없이 다가가 피 묻은 아빠의 손을 잡지요. 너의 죄를 사하노라. 이 아이는 눈물 한 방울로 세상에서 제일 큰 물레방아를 돌릴 수 있을 것 같습니다. 어디에도 없을 것 같은 이 소녀가 미국의 어느 지명을 이름으로 갖고 있다는 사실은 어딘가 속임수의 냄새마저 납니다. 다코타 패닝은 1994년에 태어났다고 합니다. 믿을 수 있나요? 그건 커트 코베인과 데릭 자만이 죽어간 해였지요. 그러고 보니 톰 크루즈는 그해에 뱀파이어 레스타트였고, 팀 로빈스는 쇼생크 교도소를 탈옥했더랬습니다.

早熟(조숙): 아빠 혹은 어른의 보호자

여기서 감히 말씀드려야겠습니다. 다코타 패닝은 나쁜 '아역 배우'입니다. 당신은 아역 배우들에게서 무엇을 기대하나요? 숙련된 관객은 알고 있습니다. 어린 배우들이 성인 배우를 압도하는 괴력은 대개 기교와 자의식의 결핍에서 나옵니다. 그런 순간에는 말론 브랜도라고 해도 아이들을 이길 도리가 없습니다. 신의 손을 방금 떠나 아직 훼손되지 않은 인간에겐 꽃과 나무에게나 허락된 아름다움이 있습니다. 그러나 과도하게 조숙한 어린 배우의 연기는 무대 뒤의 극성맞은 부모의 존재를 상기시키며 입 안에 떫은맛을 남기지 않던가요? 다코타 패닝은 예컨대 할리우드의 문근영이 아닙니다. 그녀의 인터뷰는 티끌만큼도 흥미롭지 않아요. "전 제 일을 사랑해요. 힘들긴커녕 매우 환상적인 시간을 보내고 있고 이런 기회가 주어져 얼마나 행운이고 축복인지 몰라요" 등등. 하품하는 기자들의 얼굴이 보일 듯하지요? 그녀의 말 중간중간에 등장하는 "완결된 프로덕트" 같은 『할리우드 리포터』풍의 업계용어는 종종 섬뜩하기까지 합니다. 성장담도 뻔하디 뻔합니다. 조지아 주의 세일즈맨 가정에서 태어났고 걸음마를 떼자마자 배우를 꿈꿨고 다섯 살에 로스앤젤레스에서 일을 얻자, 온 가족이 캘리포니아로 이사했습니다. 뒤따라 동생 엘도 다코타의 어린 역할 등으로 연예계에 발을 들였답니다. 수백 번은 읽은 듯한 스토리입니다.

다코타 패닝은 귀엽거나 순진무구하지 않습니다. 다만 특별

357

합니다. 그리고 능란합니다. 지금쯤 당신도 알아차리셨겠지요? 다코타는 누군가의 딸로 출연한 대부분의 출연작에서 실은 '엄마'였습니다. 「아이 엠 샘」에서 루시는 자신이 여덟 살이 되어 일곱 살 지능에 머물러 있는 아버지를 추월하는 것을 느끼자 퇴행 현상을 보입니다. "아빠가 못 읽으면 나도 못 읽어." 도리질치며 아빠가 못 읽는 단어가 든 책을 밀쳐버립니다. 「맨 온 파이어」에서 경호원 크리시를 만나자마자 피타는 알아봅니다. "아저씨는 슬픈 곰이야." 그리고 먼저 사랑하기 시작합니다. 소녀의 우월함을 본능적으로 느낀 사나이는 방어하려들지요. "나는 새 장난감이 아니야." 심지어 다중 결말을 택한 스릴러 「숨바꼭질」에서조차 널리 공개된 결론은 비슷합니다. 마음이 병든 아이 에밀리가 알고 보면 안간힘을 다해 아버지의 보호자 노릇을 했던 것이죠. 「우주전쟁」의 도입부도 볼까요? 재혼하여 임신한 엄마가 무거운 가방을 들려 하자 "들지 말고 굴리세요"라고 말하는 짧은 대사는 별것 아니지만 전형적인 다코타의 말투입니다. 외계인의 공습이 시작됐을 때 "오빠는 괜찮겠죠? 아빠 괜찮아요?"라고 먼저 챙기는 것도 이 소녀입니다. 물론 다 시나리오가 만들어낸 캐릭터입니다. 그러나 코끼리에게 사슴인 척하라고 요구하는 바보는 없겠지요. 이 캐릭터들을 미덥게 하는 에테르는 다코타의 이미지이고, 한 사람의 중심에 깃들어 있는 이해력과 고요함은 급조할 수 없다고 믿습니다. 그러므로 만약 다코타에게 자기의 나이가 속한 관람등급을 넘어서는 영화 전체를 보지 못하게 한다면 매우 무의미하고 불공정한 처사로 보일 것입니다.

完璧(완벽): 마흔을 앞둔 열 살 소녀

그럼 이 작은 배우는 어디서 이런 조숙함을 얻은 걸까요? 그녀는 사실 고양이의 정령이어서 다섯번째나 여섯번째쯤의 생을 살고 있는 걸까요? 이런! 제 이야기가 좀더 멋대로 날아가버리기 전에, 명백한 사실들을 짚어봐야 할 것 같습니다. 다코타 패닝의 결정적 연기 교사는 「아이 엠 샘」의 숀 펜이었던 것 같습니다. 숀 펜은 상대가 꼬마라고 자신의 방식을 선선히 바꿀 배우가 아니지요. 그는 시나리오대로 고분고분 연기하지 않았습니다. 70퍼센트 정도가 즉흥 대사였다는데, 여섯 살의 다코타는 모든 장면에서 그가 예기치 않게 난사하는 화살을 놀랍게도 다 받아넘겼습니다. 「아이 엠 샘」의 현장에 있던 사람들은 "그래서 다코타는 자신의 직관을 믿는 법을 일찍 배우게 됐다"고 말합니다.

여섯 살 때부터 학교에 가지 않게 된 다코타는 열성적인 학생입니다. "매번 이것이 마지막 기회일지 모른다고 생각해요. 그래서 모든 정보를 머릿속에 저장하려고 하죠. 영화 세트에서 매일 스티븐 스필버그가 뭔가 말할 때마다 '좋아, 저걸 외워둬야만 해'라고 생각해요." 그리고 다코타는 사전의 열독자랍니다. 인명 사전까지도 애독서랍니다. 시나리오에서 모르는 단어가 나오면, 아니 아는 단어라도 사전을 찾아서 정확한 의미를 확인하면 연기에 도움이 된다나요? 그저 "'악의적인 미소를 짓는다'는 지문이 있으면 '악의적'이 무슨 뜻인지 알아야 해요"라고 말하는 이 소녀만큼, 시나리오를 쓴 어른도 사전에 충실했기만 부디 바랄 뿐이죠.

다코타 패닝 안에 현명한 노파가 들어앉아 있다는 소문은 흔히 들을 수 있습니다. 엄마를 제쳐두고 드림웍스 사장과 독대했다는 등 『엔터테인먼트 위클리』 편집진이 '유망주 리스트' 기사에 자기를 넣어준 데에 대한 패닝의 감사편지를 받았다는 등. 게나가 취미까지 뜨개질이랍니다. 그것이 덴젤 워싱턴, 톰 크루즈, 로버트 드니로가 같은 바늘로 짠 목도리를 두르게 된 사연이라지요. 패닝의 또 다른 취미인 발레도 그 춤이 요구하는 균형과 자기통제, 정확성을 생각하면 그녀의 연기와 마치 일부러 꾸민 것처럼 아귀가 들어맞지 않나요?

이쯤 되면 모든 것이 완벽하고 단정해서 불안해지기 시작합니다. 패닝이 외로운 결벽증 소녀로 분한 「업타운 걸스」와 엄마의 자살 뒤 트라우마에 시달리는 딸로 분한 「숨바꼭질」은 이런 다코타 패닝의 완벽함에서 병색을 읽어낸 영화일 것입니다. 아무 문제가 없다는 것은 다른 큰 문제가 잠들어 있다는 뜻이잖아요. '못되고 뒤틀린 여자애'라 하면 한때 크리스티나 리치나 위노나 라이더가 보여준 마성을 기억하실 겁니다. 하지만 세계와의 불화 안에서 도도하고 편안하게 흑요석처럼 빛나는 그녀들과 달리 다코타 패닝의 '나쁜 여자애'는 그냥 병든 아이입니다. 어두운 영화 속 다코타의 모습과 에드바르트 뭉크의 작품 「병든 아이」는 무척이나 닮았습니다. 그러고 보면 이마가 넓고 파리한 다코타의 얼굴에는 지나치게 색감이 결여돼 있습니다. 영화의 의상 담당들이 그녀에게 유난히 알록달록한 옷과 귀여운 배낭을 즐겨 걸치게 하는 것은 그 때문인지도 모릅니다.

非人間(비인간): 영원한 아이, 모두의 아이, 메시아

그처럼 은막 위에서 다코타 패닝의 얼굴은 자체가 작은 조명입니다. 숱 적고 가냘픈 금발이 둘러싼, 혈관이 비쳐나도록 창백한 피부는 진주알처럼 하얗게 빛나며 시선을 붙듭니다. 「아이 엠 샘」에서 루시가 막 태어났을 때 마치 성령을 목도한 듯한 아버지 샘의 마비된 눈빛을 기억하시나요? 저는 숀 펜의 그 황홀한 눈빛이 다코타 패닝이 배우로서 짊어질 소명에 관한 이상한 방식의 예언이 아니었을까 가끔 돌이켜봅니다. 루시는 샘의 양팔에 벅찰 만큼 사랑과 지혜가 넘치는 기적의 아이지요. 그러나 곧 선량한 조력자들이 루시의 주변에 모여듭니다. 샘의 친구들, 변호사, 이웃의 피아노 교사, 친절한 직장상사들, 너그러운 양부모까지. 그렇게 루시는 모두의 아이가 됩니다. 「테이큰」 「업타운 걸스」 「맨 온 파이어」 「숨바꼭질」에서도 다코타는 한 부모의 아이로 머무르지 못합니다. 이 소녀는 한 남자와 한 여자가 키우기에는 너무 넘치는 존재이거나 더 거대한 숙명의 요구를 받아들여야 하니까요.

모두의 아이인 동시에 다코타 패닝은 '영원의 아이'입니다. 평범한 현실의 아이를 잘 키울 수 없거나 부모 되기의 경험에서 희열을 느끼지 못하는 극중의 성인과 관객에게 패닝은 말 그대로 사랑스럽고도 자비로운 아이돌입니다. 이젠 제가 왜 이 소녀의 비명에 그토록 진저리치는지 알 것도 같습니다. 영원하고 완벽한 아이 패닝은, 그녀를 지키기 위해 우리로 하여금 무슨 짓이든 하게 만들 수 있습니다. 그래서일까요? 많은 영화들은 최면에 걸린 것처럼 이 아이를 반복해서 유괴하고 또 유괴합니다. 위험으로 가득 찬 거리와 벌판에 이 작은 소녀를 홀로 세워두고 멀리서 카메라로 돌아봅니다. 어른들은 가슴을 찢으며 외칩니다. "안 돼! 어서, 달려!" 「맨 온 파이어」의 후반부 복수극은 이 아이가 죽었다는 실체 없는 말 한마디만으로 미친 듯이 달려갑니다. 어쩌면, 어쩌면 영화 속의 다코타는 모두를 죽게 만들 수 있는 괴물인지도 모릅니다.

당신이 스크린의 다코타를 유심히 지켜봐왔다면 거의 언제나 이 소녀가 한 팔에 인형을 안고 파랑새가 날아들 듯 두 팔을 뻗어 어른 남자의 품에 '번쩍' 안기는 그림을 기억하실 겁니다. 나아가 「아이 엠 샘」 「맨 온 파이어」 「우주전쟁」에서 아버지 혹은 유사 아버지와 다코타 캐릭터의 관계는 연인의 그것에 근접합니다. 「아이 엠 샘」에서 법정에 의해 갈라져 몸부림치는 부녀는 로미오와 줄리엣보다 애틋하고, 「맨 온 파이어」의 덴젤 워싱턴은 「보디가드」의 케빈 코스트너만큼 고뇌하지요. 「우주전쟁」에서 톰 크루즈가 아들을 버리고 택하는 딸은, 항상 모성이 우선인 다른 스필버그 영화의 여성들보다 더욱 로맨틱한 대상으로 보입니다. 하지만 아무래도 다코타 패닝은 『롤리타』의 험버트 험버트보다 『이상한 나라의 앨리스』의 루이스 캐럴이 반했을 만한 소녀입니다. 아름다움에 넋을 잃되 성적인 긴장으로부터 안전한 제단에 모시고 영적인 사랑을 바치는 편이 어울리는 것이죠. 그러고 보니, 그녀의 차기작 후보 가운데 「이상한 나라의 앨리스」와 「거울 나라의 앨리스」가 있군요. 두고 볼 일입니다.

이를테면 옛날 서양 회화 속의 발가벗은 아기가 그저 발가벗은 아기가 아니듯 다코타 패닝은 여자 아이의 형상에 담겨 우리에게 던져진 메시지처럼 보입니다. 외계인과 지구인의 피를 이어받아 태어난 아기인 「테이큰」의 앨리는 패닝이 지닌 초월적인 이미지의 결정체, 메시아입니다. 열 개 에피소드가 절반 넘게 흘러가야 탄생하는 앨리는 50년 전인 1편부터 세 집안의 고통스러운 내력을 전지적 시점으로 우리에게 들려줍니다. 속삭이듯이, 타이르듯이. 마침내 태어난 앨리는 총상을 치유하고 미하엘 엔데의 모모처럼 병든 어른들의 이야기를 들어주는 것으로 마음을 치유하고 시간을 멈춥니다. 그리고 마침내 '그들'이 불렀을 때, 소녀는 죽지도 지상에 머물지도 않고 홀연 사라집니다. 구세주에게 어울리는 방식이지요. 앨리의 독백은 「미지와의 조우」를 만든 스필버그에 대한 뜨끔한 질문처럼 들립니다. "이 세계 밖에 누군가 있다고 해서 우리가 고독하지 않게 될까요? 그저 함께 고독할 뿐 아닐까요?"

제 아무리 메시아 소녀라도 아역 배우에게 예비된 수난을 비켜갈 수는 없겠지요. 거울로 자기 모습을 바라보는 것도 힘겨운 사춘기를, 대중의 눈앞에서 전시해야 하는 고통의 계절이 다코타 패닝에게도 다가올 것입니다. 그러나 우리가 무엇을 염려할 수 있겠습니까? 다코타도 어느 영화에선가 이렇게 말했습니다. "(발레를 배울 때) 자꾸 돌고 돌고 또 돌면, 현기증이 나곤 했죠. 그러나 이젠, 정지했을 때 어지러워요." 당신이 감독이라면 어느 배우의 이미지가 원형으로서 알레고리로서 시각적 은유로서 완벽하다면, 그것을 이용하지 않을 이유가 있을까요? 감정을 가진 A.I. 로봇을 만들거나, CG로 그리는 헛수고를 할 필요가 있을까요? 그보다 저는 긴 몽상도 헛되이 루이스 캐럴처럼 멍하니 처음으로 돌아가 다시 묻게 됩니다. 이 소녀는 누가 꾸는 꿈입니까?

아무것도 없는 남자, 모든 것을 가진 배우, 제레미 아이언스

Jeremy John Irons

제레미 아이언스라는 이름은 일단 환청부터 일으킨다. "롤, 리, 타." 사랑하는 요정의 이름을 그가 한 글자씩 발음할 때 그 더없이 청아한 음향은 최고급 와인처럼 한 모금씩 우리의 위장에 스며든다. 다음으로 떠오르는 것은 그가 가진 백퍼센트의 망연자실한 표정이다. 사전의 형용사 '망연하다' 항목에 그의 초상화를 넣고 싶을 정도다. 「M. 버터플라이」의 갈리마르가 연인의 진짜 성별을 알아차릴 때, 「데미지」의 플레밍이 사련邪戀의 추억을 곱씹으며 추레한 모습으로 골목을 휘적일 때, 「롤리타」의 험버트가 소녀의 허벅지에 감싸여 저항을 포기할 때, 제레미 아이언스의 얼굴은 폭풍에 날아가버린 집터를 응시하는 이재민의 그것과 같다. 완강한 간격을 유지하는 그의 코와 입 사이에 걸린 감정은, 경악이나 당혹감과는 매우 다르고 회한과도 미묘하게 다르다. 그것은 오로지 신에게 완전히 농락당한 인간의 망연함이다. 여러 영화 속에서 제레미 아이언스는 한때 많은 것을 가졌으나 모조리 잃어버린 남자를 연기했다. 심지어 거상 안토니오로 분한 「베니스의 상인」에서는 말 그대로 전 재산을 실은 배가 침몰한다.

따지고 보면 「베니스의 상인」에서 알 파치노가 연기한 샤일록은 고리대금업자고 진짜 '베니스의 상인'은 안토니오다. 샤일록과 안토니오, 두 인물의 양면성은 영화의 기둥과 들보다. 수전노 샤일록은 얄미운 채무자의 빚을 목숨으로 받겠다는 냉혈한인 동시에, 반유대주의의 탄압 속에서 존엄을 지키려 몸부림치는 인간이다. 한편 안토니오는 로맨틱한 우정을 위해 재산과 안위를 거는 신실한 인간인 동시에, 유대인 대부업자 얼굴에 침을 뱉고 개종을 강요하는 인종주의자다. 법정에서 샤일록과 대립하는 안토니오는 보이지 않는 곳에서 베사니오의 마음을 두고 포샤와 경쟁한다. 따라서 「베니스의 상인」에서 모든 '거래'의 중심은 안토니오다. 그는 재판에서 승리하지만 모험이 끝나고 쌍쌍의 연인들이 침소에 들면 홀로 남겨진다. 그렇게 우리는 또 한번 제레미 아이언스의 망연한 표정을 본다. 영국의 베테랑 배우 제레미 아이언스에게 「베니스의 상인」이 첫번째 셰익스피어 영화 출연작이라는 사실—「햄릿」의 그림자가 짙게 밴 애니메이션 「라이온 킹」의 목소리 연기를 빼면—은 가벼운 충격이다.

우리의 짐작과 달리 제레미 아이언스가 갖고 있지 않은 것은 셰익스피어 영화 경력말고도 몇 가지 더 있다. 그에게 없는 첫번째 자질은 호기심이다. 기숙학교 시절 소년 제레미는 늘 연극에 관심이 있었다. 하지만 소년은 무작정 기다렸다. 누군가 다가와 "너는 신처럼 말하고 천사처럼 생겼구나. 부디 연기를 해다오"라고 부탁해야 연기를 시작하는 거라고 믿었기 때문이다. 4년이 흐른 후에야 제의가 들어왔다. 더 일찍 불러주길 바랐다는 제레미 아이언스에게 상대는 왜 '명단'에 이름을 올리지 않았냐고 반문했다. 연극을 하고 싶다면서 학기 초마다 나붙는 지원자 모집 공고조차 눈여겨보지 않는 소년이 그였던 것이다. 뿐만 아니라 아이언스는 지적 호기심도 없는 편이다. 그는 텔레비전 영화 「라스트 콜」에서 작가 F. 스콧 피츠제럴드를 연기하면서도 그의 소설을 읽지 않았다. 그리고 보면 근작 「빙 줄리아」와 「킹덤 오브 헤븐」의 캐릭터들은 자신과 무관한 일을 알려고 애쓰지 않는 아이언스의 일면과 잘 맞아떨어진다. 「빙 줄리아」의 나르시시스트 고슬린은 선하고 유능한 사업가지만, 주변에서 일어나는 일에 관해 아무것도 모르거나 알려들지 않는다. 「킹덤 오브 헤븐」의 티베리아스는 발리앙(올랜도 블룸)과 정치적 입장을 같이하지만 자기 직분이 끝났다고 판단하자 술탄의 대군이 몰려오건 말건 동지에게 총총히 안녕을 고한다. "수고하시게. 나는 그럼 이만 사이프러스로."

　미성년자에게 성애를 느끼는 교수(「롤리타」), 한 여인을 공유하는 쌍둥이 산부인과 의사(「데드 링거」), 남자를 여자로 알고 열애한 외교관(「M. 버터플라이」), 아들의 애인과 섹스에 탐닉하는 정치인(「데미지」), 아내 살해 혐의를 받는 귀족(「행운의 반전」) 등등. 비위 약한 배우라면 마다할 역이 즐비한 그의 선택을 보고 '특이한 것만 모으는' 취향을 유추하는 것은 자연스럽다. 그러나 비주류적인 감성은 제레미 아이언스가 갖고 있지 않은 또 한 가지다. 스물일곱 해째 안정된 결혼과 사생활을 영위하고 있는 아이언스는, "글쎄. 그건 내가 아니라 감독의 생각이다. 나도 아주 당혹스러운 노릇이었다"는 식의 대답으로 기자들을 김새게 만들곤 한다. 「베니스의 상인」에서 베사니오와 안토니오의 키스에 대한 견해도 마찬가지. "의논 끝에 안하기로 했는데 조셉(조셉 파인즈)이 촬영 때 갑자기 입을 맞추어 나도 놀랐다. 꼭 필요했던 연기 같지는 않다"는 것이 아이언스의 시큰둥한 설명이다. 그의 반골 기질은 훨씬 사소한 데에 발현된다. 제레미 아이언스는 마흔일곱 되던 해에 모터사이클 과속으로 면허를 정지당했다. 또한 고집스러운 애연가인 그는 얼마 전 하바나 시가 축제를 방문해 "나이가 나이인 만큼 담배를 줄이려 한다. 대신 시가를 늘리려고 한다"고 말해 환호를 사기도 했다.

야망 또한 제레미 아이언스에게 없는 재산이다. "커리어라는 것은 내게 징역처럼 느껴진다. 바닥에서 시작해 사다리를 한 칸씩 기어오르고 겨우 은퇴했다 싶으면 잠시 후 죽는 것이다. 별로 내키는 일이 아니다"라고 그는 말한다. 「베니스의 상인」에서 격하고 화려한 연기를 자랑하는 알 파치노의 샤일록이 부럽지 않았느냐는 질문에 대한 아이언스의 답은 단호하다. "샤일록은 한 번도 내가 갈망하는 역이 아니었다. 사실을 말하자면 어떤 역을 갈망하는 일 자체가 드물다." 자연스러운 결과로서 제레미 아이언스는 대부분의 배우에게 유용한 에너지를 제공하곤 하는 예술적 허영도 거의 없어 보인다. 아니, 허영이 없는 정도가 아니라 자신의 연기와 출연작을 습관적으로 깎아내린다. 「베니스의 상인」을 관습적인 작품이라고 평하는가 하면, 「킹덤 오브 헤븐」의 경험을 두고 "찍는 동안 즐거웠다. 그 이상은 말할 게 없다. 어쨌든 리들리 스콧 감독은 생애 최고작이 될 거라고 생각하는 모양이다"라고 정리하기도 했다. 그가 수치로 매긴 작업의 평균 만족도는 40퍼센트다.

흔한 오해의 하나로 제레미 아이언스가 귀족적인 배우라는 믿음이 있다. 하지만 아이언스 본인에 따르면 그는 극히 중산층적인 인간이다. 어린 시절 그가 희망한 장래의 직업은 수의사였다. 런던에서 도시의 장점을 누리고 돈도 넉넉히 버는 한편, 주말이면 시골의 별장에서 전원을 즐기고 동물들과 함께하는 이웃 수의사의 라이프스타일이 부러웠기 때문이다. 연기학교를 졸업할 무렵 제레미 아이언스는 전국을 도는 레퍼토리 극단에 들어가지 않았다. 일 년이면 6개월을 방방곡곡을 헤매고 벌이도 시원찮은 생활이 내키지 않았던 그는 런던의 웨스트엔드 무대 아니면 영화가 갈 길이라고 처음부터 정했다. 그리고 욕실 보수, 정원사, 모창 가수 등의 일로 생계를 이으며 오디션에 응하기 시작했다. "나는 너무 중산층적이다. 가족과 집과 대출을 원한다."

알 파치노가 연기하기 위해 사는 배우라면 제레미 아이언스는 살기 위해 연기하는 배우다. 그는 배우로서 성공을 즐기고 완벽주의자로서 갖는 만성적인 불만과 그에 따른 노력을 즐긴다. 여러 인터뷰에서 밝힌 대로 그 과정을 둘러싸고 있는 것은 묘한 무심함, 자신의 일이 대수롭지 않다는 태도다. 제레미 아이언스는 그것이 건강하다고 믿는다. 비판과 찬사에 관한 독특한 견해는 사물과 삶을 바라보는 그의 시선을 가늠하게 해준다. "비판은 칭찬보다 유용하다. 만약 당신이 좋은 목소리를 가졌다면 모두들 목소리가 근사하다고 칭찬한다. 그러면 당신은 자신의 목소리에 귀를 기울이기 시작하고 망하는 거다. 하지만 그것도 나쁘지 않다. 그래야 우리가 신이 되지 않을 테니까." 요컨대 제레미 아이언스는 한순간 누렸던 지복至福을 잃고 허망함으로 남아 있는 나날을 지새우는 영화 속 모습과 멀찌감치 떨어져 있다. 그는 자신이 가진 것과 없는 것을 명징하게 인식하는 성공한 배우, 노련한 남자다.

어떤 문장도, 그의 육성보다 더 아름답게 제레미 아이언스에 관한 글을 맺을 수 없을 것이다.

"나는 리무진의 길이, 스크린에 비친 얼굴의 크기, 주변 사람들의 친절한 평가 등 온갖 사소한 요소로 인해 길을 잘못 들 수 있는 세계에서 살고 있다. 그것들은 내 일의 진정한 본성에 대해 계속 거짓을 말한다. 그러나 내가 무대와 영화에서 진실과 접점을 잃는다면, 나의 진정한 자아와 진정한 감정을 잊는다면, 이 비쩍 마른 183센티미터의 몸뚱이가 갖는 중요함과 하찮음에 대해 이해하지 못한다면, 그때 나는 길을 잃을 것이다. 나는 악기다. 가능하면 명기 스트라디바리우스이길 바라지만, 그보다 못

한 악기일 수도 있다. 내가 내는 음향이 순수하지 않고 내 자신
의 중요성을 잘못 저울질해 오도될 때, 나는 망할 것이다."

"할리우드에서는 가끔 하이에나가 된다"
하비 웨인스타인

Harvey Weinstein

2000년 선댄스 영화제에 모여든 독립영화인들은 기묘한 정적을 느꼈다. 그해 파크 시티에는 뭔가 빠져 있었다. 이 시원섭섭한 허전함의 원인은 미라맥스의 구매와 대외활동을 총괄하는 대표 하비 웨인스타인의 결석. 미라맥스의 선댄스 구매 규모는 이미 예전 같지 않았지만, 그가 박테리아성 질환에 걸려 앓아누웠다는 소식이 나오자마자 파크 시티에는 암 운운하는 추측이 나돌기 시작했다. 한 라이벌 스튜디오의 간부는 이때 분위기를 가리켜 "마치 옛 소련의 안드로포프 사망설이나 옐친 와병설을 연상시켰다"고 재치 있게 표현한다.

미국 독립영화계의 권위자

거기 없다는 사실만으로도 긴장을 조성하는 미국 독립영화계의 권력자이자 인디 배급사 미라맥스를 7대 메이저와 어깨를 나란히 하는 미니 스튜디오로 키운 하비 웨인스타인에게 2002년은 특별히 행복한 시절이 아니었다. 「스파이 키드 2」를 빼면 돈을 번 영화도 없었고, 75명의 직원을 감원했다. 그러나 아카데미가 2003년 오스카 전초전에서 미라맥스 영화에 반세기 동안 유례없는 무려 40개 후보 지명(공농제작 「디 아워스」를 세외하면 31개)을 안겨주자 "상도 좋지만 밥벌이도 해야지"라고 꼭 집어 빈정댔던 영화인들조차 잠깐 입을 다물었다. 할리우드의 화제는 이내 웨인스타인이 이번 노미네이션을 받은 작품을 어떻게 주물럭거렸는가에 대한 에피소드로 옮아갔다.

퀸즈 출신의 형제 하비와 밥 웨인스타인은 1979년 미라맥스를 설립했다. 아버지가 죽자 어머니를 부양하기 위해 대학을 중퇴하고 회사를 차린 형제는 효자답게 어머니의 이름 미리엄과 아버지의 이름 맥스를 합쳐 회사 간판을 정했고 록 콘서트를 프로모션하고 작은 영화들을 배급했다. 「트위스트 앤 샤우트」 「정복자 펠레」 같은 조그만 성공작을 내며 1980년대 내내 천천히 성장하던 미라맥스는 「스캔들」을 제작한 1988년 당시 영국 미들랜드 은행으로부터 5백만 달러를 투자받고 1989년 「섹스, 거짓말 그리고 비디오테이프」 북미 배급권을 110만 달러에 사들여 2천6백만 달러 흥행기록을 내면서 도약했다. 1993년 웨인스타인

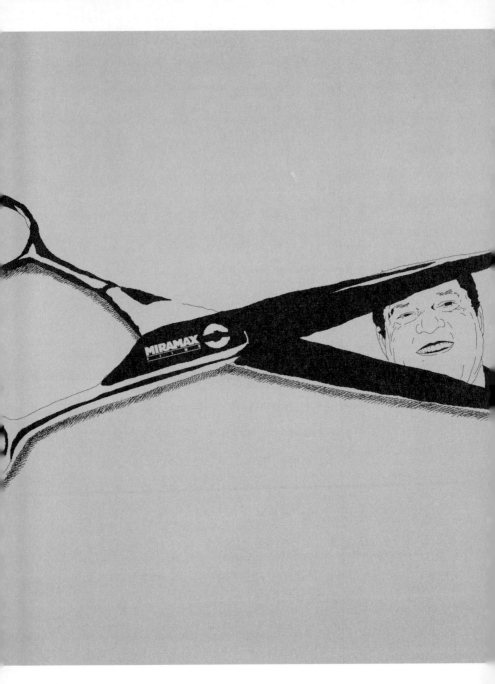

형제는 경영권을 보전하면서 디즈니에 미라맥스를 매각해 소니 픽처스, 폭스서치라이트, 파라마운트클래식 등 메이저 스튜디오의 예술영화 자회사 설립 바람에 불을 붙였다. 1994년 반격의 시기가 왔다고 생각한 미라맥스는 대중적 저예산영화를 제작하는 디멘션을 설립했고 이후 밥은 배급 실무와 디멘션의 경영에 집중하고 제작과 배급권 구매, 대외활동은 하비의 몫이 됐다. 미라맥스는 선댄스 영화제에서 쇼핑한 영화를 본격적인 마케팅의 지원을 붙여 제대로 배급하는 한편, 「펄프 픽션」(1994년), 「잉글리시 페이션트」(1996년), 「굿 윌 헌팅」(1997년), 「세익스피어 인 러브」(1998년)로 칸과 오스카를 접수함으로써 미국 독립영화계의 지도를 고쳐 쓰고 또 인디영화의 배급을 수익성 있는 비즈니스로 뒤바꿔놓았다.

미국 인디영화에 미친 많은 긍정적 영향력에도 불구하고 미라맥스의 쇼맨 하비 웨인스타인의 애칭은 산타클로스나 메시아와는 거리가 멀다. 주류와 비주류를 막론하고 미국 영화인들이 그를 부르는 별명은 협박자, 폭군, 가위손 따위다(공교롭게도 웨인스타인의 제작 데뷔작은 가위 살인극 「버닝」이다!). 『엔터테인먼트 위클리』는 2002년 '연례 파워 101' 기사의 캐리커처에서 22위에 오른 하비 웨인스타인을 반대자를 다 깔아뭉개는 헐크로, 밥은 헐크가 저지른 사고를 조용히 수습하는 브루스 배너 박사로 그렸다. 사람들은 미라맥스가 영화는 고상하고 우아하지만 비즈니스는 난폭하고 공격적인 회사라고 말한다. 하비 웨인스타인은 다른 온화한 예술영화 제작자들과 달리 테스트 시사 뒤 재편집을 구체적이고도 강력하게 요구하고 약속을 완수하지 못했다고 생각되면 제작진이건 경쟁자건 협박하고 직원들의 보수도 야박하다. 1990년 이스마일 머천트는 「브리지 부부」의 배급을 두고 웨인스타인과 흥정하다 "차라리 내가 도로 영화를 사겠다!"고 일갈한 뒤 문을 하도 세게 닫는 통에 유리벽에 약간 금이 갔다는 전설이 있고, 「아이리스」「디 아워스」의 프로듀서 스콧 루딘은 영원히 금연을 꿈꾸는 웨인스타인에게 담배 한 박스라는 알쏭달쏭한 선물을 하기도 했다. 물론 제프리 카첸버그나 마돈나처럼 웨인스타인과의 작업을 호평하는 '동족'도 있고 "스튜디오 뺀질이들처럼 등 뒤에서 칼 꽂진 않는다"고 호평하는 너그러운 인사들도 없지 않지만.

마케팅의 천재

하비 웨인스타인이 다혈질이라는 사실은 비즈니스 스타일에 대한 은유만이 아니다. 작가 켄 올레타는 『뉴요커』에 기고한 글에서 "그는 자기통제력 결핍이다. 그의 목소리 톤과 보디랭귀지는 때로 위험스럽다. 꼭 쥔 주먹과 앙다문 이는 분노로 터질 것 같고 참기라도 할라치면 커다란 머리가 부들부들 떨린다"라고 문인답게 묘사했다. 따라서 미라맥스는 사무실 분위기가 썩 화기애애하지 못한 것으로 알려져 있다. 고함도 울음도 잦고 긴장이 높다보니 퇴사한 직원들은 마치 알코올 중독자 회복 프로그램 참가자들처럼 정기적으로 만나 서로의 마음을 다독인다고 한다. 그러나 하비 웨인스타인은 이 모든 고발에 대해 감독들이 계약의 확정 요소를 잘못 알아서, 젊은 직원들이 업계의 현실을 파악 못해서 나온 오해라고 일축한다.

그러나 우리가 제작자 하비 웨인스타인의 본령을 이해하기 위해 주목해야 할 점은 개인의 퍼스낼리티가 투박하고 고약하다는 점이 아니라, 할리우드에서 가장 교묘하고 악명 높은 네고시에이터라는 사실이다. 영화광적 지식을 자랑하고 위트를 과시하는 웨인스타인은 회계사 출신의 세련된 메이저의 간부들이 지배하는 할리우드에서 고풍스러운 인물. 그는 「델리카트슨 사람들」의 배급권을 따내기 위해 푸줏간 주인으로 분장한 적이 있고 마이클 무어의 다큐멘터리 「로저와 나」를 흥정할 때는 스케이트를 소포로 부치고 "당신은 지금 얇은 얼음장을 지치는 중이다"라고 협박성 경고를 보내기도 했다. 협상은 종종 조작과 통한다. 르네 젤위거에게 웨인스타인은 「브리짓 존스의 일기」 캐스팅에 힘써준 과거와 앤서니 밍겔라 감독의 「콜드 마운틴」 캐스팅에 힘써줄 미래를 담보로 「시카고」 출연 약속을 얻어냈다고 『엔터테인먼트 위클리』와의 인터뷰에서 밝혔다.

프로듀서라기보다 제작 총지휘자인 하비 웨인스타인이 천재성을 발휘하는 분야는 마케팅이다. 가난했던 미라맥스 초창기 웨인스타인 형제는 영화의 논쟁거리를 발굴해 돈 안 들이고 영화를 광고하는 묘기로 할리우드를 놀라게 했다. 「스캔들」과 「욕망의 낮과 밤」은 X등급을 둘러싼 삭제와 소송으로, 「나의 왼발」

은 대니얼 데이-루이스의 미국 의회 장애자법안 지지 증언으로,
「크라잉 게임」은 마지막 반전의 비밀 유지에 관객을 공범으로
끌어들이는 캠페인으로 스포트라이트를 받았다. 그러나 미디어
노출을 환영하는 하비 웨인스타인도 돈보다 명예라고 여긴 「갱
스 오브 뉴욕」에서 불거진 스코시즈와의 불화설에 대해서는 민
감하게 반발했다. 세트에서 스코시즈 감독을 압박했다는 비판에
대해 웨인스타인은 2002년 4월 26일치 『가디언』에 "영화를 보호
하고 영화에 봉사하는 일에 진력하고 살인마처럼 묘사되는 일에
질렸다. 뭐라 쓰든 화내지 않지만 이번만은 다르다"며 다른 감독
의 영화를 공동제작했을 때 그와 스코시즈가 제안한 재편집본이
일치했다는 일화까지 들어 마찰설을 진화하려 애썼다.

감독 데뷔 준비 중

연간 7억 달러 예산에 대해 전권을 행사하는 계약을 디즈니
와 맺은 미라맥스는 2005년 중간 점검을 거쳐 2009년까지 관계
를 유지한다. 지난해 미라맥스의 박스오피스 성적은 평년 수준
이지만 오스카 이후가 변수고, 직접 발행한 『토크』 매거진이 망
한 대신 DVD와 출판 부문이 성업 중이다. "잘못되면 딴 직장
소개해달라"고 말하고 다니는 하비 웨인스타인은 현재 바르샤
바 게토를 무대로 한 「밀라18」로 감독 데뷔를 준비하고 있다. 이
에 반색하는 인물은 마틴 스코시즈와 「콜드 마운틴」의 앤서니

밍겔라. 제작과 편집을 자청하며 "다섯 시간 찍어오면 십 분으로 잘라주겠다"고 뼈 있는 농담을 던지고 있다. 갈등을 인정하면서도 스코시즈는 웨인스타인과 관계를 지속할 것을 의심치 않는다. "콜럼비아의 전설적인 지독한 제작자 해리 콘처럼 옛날 스튜디오에는 하비와 비교할 수 있는 제작자가 많았다. 미라맥스 친구들은 확실히 일하기 고약하다. 그러나 애초에 이런 영화 제작에 손대서 그들이 감수한 위험을 무릅쓸 회사가 또 어디에 있겠는가?" 웨인스타인은 미라맥스의 막대한 오스카 캠페인 비용을 이렇게 정당화한다. "「시카고」가 (오스카에 힘입어) 1억5천만 달러까지 벌 수 있으면 사람들은 멍청한 블록버스터만 만들지 않게 될지도 모른다. 슈퍼히어로영화 대신 「웨스트사이드 스토리」 같은 블록버스터가 만들어질 수도 있다." 서로를 부지런히 이용하고 때로는 감상에 빠지고 배신감에 떨지만 '헐크' 하비 웨인스타인도, 그와 계약을 맺는 영화인들도 결국은 자신이 어떤 말판 위에 놓인 장기말인지 마음 깊은 곳에서는 냉정하게 이해하고 있다.

** 하비 웨인스타인의 감독 데뷔는 이루어지지 않았다.
   따라서 마틴 스코시즈와 앤서니 밍겔라가 가위질할 기회도 사라졌다.
** 하비 웨인스타인과 밥 웨인스타인 형제는 2005년 미라맥스를 떠나
   웨인스타인 Co.를 설립하였다.

탐미주의적 일 중독자,
스콧 루딘

Scott Rudin

작가 마이클 커닝햄은, 높낮이 없이 의식의 흐름을 따라 흘러가는 자신의 소설 『세월』이 뜻밖의 성공을 거두자 에이전트에게 말했다. "하지만 적어도 한 가지는 확실해요. 아무도 이 괴물을 영화로 만들려 하지는 않겠죠." 그러나 커닝햄의 전화는 얼마 안 가서 울렸다. 스콧 루딘이었다. 영화화가 불가능해 보이는 문학물에 대한 특별한 투지와 수완으로 이름난 제작자 루딘은, 「빌리 엘리어트」 이전부터 지켜봐온 스티븐 달드리 감독과 『세월』의 여인들과 감수성이 상통하는 캐릭터를 묘사했던 작가 데이빗 헤어를 엮고, 최고의 세이렌 니콜 키드먼, 줄리언 무어, 메릴 스트립을 일급 조연들로 감싸 아트필름계의 '이벤트영화'를 만들어냈다.

왕성한 제작 이력

영화저널리스트들이 제작자 스콧 루딘을 거명할 때 습관처럼 끼워넣는 수식어는 '다산prolific'이다. 제작 예산이 초현실적으로 부풀면서 할리우드 시스템의 자기방어 메커니즘은 영화 만들기 공정을 느리고 성가신 과정으로 바꿔놓았다. 도처에 프로젝트를 떨어뜨리려는 밸브가 작동하는 상황에서 평균 연간 네 편의 중량감 있는 영화를 꾸준히 내놓는 스콧 루딘의 생산력은 감탄스럽다. 단순한 물량의 문제는 아니다. 「아담스 패밀리」 시리즈(1991년, 1993년)를 지나 「클루리스」(1995년)에 이르러 눈썰미 좋은 관객에게 기억되기 시작한 루딘의 이름은 언젠가부터, "할리우드가 최상의 컨디션일 때 만들어낼 수 있는 대중영화" 열에 서넛은 크레딧에 들어 있는 서명이 됐다. 에이전트들이 프로젝트 패키지를 꾸리는 중매인 역을 프로듀서로부터 넘겨받은 현대 미국 영화계에서 루딘은 1930년대 스튜디오 황금기 제작자들의 방식으로—비서가 정리한 시놉시스가 아닌 시나리오를 읽고, 프로덕션에 필요한 배우를 비롯한 필름메이커들을 직접 설득하는 고전적 스타일로 성공했다.

「인 앤 아웃」「슬리피 할로우」「트루먼 쇼」「원더 보이즈」「로얄 테넌바움」「디 아워스」 등 루딘의 영화에는 보이지 않는 연속성이 있다. 그의 영화는 모두 상업적 잠재력을 어딘가 깊은 곳에 감춘 오락영화이며 대대적인 첫 주 개봉은 못해도 확대 개봉을 너끈히 노릴 만한 카드들이다. 작가적 개성을 보존한 비주류적 감수성의 영화지만 루딘의 영화는 어떠한 경우에도 화려함과 윤기를 잃지 않는다. 스타가 있고, 캐스팅이 섬세하고 디자인과 특수효과 같은 프로덕션의 가치에 돈과 공을 충분히 들여서, 보기에 아름답고 DVD로 소장하고 싶은 팬시한 속성을 지녔다. 여기에는 노란 안전선, 혹은 한계가 있다. 루딘의 취향은 소재와 주제를 막론하고 '날것'을 들이대어 사고와 감성을 자극하는 전략을 천성적으로 꺼린다. 그의 영화는 어떤 방향으로든 극단에 이르는 일은 없을 것이다. 돈만 갖고는 딱 절반만 채워지는 스콧 루딘의 욕심은, '스콧 루딘 프로덕션'을 지나치게 값싸지도 고상하지도 않은 그러나 신뢰할 수 있는 브랜드로 만들었다. "괜찮은 프로젝트를 갖고 있는 제작자가 누구냐고 묻는다면 내 대답은 항상 스콧이다. 그는 훌륭한 취향의 소유자다." 줄리언 무어의 말은 할리우드가 스콧 루딘에게 줄 수 있는 가장 기본적인 총평이다.

"로스앤젤레스는 밥맛, 난 뉴욕으로 간다"

멋쟁이들이 발에 채는 할리우드에서 누구랑 미팅을 해도 '미녀와 야수'의 한 장면을 연출하는 텁수룩한 거구의 스콧 루딘은 롱아일랜드 볼드윈에서 태어났다. 연극을 사랑한 그는 고등학교를 졸업하자마자 유명한 브로드웨이 프로듀서 에마누엘 아젠버그의 비서로 일하기 위해 브라운대 장학금을 거절하여 교육열 높은 유대인 집안에 파란을 일으켰다. 브로드웨이 캐스팅디렉터로서 될 작품, 안 될 작품을 가리는 판단력을 익힌 그는 할리우드 캐스팅디렉터를 거쳐 독립 프로듀서 래리 고든과 협력하다 1984년 고든이 이십세기폭스 사장으로 임명되자 부사장이 됐고 고든이 독립영화계로 돌아가자 사장으로 임명됐다. 사람들은 회오리바람처럼 일하는 스물여덟 살의 루딘을 가리켜 "상어가 상어가 되기 위해 태어났듯 이 남자의 운명은 스튜디오 간부다"라고 말했다. 그러나 루딘은 1987년 폭스를 떠나 독립 프로덕션을 차리고 파라마운트와 독점적인 계약을 맺었다. 게이 친구이자 동료인 작가 폴 루드닉이 쓴 「아담스 패밀리」와 「시스터 액트」, 그리고 같은 해 제작한 「꼬마 천재 테이트」로 시장과 예술에 대한 기본 감각을 입증한 그는 "얼굴 보기도, 말 섞기도, 같이 밥 먹기도 싫은 인간투성이인" 할리우드를 떠나 문학과 연극의 좋은 소재를 낚시질하기 좋은 뉴욕으로 1994년 이주해 센트럴파크 웨스트에 정착했다. 루딘의 존재로 인해 파라마운트 스튜디오가 뉴욕 지사나 문학 전문 에이전트에 들일 비용을 대폭 절약하고 있다는 점은 알려진 사실이다.

결코 시계를 차지 않지만 늘 약속시간보다 이르게 나타나는 스콧 루딘의 습성은, 예술가와 보헤미안의 세계에 한 발을 두면서도 그것을 상품으로 가공하기 위해 세상의 어떤 사업가보다 각박하게 움직여야 하는 그의 일상을 대변한다. 루딘의 불같은 성격과 잔인한 매너는 무례함이 권력의 제스처로 통하는 세계인 할리우드에서도 경외의 대상. 공항에 늦게 마중 나온 어시스턴트를 도로 위에서 차 밖으로 내쫓아 집까지 걸어가게 만든 일화가 있으며, 세간의 원한을 아는 듯 「야망의 함정」 흥행 보너스로 받은 스포츠카를 "이런 걸 탔다가는 총 맞기 십상"이라며 도로 돈으로 바꾼 일화가 있다. 의사도 원인을 모르는 열이 몸 안에 많아 수시로 생수를 들이켠다는 루딘은, 같은 종목의 일인자 하비 웨인스타인과도 「디 아워스」 제작 과정에서 니콜 키드먼의 가짜 코나 필립 글래스의 음악을 놓고 몇 차례 결투가 있었다는 후문. 하지만 스콧 루딘은 남뿐만 아니라 스스로에게도 잔인하다. "「사브리나」를 리메이크하는 것은 인간이 품을 수 있는 가장 멍청한 아이디어였고 그 인간이 나였다"라고 잘라 말하며 자신의 실패작은 거의 다 망해 마땅했다고 평한다.

날카로운 눈 + 억센 추진력

성공한 사람들이 종종 그렇듯 스콧 루딘의 파워는 그가 지적이면서도 적당히 야만적인 인물이라는 점에서 솟는다. 루딘은 연극과 문학의 전문적 소양을 밑천으로 삼으면서도 할리우드 주민들에게 골치 아픈 이족異族이라는 인상을 주지 않는다. "무엇이 좋은 영화 소재인지 시장이 내게 가르쳐줄 필요는 없다!"고 단언하는 루딘은 이거다 싶으면 원작소설을 출간되기도 전에 2백만 달러에 사들이는 열광적인 감식자인 동시에, 기획이 잡히면 "이게 될까? 팔 수 있을까?"를 이리저리 상상하기보다 새벽 5

시부터 전화를 걸어대기 시작하는 확실한 오퍼레이터다. 스콧 루딘에게는 몇 가지 참을 수 없는 일들이 있다. 그는 시사실에서 걸려오는 휴대폰 받아가며 영화를 볼 뿐, 8달러를 내고 극장 앞에 줄을 서본 경험이 없는 스튜디오 경영인들을 싫어한다. 캐스팅이나 원작 선정에 타인이 토를 다는 것에 격분한다. 심지어 예측 못한 성공이라고 해도 예측하지 못한 결과는 무조건 싫고, 누군가 차려놓은 밥상을 싫어하며, 자기가 통제하고 형상을 빚어나갈 수 없는 영화를 싫어한다. 최근 「아담스 패밀리」의 배리 소넌필드와 짝을 이루어 추진 중이던 파라마운트의 「레모니 스니켓의 일련의 불운한 사건」이 특수효과와 예산 부담을 이유로 스티븐 스필버그의 드림웍스를 끌어들이자 루딘은 손을 뗐다. 이제 루딘이 당분간 함께할 믿음직한 파트너는 영국의 감독들이다. 「디 아워스」의 스티븐 달드리와 퓰리처 수상작을 각색한 「카발리어와 클레이의 환상적 모험」과 데이빗 헤어가 각색 중인 「코렉션스」를 만들어 동반관계를 굳힐 참이고 「프리덤랜드」에는 마이클 윈터바텀 감독과 줄리언 무어를 불러들인다. 2천만 달러 미만의 저예산영화와 9천만 달러 이상 대작으로 양극화되며 점점 황폐해지고 있는 할리우드의 '중간계'에서 스콧 루딘의 날카로운 눈과 억센 추진력은 어느 때보다 요긴해 보인다.

내가 아는 김혜리

허문영 _ 영화평론가

김혜리에 관한 글을 써달라는 부탁을 받고서야 내가 김혜리에 대해서 별로 아는 바가 없다는 사실을 깨달았다. 나는 김혜리를 12년 전에 같은 분야의 일을 하다가 처음 알았고, 『씨네21』에서 5년 정도 같이 일했으며, 지금도 이런저런 일로 종종 보게 된다. 가끔은 용건이 없어도 전화를 걸어서 뭐 하고 있는지 물어본다. 그냥 물어만 본다. 그런데, 이를테면 어릴 때 그의 집이 부유했는지 가난했는지, 혹은 단란했는지 아닌지, 형제들과는 사이가 좋은지 나쁜지, 학생 시절의 꿈이 뭐였는지, 큰 병을 앓은 적이 있는지, 연애를 몇 번 했는지, 심지어 지금 애인이 있는지 등등 그의 개인사나 가족사에 대해서 아는 바가 없다.

특별히 숨기려 하는 것 같지는 않은데, 내가 물어보지 않았고, 물어보지 않았을 때 그가 먼저 얘기하지 않았다. 그게 그렇게 중요한 건 아니지만 오래 만나다보면 자연스럽게 알게 되는 것들도 잘 모른다는 건 약간 이상한 일이긴 하다. 대신 나는 그의 강아지 이름이 '수지'라는 것을 알고, 사진을 보았으며, 수지의 몇 가지 버릇을 들었다. 그리고 내가 아는 건 지금의 김혜리에 관한 몇 가지다. 키가 큰 편이며, 보기 싫지 않을 만큼 말랐고, 눈을 크게 뜨지 않고, 사람과 말할 때 주로 시선을 아래로 향하며, 말투는 나지막하고 공손하며(때론 지나치게), 몸이 자주 아프고, 술을 좋아하지만 많이 마시면 계속 마시려 하다 다음날 끙끙 앓는다. 그리고 수지와 서태지와 리버 피닉스와 「노팅 힐」과 황당한 유머를 좋아하며, 추위와 큰소리를 싫어한다. 딱 한 번 옛날 남자친구에 대해 물어봤을 때 "사람이 공격적이지 않아서 좋았다"는 대답을 들은 기억이 난다.

닭살스러운 얘기지만, 12년 전이나 지금이나 그를 보면 조동진의 「제비꽃」이 생각난다. 머리에 꽃을 꽂고 다니진 않지만 꽃 같은 옷을 즐겨 입으며, 식은땀을 자주 흘리고, 밤에 잠을 잘 이루지 못한다. 무엇보다 방 안에 오래(아마도 남보다 오래) 머무르며, 창문 밖을 멀리(아마도 남보다 멀리) 바라본다. 그리고 그는 아마도 자신에게 가장 어울리는 'vermeer'라는 메일 아이디를 지녔다. 실내에서의 작은 행위와 창문으로 흘러드는 햇빛만으로 우주를 보았던 이 17세기 네덜란드 화가야말로 김혜리의 가장 깊은 마음속 친구일지도 모르겠다.

이 책을 펼쳐 그의 글을 읽으려는 사람에게 이런 말들은 군소리에 가깝겠지만, 나는 한 사람의 실제 삶에서 풍겨오는 육체적 느낌이, 그의 글과 이만큼 가까이 있는 다른 사례를 잘 기억하지 못하겠다. 김혜리와 같은 『씨네21』 창간 멤버이자 2007년

5월 현재『씨네21』편집장인 남동철은 이름과 달리 곱상한 외모와 예의바른 말투의 소유자인데, 기자 시절 취재 온 그의 외모와 태도에 안심하고 있던 영화사 직원들에게 며칠 뒤 종종 독하고 쓰라린 기사를 안겨줘 심한 배신감을 느끼게 했다

나도 많은 사람들처럼 김혜리의 글을 좋아한다. 그의 글이 지닌 아름다움에 대해 내 글로 말하는 건 멍청한 짓일 테니, 이동진의 말을 옮기는 것에서 그쳐야겠다. "김혜리 씨가 어떤 영화를 비판할 때, 비판의 언어조차 너무 아름다워 그것이 비판이라는 사실을 순간적으로 잊게 된다." 나는 그가 글쓰기의 재능을 타고 났다는 사실을 의심하지 않지만, 그는 언어의 조탁에 대한 집착도 함께 타고 났다. 그의 책상 위에는 늘 국어사전과 함께 소설가의 책상에나 어울릴 법한 유의어사전이 있다. 그는 하나의 글에서 같은 수식어를 두 번 쓰는 것을 많이 부끄러워한다. 그가 마감시간에 쫓겨 '어처구니없는'이라는 형용사를 어떤 글에서 두 번 썼을 때, 그 단어를 마감 후 술자리에서 예컨대 "이 오징어는 어처구니없이 맛있군"이라며 뜬금없이 사용한다면, 그를 향한 최대의 놀림이 된다.

내 생각에 김혜리의 재능을 지탱하는 힘 중의 하나는 그의 소심함이다. 대범한 사람은 자신이 다수의 타인을 어떻게 이롭게 할까를 고민하지만, 소심한 사람은 자신이 혹시 한 사람의 타인에게라도 해가 되지 않을까를 고민한다. 『씨네21』에선 한때 '작은 마음 큰 삐짐' 동우회로 불리는 몇 사람이 있었는데, 김혜리는 그 실체 없는 모임의 최연장자였다. '내 탓이오'를 인생의

좌우명으로 삼는 그의 소심함은 결벽증에 가까운 것이어서, 사석에서도 그가 다른 사람을 비난하는 것을 나는 한 번도 듣지 못했다.

그의 글의 아름다움만큼 좋은 건 그의 글에 담긴 예민함인데, 그것은 그의 소심함에서 비롯된 것 같다. 그는 영화란 무엇인가라는 종류의 근본적인 질문을 제기하지 않는다. 그는 그런 질문을 제기하고 답할 만큼 자신이 크지 않다고 생각한다. 또한 한 편의 영화를 해부학적으로 분석하고 판정하는 데에도 무관심하다. 다만 그는 저 영화는 내게 무엇인가, 그리고 저 영화는 내 글을 읽을 사람들에게 무엇일까, 라고 조심스레 질문한다. 그 태도가 어설픈 백 마디 분석의 언어를 초라하게 만드는 빛나는 공감의 언어를 낳는다.

예컨대 그가 「외출」을 말하면서 "멜로드라마에서는 치욕과 가책에 발목을 담그는 쪽이 관객에게 더 큰 힘을 발휘하는데 「외출」에서 그것은 인수가 아니라 서영이다"라고 썼을 때, 한 편의 영화가 보는 사람에게 말을 건네는 순간을 포착하는 그의 능력에 감탄한다. 혹은 「화양연화」가 보는 이에게 남기는 깊은 울림을 적은 뒤 "그것은 아마 우리 중 대부분이 실패한 연인이기 때문 아닐까. 온전히 내 것이 될 불변의 사랑을 꿈꿨으나, 번번이 그 여린 빛이 내민 손 한치 앞에서 사그라드는 것을 지켜보아야 했던……"이라고 끝맺을 때, 그러니까 너무 많이 그리고 쉽게 말해져버려 이제 거의 죽어버린 의미가, 좋은 영화와 만난 그의 언어를 거쳐 촉촉한 생명을 얻을 때, 나는 그의 글이 그 영화와 애틋한 정사를 나누고 있다고 느낀다.

그는 영화에 헤픈 여자이고, 그의 글은 영화라는(혹은 인간이라는) 텍스트와의 에로스다. 그는 언제나 한 편의 영화라는 육체를 쓰다듬고 어루만지며 그와 함께 밤을 지새울 준비가 되어 있다. 어떤 영화가 김혜리로부터 '무섭다'는 말을 듣는다면, 그 대상이 사람이라도 마찬가지일 텐데, 그로부터 들을 수 있는 가장 끔찍한 욕을 먹은 것이다. 그것은 연인으로부터 "당신과는 단일 초도 함께 있고 싶지 않아"라는 소리를 듣는 것과 마찬가지다. 최근에 「300」이라는 영화가 그런 꼴을 당했다.

김혜리의 글은 대개 치욕과 가책, 그리고 상실의 궤적 안에 있어 볼 때마다 그것의 아름다움에도 불구하고 어떤 통증의 상기를 피할 수 없다. 그의 글은 그것을 상기시키고 어루만진다. 그는 글쓰기를 통해 자신에게도 그렇게 하는 것 같다. 최근에 그가 쓴 김병욱과의 인터뷰를 보면서 약간 놀랐다. 보기 드물게 첫 문장에서 '나'가 등장하고 더 뜻밖에도 그의 글에서는 유례없이 단호한 말투를 지닌 그 인터뷰 서문은 이 세상의 많은 이야기꾼들을 위한 변명이면서, 동시에 자신을 위한 은밀한 그러나 최상의 위안이다.

언제부터인가 나는 소심한 사람들의 괴력을 눈치채게 되었다. 대범한 사람들이 세계를 들썩들썩 움직이는 동안 소심한 사람들은 주섬주섬 세상을 해석한다. 살아남기 위해 예민해질 도리밖에 없는 초식동물처럼 그들은 누가 힘을 가졌는지 계절이 언제쯤 변하는지

민첩하고 정확하게 읽어낸다. 미미한 자극에 큰 충격을 받고 사소한 현상에 노심초사하는 그들의 인생은 남보다 느리게 흐른다. 타고난 관찰자이며 기록자인 그들의 소극적 복수는 '이야기'다. 그들은 더디게 살기 때문에 삶을 사는 동시에 재구성한다. 목소리 큰 당신이 휘어잡았다고 생각하는 어젯밤 술자리에서 벽지처럼 있는 듯 없는 듯 듣기만 하던 동료가 있었던가. 그가 잠들기 전 떠올린 스토리 속에서 당신은 놀림감이었는지도 모른다. 이것이 세계의 평형을 유지하는 메커니즘 중 하나라고 판명돼도 나는 놀라지 않을 것이다.

이 책은 작은 책이다. 한 작은 인간이 자신이 만난 좋은 영화와 좋은 사람들을 작은 소리로 말하며, 춥고 큰 세상을 버텨내려는 안간힘의 기록이다. 나는 그 안간힘을 어떤 큰소리보다 좋아한다. 그리고 고맙다.

追伸

글쓰기가 처음 가르쳐준 것은 체념이었습니다. 머릿속에서 퍼드덕 뒤채던 생각과 느낌은 언제나 여름날 좌판의 생선만큼 쉽사리 상했습니다. 진실이라 믿었던 말들은 종이로 옮겨 담자마자 풍미를 잃었고 간혹 악취까지 풍겼습니다. 갓 짠 삼베처럼 빳빳하고 정결했던 심상도 글로 옮겨지고 나면, 고단한 하루의 끝에 벗어놓은 신발처럼 때 묻고 구겨져 있었습니다. 이상한 일입니다. 글이 약속하는 그 어김없는 좌절에 저는 점점 중독되었습니다. (걱정 마, 어차피 잘 안 될 거야!) 온갖 지옥 중에는 사람마다 견딜 만한 지옥이 하나씩 있다는데, 말이나 노래는 어차피 제 것이 아니었으니, 글은 비교적 아늑한 지옥이었는지도 모릅니다.

스물 무렵, 영화보다 영화에 관한 글에 먼저 이끌렸습니다. 그러고 나서 더디게 영화가 좋아졌습니다. 정직히 말해 사심私心이 컸습니다. 영화는 누군가를 거쳐, 무엇인가를 빌려 이야기할 수 있는 편법을, 어눌하기 짝이 없는 제게 선사했으니까요. 맨눈보다 유리창이나 얇은 커튼 뒤에서 세계를 바라볼 때에야, 진짜로 '보고 있다'는 확신을 느끼는 사람에게 영화를 세계와 나 사이에 두고 쓰는 글은 참으로 고마운 간접화법이고 간편한 복화술이었습니다. 전경과 후경이 구분 없는 나날의 현실에서는 늘 길을 잃었지만 프레임이 둘러쳐진 세계는 적어도 노력할 범위를 한정지어주었습니다. 스크린 속 세계가 단지 현실보다 작아서 용기를 얻을 수 있었던 것만은 아니었습니다. 프레임은 내부와 외부를 명확히 갈라놓는 동시에 저 너머에 '밖'이 존재한다는 사실을 매순간 엄격히 상기시켰습니다. 게다가 영화는 그저 세계를 반영하는 허상의 평면이 아니었습니다. 다른 현실을 설계하고 꿈꾸게 해주고 가능태의 현실을 형성하는 엄연한 물리력이었습니다. 영화를 보는 동안만큼 열심히 판단하고 감응하고 생동하는, 치열히 사는 시간은 제게 달리 없었습니다.

이제 압니다. 기사라는 명목으로 제가 썼던 글과 글 비슷한 끼적거림은 기실 일기였고 얼굴을 알 수 없는 당신에게 띄우는 편지였습니다. 고백컨대 그것은 월급쟁이의 은밀한 횡령이었습니다. 모두가 보기 때문에 누구도 보지 않는 것이나 마찬가지라고 마음 놓는 일기였고, 수취인불명의 편지였습니다. 이 책의 제목이 영화에게 바치는 사과인 것도 그 때문입니다. 영화와 그것을 만든 인간에 대한 글은 언제나 묘사와 해석 사이의 어떤 지점을 애타게 찾는 작업이 되기 마련입니다. 그러나 책을 엮기 위해 더께 앉은 글들을 다시 읽으며, 결국 저라는 잡지쟁이에겐, 묘사가 해석의 상위 개념이었음을 확인할 수 있었습니다. 영화평론가 조너선 롬니의 비유대로 정기간행물 영화기자의 책상은 패스트푸드 레스토랑의 주방과 비슷합니다. 거기서 내놓는 요리는 대부분은 쓰지 않고는 견딜 수가 없어서 솟구친 글이 아니라, 온갖 망설임과 제약과 무능을 견디면서 쓴 글입니다. 기껏해야 목표는 근사치에 불과합니다. 내가 본 한 편의 영화를 똑같이 당신이 볼 리 없음을 알면서도 내가 본 영화를 전하겠다고 헛되이 발돋움하는 것입니다. 영화는 그런 식으로 매주 패배를 즐기는 법을 제게 가르쳐주었습니다.

책에 대한 경외심을 품어온 제게 이 작은 문집은 기만이고 일탈입니다. 강출판사의 친절한 권유와 참을성 있는 도움이 저를 무모하게 만들었습니다. 문득 혼자서 반해 어쩔 줄 모르던 음악들을 골라 녹음한 사제私製 컴필레이션 테이프를 친구에게 선물하곤 하던 십대의 추억이 떠오릅니다. 그 작업은 궁극적으로 자학행위였는데, 친구들은 결코 내가 제일 아끼는 곡을 좋아해주지 않았고 귀기울여주길 애타게 바란 대목에서 경청하는 법이 없었기 때문입니다. 그럼에도 실망에 굴하지 않고 정체 모를 의욕에 떠밀려 스테레오 버튼을 누르고 가사를 베끼는 밤은 행복했습니다. 이 책을 엮는 지금도 비슷한 까닭으로 행복합니다. 처음 원고지에 쓴 글을 엄마가 철끈으로 묶어주신 작문장 표지를 쓸어보던 손바닥의 뿌듯한 촉감도 되살아납니다. 아무래도 이 책은 또 하나의 횡령이 될 것 같습니다. 영화에게 새삼 미안하고, 죽어서 이 책의 종이로 묶인 나무들에게 더욱 미안합니다. 영화기자의 오른쪽 서랍은 이번 주에 읽어치워야 할 영화들의 자료가 차지하기 마련입니다. 그러나 왼쪽 서랍은 이미 스쳐가 더 이상 어찌할 수 없으나, 차마 버리지 못하는 영화들의 몫입니다. 이 책은 제 왼쪽 서랍입니다. 편애의 기록입니다. 제 초라한 왼쪽 서랍을 왼손잡이 당신에게, 잡동사니에 눈길이 머무는 당신에게 바칩니다.

2007년 가을

김혜리

김혜리
기자의

영화야
미안해

© 김혜리

1판 1쇄 발행 | 2007년 9월 28일
1판 5쇄 발행 | 2018년 12월 20일

지은이 | 김혜리
펴낸이 | 정홍수
디자인 | 오진경
편집 | 김현숙 황경하 김현주
펴낸곳 | (주)도서출판 강
출판등록 | 2000년 8월 9일(제2000-185호)

주소 | 서울시 마포구 동교로 17안길 21 (우 04002)
전화 | 02-325-9566
팩시밀리 | 02-325-8486
전자우편 | gangpub@hanmail.net

값 12,000원
ISBN 978-89-8218-108-5 03680

이 도서의 국립중앙도서관 출판예정도서목록(CIP)은 서지정보유통지원시스템 홈페이지
(http://seoji.nl.go.kr)와 국가자료공동목록시스템(http://www.nl.go.kr/kolisnet)에서
이용하실 수 있습니다.(CIP제어번호: CIP2007003000)